Norbert Wolf

Fälle zur Kriminalistik und Kriminaltechnik

Fälle zur Kriminalistik und Kriminaltechnik

von

Norbert Wolf
Leitender Kriminaldirektor, ehem. Landesfachkoordinator Kriminalistik und Kriminaltechnik sowie hauptamtlicher Dozent an der HSPV NRW, Abteilungsleiter der Abteilung Gelsenkirchen

2. Auflage 2021

Zitiervorschlag: Wolf Fälle Kriminalistik/Kriminaltechnik

www.beck.de

ISBN 978 3 406 77681 6

Druck: Druckerei C.H. Beck,
(Adresse wie Verlag)

Satz: Fotosatz Buck,
Zweikirchener Straße 7, 84036 Kumhausen

Umschlaggestaltung: Martina Busch Grafikdesign, Homburg Saar
© Elena Genova, iStockphoto

chbeck.de/nachhaltig

Gedruckt auf säurefreiem, alterungsbeständigem Papier
(hergestellt aus chlorfrei gebleichtem Zellstoff)

Vorwort

Mich freut es, dass die Fallsammlung von den Studierenden angenommen und zur Vorbereitung auf die Prüfungen im Bachelorstudiengang Polizei genutzt wird.

Sie halten gerade die 2. Auflage in den Händen, die sich am bewährten Aufbau festhält. Einige der aufgeführten Fälle wurden aktualisiert und an die geltende Gesetzeslage angepasst. Weiterhin wurde eine weitere Klausur im Bereich des Grundstudiums aufgenommen, die sich im Schwerpunkt mit Maßnahmen beschäftigt, die sich gegen eine oder mehrere angetroffene Tatverdächtige richten. In den letzten Klausurreihen im Grundstudium hat sich gezeigt, dass diese Art der Fragestellung vermehrt vorkommt und es bei der Beantwortung durch die Studierenden immer wieder zu Problemen kommt.

Die Inhalte der Modulabschnitte, in denen es zu schriftlichen Prüfungen kommt, haben sich inhaltlich kaum verändert. Sollte dies aber so sein, sind die Inhalte des Buches darauf neu abgestimmt.

Für Hinweise und Anregungen zu diesem Buch bin ich dankbar und freue mich auf Ihre Rückmeldungen. Dafür bedanke ich mich im Voraus.

Jetzt wünsche ich Ihnen viel Erfolg im Bachelorstudiengang Polizei und hoffe, dass Ihnen die Anregungen aus der Fallsammlung dabei helfen.

Ratingen, Juli 2021 *Norbert Wolf*

Vorwort zur 1. Auflage

Das vorliegende Buch „Fälle zur Kriminalistik und Kriminaltechnik“ ist aus dem Gedanken geboren, ein Nachschlagewerk für Studierende zu schaffen, um die Vorbereitung auf Klausuren im Bachelorstudiengang Polizeivollzugsdienst zu erleichtern.

Alle Lehrenden von „Klausurfächern“ werden während ihrer Vorlesungen immer wieder auf Musterlösungen oder ausformulierte Klausurlösungen angesprochen. Offensichtlich benötigen die Studierenden konkrete Hinweise darauf, wie Klausuren in den einzelnen Fächern zu schreiben/formulieren sind.

Auch im Fach Kriminalistik gibt es solche Nachfragen. Anders als in vielen anderen Rechtsfächern gibt es jedoch in der Kriminalistik kein vorgegebenes Lösungsschema für Klausuren. Dies gilt für alle Studienabschnitte. Die Lösungen der Klausuren in diesem Fach orientieren sich an Schemata zu einzelnen Wissensgebieten und an der Anwendung von erlerntem Fachwissen auf konkrete Sachverhalte. Diese eher anwendungsorientierte Lösung von Klausuren fällt vielen Studierenden schwer und erfordert nach meiner festen Überzeugung Übung. Das vorliegende Buch soll genau dazu dienen, Studierende bei diesen Übungen zu helfen und anzuleiten. Das anzuwendende Fachwissen wird in den Lehrbüchern der Reihe „Verwaltung und Recht“, insbesondere in den Werken „Kriminalwissenschaft I“ von *Pientka/Wolf* und „Kriminalwissenschaften II“ von *Pientka*, des Verlages C.H.Beck vermittelt. Aus diesem Grund wird in diesem Buch auch auf Verweisungen auf die konkreten Fundstellen verzichtet. Die Auseinandersetzung mit den fachlichen Inhalten wird vorausgesetzt, da deren Vermittlung nicht Ziel einer Fallsammlung sein kann.

Die Inhalte und Reihenfolge der vorgestellten Fälle orientieren sich am Studienverlauf für das Fach Kriminalistik und Kriminaltechnik an der Fachhochschule für öffentliche Verwaltung Nordrhein-Westfalen und decken sich somit inhaltlich auch mit den kriminalistischen Lehrbüchern „Kriminalwissenschaft I und II“. Deshalb verzichte ich auch auf ein Literaturverzeichnis und verweise in diesem Zusammenhang auf die genannten Lehrbücher.

Die hier vermittelten Klausur-Inhalte sind natürlich auch Bestandteil in den vergleichbaren Ausbildungsgängen der anderen Bundesländer und des Bundes und deshalb unterscheiden sich die Anforderungen an Klausuren dort nicht wesentlich von denen in Nordrhein-Westfalen.

Der Studiengang an der Fachhochschule für öffentliche Verwaltung NRW wurde ab dem Einstellungsjahrgang 2016 umfangreich überarbeitet und es wurden neue Prüfungsleistungen, zB eine Aktenbearbeitung im Rahmen einer zweistündigen Klausur im Hauptstudium 2, eingeführt. Hierzu gibt es bisher keine Erfahrungen und somit bietet das vorliegende Buch die ersten Grundlagen für das Anfertigen einer Lösung einer Aktenbearbeitung im Rahmen einer Klausur.

Die Inhalte beziehen sich ausschließlich auf die beiden Fächer Kriminalistik und Kriminaltechnik und gehen auf Klausurinhalte anderer Fächer nicht ein, auch wenn in den Studienabschnitten Hauptstudium 1 und 2 sog. „Kombiklausuren" in Verbindung mit anderen Fächern möglich sind.

Die vorgestellten Fälle beziehen sich thematisch auf die einzelnen Studienabschnitte, deren Inhalte durch die Prüfungsleistung „Klausur" abgeprüft werden. Auf die Beantwortung von reinen Wissensfragen wird nicht eingegangen. Diese beziehen sich auf Inhalte der Fachbücher und haben keinen Mehrwert in Bezug auf eine Auseinandersetzung mit fallbezogenen Anwendungen.

Am Ende der einzelnen Kapitel zum Grundstudium und zum Hauptstudium eins werden Klausuren abgedruckt, die in den letzten Jahren tatsächlich während des Studiums geschrieben und bisher nicht veröffentlicht wurden. In diesen Fällen wird auf tatsächlich festgestellte Schwierigkeiten der Studierenden bei der Bearbeitung hingewiesen und die häufigsten Fehlerquellen werden identifiziert. Ein Abdruck der Lösungsbemerkungen ist aufgrund der Einschränkungen des Prüfungsamtes rechtlich nicht möglich. Die abgedruckten Klausuren eignen sich jedoch dazu eine Übungsgrundlage darzustellen.

Weiterhin soll durch den Abdruck von tatsächlich geschriebenen Klausuren erreicht werden, dass Studierende die Möglichkeit erhalten, sich selbst ein Bild über die Fragestellungen und den Umfang möglicher Klausuren zu machen.

Im Sinne einer besseren Lesbarkeit habe ich bei Personenbezügen entweder die maskuline oder die feminine Form gewählt, gemeint sind jedoch immer beide Geschlechter.

Ich bedanke mich bei Polizeidirektor *Detlef Averdiek-Gröner* und bei Polizeidirektor *Jörg Dietermann* für das Einverständnis, jeweils eine gemeinsam konzipierte Klausur im Hauptstudium „HS 1" in diesem Buch zu veröffentlichen. Ohne diese Bereitschaft wäre der Abdruck einer tatsächlich geschriebenen Kombiklausur aus der Fächerkombination Einsatzlehre und Kriminalistik mit Kriminaltechnik nicht möglich gewesen.

Weiterhin gilt mein Dank auch Kriminaloberkommissarin *Anna Katharina Steinkemper*, die mir Original-Ermittlungsvorgänge zukommen ließ, aus denen ich den Fall der Aktenbearbeitung zum Ende des Studienabschnittes Hauptstudium 2.1 entnommen habe, wobei jedoch alle Daten anonymisiert wurden.

Mein ganz herzlicher Dank gilt Polizeioberrat *Ralf Gödde*, der das gesamte Buch Korrektur gelesen und eine Vielzahl von Verbesserungsvorschlägen unterbreitet hat. Mit dieser Arbeit hat er mich stark unterstützt und zur Verbesserung des Inhaltes beigetragen.

Bedanken möchte ich mich auch bei unzähligen Dozenten aus dem Bereich Kriminalistik/Kriminaltechnik für viele erstellte Klausuren oder sonstige Fälle in den verschiedenen Studienabschnitten, die ich als Anregung benutzt habe, um die klausurnahen Fälle in diesem Buch zu konzipieren.

Für Hinweise und Anregungen zu diesem Buch bin ich dankbar und freue mich auf Ihre Rückmeldungen. Dafür bedanke ich mich im Voraus.

Ratingen, September 2017 *Norbert Wolf*

Inhaltsverzeichnis

Abkürzungsverzeichnis

ADV	Allgemeiner Datenvergleich (Personenüberprüfung)
AFIS	Automatisiertes Fingerabdruck-Identifizierungs-System
Alt.	Alternative
BAO	Besondere Aufbauorganisation
BKA	Bundeskriminalamt
BPA	Bundespersonalausweis
BStG	Bestattungsgesetz
BTM	Betäubungsmittel
BtMG	Gesetz über den Verkehr mit Betäubungsmitteln (Betäubungsmittelgesetz)
bzw.	beziehungsweise
ca.	circa
Cebius	Computer-Einsatz-Bearbeitungs- und Informations-Unterstützungssystem
DAD	DNA-Analyse-Datei
DGL	Dienstgruppenleiter
dh	das heißt
DNA	Desoxyribonukleinsäure
eCebius	erweitertes Computer-Einsatz-Bearbeitungs- und Informations-Unterstützungssystem
ED-Behandlung	Erkennungsdienstliche Behandlung
EMA	Einwohnermeldeamt
FBR	Fachbereichsrat
FHöV	Fachhochschule für öffentliche Verwaltung
FustkKW	Funkstreifenwagen
gem.	gemäß
GS	Grundstudium
H&M	Hennes & Mauritz (ein schwedisches Textilhandelsunternehmen)
HS	Hauptstudium
HSPV NRW	Hochschule für Polizei und öffentliche Verwaltung Nordrhein Westfalen
IDF	Identitätsfeststellung
IGVP	Integrationsverfahren Polizei
INPOL	Informationssystem der Polizei
IT	Informationstechnik
IuK-Kriminalität	Informations- und Kommunikationskriminalität
iVm	in Verbindung mit
JGG	Jugendgerichtsgesetz
KA	Kriminalakte

KFA . . . . Kriminalistische Fallanalyse
Kfz . . . . Kraftfahrzeug
KHSt . . . . Kriminalhauptstellen
KK . . . . Kriminalkommissariat
KL . . . . Kommissariatsleiter
km . . . . Kilometer
km/h . . . . Stundenkilometer
KMPD . . . . Kriminalpolizeilicher Meldedienst
KOK . . . . Kriminaloberkommissar
KOKin . . . . Kriminaloberkommissarin
KPB . . . . Kreispolizeibehörde
KpS . . . . Kriminalpolizeiliche personenbezogene Sammlungen
KR . . . . Kriminalrat
KT . . . . Kriminaltechnik
KTU . . . . Kriminaltechnische Untersuchungsstelle
KTW . . . . Krankentransportwagen
K-Wache . . . . Kriminalwache
LKA . . . . Landeskriminalamt
Lkw . . . . Lastkraftwagen
LSA . . . . Lichtsignalanlage (Ampel)
LSt . . . . Leitstelle
lt. . . . . laut
LT NRW . . . . Vorschrift Landesteil Nordrhein-Westfalen
LVS . . . . Lehrveranstaltungsstunde
LZ . . . . Lernzielstufe
NAW . . . . Notarztwagen
Nr. . . . . Nummer
NRW . . . . Nordrhein-Westfalen
NW . . . . Formularbezeichnung der Polizei NRW
og . . . . oben genannte
ÖPNV . . . . Öffentlicher Personennahverkehr
PDV . . . . Polizeidienstvorschrift
PHK . . . . Polizeihauptkommissar
PI . . . . Polizeiinspektion
PK . . . . Polizeikommissar
PKin . . . . Polizeikommissarin
POLAS . . . . Polizeiauskunftssystem
POK . . . . Polizeioberkommissar
POKin . . . . Polizeioberkommissarin
PolG NRW . . . . Polizeigesetz Nordrhein-Westfalen
PP . . . . Polizeipräsidium
PVD . . . . Modulhandbuch Bachelorstudiengang Polizeivollzugsdienst
RiStBV . . . . Richtlinien für das Straf-und Bußgeldverfahren
StA . . . . Staatsanwaltschaft
StGB . . . . Strafgesetzbuch
StPO . . . . Strafprozessordnung

SV .... Sachverhalt
T&T .... Track & Trace-System
THW .... Technisches Hilfswerk
ViVA .... Verfahren zur integrierten Vorgangsbearbeitung und Auskunft
VP .... Vertrauensperson
VS-NfD........... Verschlusssache-Nur für den Dienstgebrauch
WaffG .... Waffengesetz
WDF .... Wachdienstführer
WE .... Wichtiges Ereignis
WED .... Wohnungseinbruchsdiebstahl
zB .... zum Beispiel
ZEVIS .... Zentrales Verkehrsinformationssystem des Kraftfahrbundesamtes
Ziff............... Ziffer

Zum Gebrauch des Buches

Der Aufbau des Buches orientiert sich an der Modulstruktur des Studiengangs Polizeivollzugsdienst an der Fachhochschule für öffentliche Verwaltung in NRW ab dem Einstellungsjahrgang 2016.

Nach dem aktuellen Modulhandbuch sind in den Studienabschnitten „GS 5", „HS 1.2" und „HS 2.1" schriftliche Leistungsnachweise zu erbringen. Aus diesem Grund werden die genannten Studienabschnitte in eigenen Kapiteln bearbeitet. Zu Beginn eines jeden Kapitels wird zunächst eine kurze Einführung in die fachlichen Inhalte gegeben und die Ziele des Moduls oder der Teilmodule dargelegt. Die vorgegebenen Lernzielstufen werden kurz erörtert und die vorgesehenen Lehrveranstaltungsstunde (LVS) genannt. Damit sind die Schwerpunkte im Modul zu erkennen.

Die einzelnen Kapitel sind in die Teilmodule oder in die Schwerpunkte des Moduls untergliedert. Auch hier wird zunächst eine kurze allgemeine Einführung gegeben, ohne auf fachliche Inhalte einzugehen. Die fachliche Auseinandersetzung soll den Fachbüchern vorbehalten bleiben.

Im Anschluss an diese Einführung werden verschiedene Fälle abgedruckt, die sich auf die genannten Schwerpunkte beziehen und entsprechende Aufgaben werden formuliert.

Die Aufgaben oder Aufgabenblöcke sind, wie in Klausuren der Fachhochschule im Bereich der Kriminalistik/Kriminaltechnik üblich, mit einer prozentualen Gewichtung versehen. Diese Gewichtung orientiert sich an der geforderten Schreibleistung, der Komplexität des geforderten Wissens und an der zeitlichen Vorgabe des schriftlichen Leistungsnachweises. Die vorgenommene Gewichtung ist so ausgelegt, wie sie in Klausuren tatsächlich gewählt werden. Jeder Studierende kann sich anhand dieser Gewichtung einen ungefähren Zeitansatz ausrechnen, der zur Beantwortung dieser Frage zur Verfügung steht. So bedeutet eine Gewichtung von 25 %, dass der Korrektor für die Beantwortung der Frage 25 % der zu vergebenen Gesamtpunkte auf diese Aufgabe verteilt.

Greifbar wird dies, wenn man von einem 100-Punkte-Schema ausgeht. Im Beispielfall können dann für die Beantwortung dieser Frage maximal 25 Punkte erreicht werden. Bei einer dreistündigen Klausur (180 Minuten) wird von einer „Lese- und Überlegungszeit" von ca. 30 Minuten ausgegangen. Von der verbleibenden Restzeit von 150 Minuten, stehen grundsätzlich dann auch 25 % der vorgegebenen Klausurzeit für die Beantwortung zur Verfügung. Dies wären hier ca. 35–40 Minuten (= 25 % von 150 Minuten).

Mit dieser Formel lassen sich die veranschlagten Bearbeitungszeiten selbst berechnen.

Grundsätzlich gibt es keine Vorgaben für Dozenten, wie Klausuren zu bewerten und wie viele Punkte für welche Noten erforderlich sind. In der Studienordnung Bachelor Teil B ab Einstellungsjahrgang 2016 für den Studiengang Polizeivollzugsdienst ist jedoch verbindlich anhand einer Äquivalenztabelle die Benotung von Kombiklausuren festgeschrieben.[1] Diese „Benotungstabelle" hat sich in der Zwischenzeit für jede Art von Klausuren bewährt und wird somit auch von den Dozenten genutzt. Aus der Äquivalenztabelle ergibt sich, dass mindestens 50 Punkte der zu vergebenen 100 Punkte für eine ausreichende Note benötigt werden. Die weitere Staffelung der Noten erfolgt in 5-Punkte-Schritten. So wird ab 75 Punkten die Note „gut" bis „2,3-" erzielt.

Die einzelnen Fälle sind durchnummeriert und der Schwerpunkt der Bearbeitung ist gesondert ausgeworfen.

Die Fälle beziehen sich dabei immer nur auf Teilbereiche, die zu bearbeiten sind. Komplette Klausuren stehen am Ende der drei Kapitel.

Wichtig für den Umgang mit dem Buch ist, dass in Klausuren immer mehrere Bereiche abgefragt werden.

So gibt es im Grundstudium zB fünf große Themenblöcke, von denen in der Regel drei in einer Klausur behandelt werden. In den einzelnen Klausuren des jeweiligen Jahrgangs können somit verschiedene Schwerpunkte in den Klausuren verarbeitet werden. Es kann aber auch vorkommen, dass die Zusammensetzung der Schwerpunkte sich in der nächsten Klausur nicht ändert. Um eine Vorhersehbarkeit der Klausurinhalte zu verhindern und somit eine Chancengleichheit zu gewährleisten, werden immer mehrere Klausuren an das Prüfungsamt übermittelt. Das Prüfungsamt wählt aus diesem Pool jeweils die eine Klausur aus, die dann geschrieben wird.

An verschiedenen Stellen innerhalb der Aufgabenbearbeitung sind Hinweise zur Bearbeitung oder Tipps eingearbeitet, die die Lösung der einzelnen Teilbereiche erleichtern sollen. Diese Stellen sind im Buch gesondert hervorgehoben.

Folgende Arbeitsmethoden erscheinen mir im Umgang mit dem Buch zielführend:

1. Das gesamte Buch durcharbeiten

Wer sich am Anfang des Studiums das Buch kauft, hat die Möglichkeit dieses Buch in der Gänze durchzuarbeiten. Da das Buch sich auf die einzelnen Studienabschnitte bezieht, können diese Kapitel auch zu Beginn des Moduls durchgearbeitet werden und es kann somit auch zur Vorbereitung von Beispielsfällen in den Vorlesungen dienen. Sinnvoll ist eine begleitende Auseinandersetzung mit den abgedruckten Fällen.

Eine komplette Durcharbeitung des Buches zu Beginn des Studiums ist nicht sinnvoll, da der Umfang und der vermittelte Stoff zu umfangreich sind und dies eher überfordern kann.

[1] Studienordnung Bachelor Teil B, § 3 II, zu Teil A § 12 I Modulprüfungen.

2. Die Fälle für die Nachbereitung der Präsenzveranstaltungen nutzen

Der in den Präsenzlehrveranstaltungen vermittelte Stoff sollte, vornehmlich durch die im Vorwort genannten Lehrbücher, nachgearbeitet und vertieft werden. Es handelt sich um eine persönliche Empfehlung und die Aufzählung kann von daher nicht abschließend sein. Die vorliegende Fallsammlung bietet sich immer dann an, wenn klausurrelevante Inhalte besprochen werden oder es zu einer konkreten Bearbeitung von Fallbeispielen in den Vorlesungen oder im Rahmen des Selbststudiums zu Aufgaben kommen sollte.

3. Als Fallsammlung für die Vorbereitung der Präsenzveranstaltung nutzen

Das im Studium vorgesehene Selbststudium umfasst nicht nur die Nachbereitung des Unterrichtsstoffes, sondern dient auch der Vorbereitung. Anhand des Modulhandbuches und der ergänzenden Hinweise kann abgelesen werden, welche inhaltlichen Schwerpunkte aktuell oder innerhalb der nächsten Veranstaltung gesetzt werden. Die entsprechenden Hinweise des Dozenten spielen hier eine große Rolle. Dazu kann natürlich neben dem Fachbuch auch die Fallsammlung dienen.

4. Klausurtraining

Wie bereits im Vorwort und im Buch beschrieben, ist eine gute Vorbereitung auf eine Klausur wichtiger Bestandteil oder Garant für das Bestehen der jeweiligen Prüfungsleistung. Als Vorbereitung reicht es meistens nicht aus, sich nur die fachlichen Inhalte zu merken und zu lernen. Die konkrete Anwendung auf die Fälle ist entscheidend. Deshalb müssen passende Lösungen dringend auch schriftlich ausformuliert werden. Durch vermehrtes Üben lässt sich auf diesem Gebiet die Sicherheit erlangen, die zur Stressreduzierung notwendig ist. Dies führt in der Regel auch zu besseren Ergebnissen. Wichtig ist, dass zusätzliche Klausurbearbeitungshinweise von den eigenen Kurs-Dozenten ergänzend zu berücksichtigen sind. Letztlich wird vom eigenen Kriminalistik-Dozenten die Klausur korrigiert und bewertet.

Die schriftliche Ausarbeitung von Übungsfällen bedeutet viel Arbeit, die sich aber bei den Klausurnoten sicher auszahlen wird.

5. Lösungsskizzen anfertigen und nutzen

Mehrstündige Klausuren in Rechtsfächern, wozu auch die Kriminalistik gehört, verlangen eine hohe Konzentration bei den Studierenden. Hinzu kommt der Druck, alle Aufgaben beantworten zu wollen und keine wesentlichen Teile zu vergessen. Um eine Klausur zu bewältigen, ist es erforderlich, die Klausur gründlich zu lesen und den Inhalt sowie die Fragen zu verstehen. Zur persönlichen Absicherung innerhalb einer Klausur empfiehlt es sich, eine Lösungsskizze anzufertigen und diese dann in der schriftlichen Niederlegung kontinuierlich abzuarbeiten. Dies erleichtert auch die Lösung und führt dazu, dass nicht so viele Ergänzungen durch „Sternchen" im Lösungstext vorgenommen werden. Ein weiterer Vorteil liegt darin, dass Teilbereiche von Fragen nicht vergessen werden.

In Einzelfällen ist es dem Korrektor auch möglich, anhand der Lösungsskizze die beabsichtigte Lösung zu erkennen. Bei einer Bewertung wäre gegebenenfalls eine gewisse Berücksichtigung möglich, dazu sollte in der Klausur vermerkt werden, dass die Lösungsskizze zum Gegenstand der Lösung erklärt wird.

6. Schreiben

Die Fälle und Aufgaben in diesem Buch sind so aufgebaut, dass auch einzelne Bereiche aus der Stofffülle herausgegriffen werden können, um diese gezielt zu lernen und deren Lösung zu formulieren. Damit kann der Zeitaufwand zunächst reduziert werden und bleibt überschaubar. Dies hilft auch, den „inneren Schweinehund" zu überwinden. Dabei hilft es besonders, die Teilbereiche zunächst auszuwählen, bei denen nach eigener Selbsteinschätzung die größten Schwierigkeiten bestehen. Sicherheit in Formulierungen bekommt man nur, wenn kontinuierlich geübt wird, dh Schreiben zur Routine wird. Aus diesem Grund sollte das schriftliche Ausformulieren von Lösungen das gesamte Studium begleiten. Der Start kurz vor dem Klausurtermin wird nur begrenzten Erfolg haben. Da Klausuren in allen Fächern immer erst am Ende eines Moduls geschrieben werden, sind in den wenigen Tagen vor Ende des Studienabschnitts mehrere schriftliche Leistungsnachweise zu erbringen. Auch die Eigenarten der verschiedenen Fächer müssen geübt und wiederholt werden.

7. Kontinuität praktizieren

Anfänglich wird es sicher schwierig sein, Lösungen von Fällen in kriminalwissenschaftlichen Fächern zu formulieren. Dies kann jeder Studierende nachvollziehen, wenn der Text mit einigem zeitlichen Abstand erneut gelesen und „bearbeitet" wird. Anhand der beschriebenen (Schreib-)Routine kann jeder feststellen, dass die Ergebnisse zunehmend besser werden. Der besondere Vorteil ist, dass die Formulierungen leichter „vom Kopf in die Hand gehen" und zunehmend zielführender formuliert werden. Diese Verkürzung der Überlegungszeit führt zu einem wertvollen Zeitvorteil bei der Klausurerstellung.

8. Ergebnisse von Klausuren reflektieren und Hinweise ergänzend berücksichtigen

Weitere Verbesserungspotenziale ergeben sich bei der systematischen Auswertung der Rückmeldungen von eigenen Klausurergebnissen.

Der Aufwand, den Sie betreiben, lohnt sich!

1. KAPITEL
Grundstudium

Das Grundstudium „GS 5" ist mit dem Leitthema „Kriminalitätskontrolle" überschrieben.

Das Modul umfasst die Teilmodule

- GS 5.1 Grundlagen der Kriminalistik
- GS 5.2 Grundlagen der Kriminaltechnik
- GS 5.3 Sicherungsangriff und Anzeigenaufnahme

Insgesamt umfasst das Modul 75 LVS Präsenzstunden, die wie folgt auf die Teilmodule verteilt sind:

- GS 5.1 23 LVS
- GS 5.2 21 LVS
- GS 5.3 31 LVS

Die fachliche Ausrichtung der Teilmodule ist wie folgt geregelt:

- GS 5.1 Kriminalistik
- GS 5.2 Kriminaltechnik
- GS 5.3 Kriminalistik[2]

Die Struktur des Grundstudiums ist thematisch somit rein fächerbezogen ausgerichtet, da es sich bei der Kriminaltechnik um einen Teilbereich der Kriminalistik handelt.

Als Prüfungsform ist in diesem Modul eine dreistündige Klausur vorgeschrieben.[3] Die Klausurinhalte beziehen sich dabei fast ausschließlich auf die fachlichen Themenbereiche

- Kriminalistische Fallanalyse (KFA)
- Sachbeweis (als „besondere Teilaufgabe" der KFA)
- Anzeigenaufnahme
- Tatort
- Sicherungsangriff

2 Modulhandbuch Bachelorstudiengang PVD 2016, Ab dem Einstellungsjahrgang 2020, S. 30 ff.

3 Modulhandbuch Bachelorstudiengang PVD 2016, Ab dem Einstellungsjahrgang 2020, S. 30.

A. Fälle im Bereich der kriminalistischen Fallanalyse

EINFÜHRUNG

Ein Kompetenzziel des Grundstudiums 5 ist, dass die Studierenden in der Lage sind,

- die kriminalistische Verdachtslehre auf polizeilich relevante Sachverhalte anzuwenden.

Dazu passend ist der Lehr-/Lerninhalt

- Analytische Bewertung von Straftaten in Form der kriminalistischen Fallanalyse zur Erlangung von Ansatzpunkten für die Aufklärung von Einzeldelikten/ Tatserien

in der Modulbeschreibung des Studiengangs Polizeivollzugsdienst vermerkt.[4]

Nach den ergänzenden Hinweisen hat sich diese Anwendung auf polizeilich relevante Sachverhalte mit zugrunde liegenden Delikten der Körperverletzung und der Eigentumskriminalität zu beziehen. Die Lernzielstufe (LZ) ist mit „LZ 4" festgelegt, die höchste der an der Hochschule für Polizei und öffentliche Verwaltung NRW angewendeten Lernzielstufen.[5]

Das Schema der Kriminalistischen Fallanalyse wurde durch den Landesfacharbeitskreis Kriminalistik/Kriminaltechnik am 9.2.2010 in der vorliegenden Form beschlossen und somit für die Bewertung von Klausuren als verbindlich festgelegt. Bei den Ausführungen zu den einzelnen Punkten der Kriminalistischen Fallanalyse handelt es sich um Prüfpunkte, die in unterschiedlicher Ausprägung in einzelnen Klausuren abzuhandeln sind. Da das Schema der Fallanalyse auf alle erdenklichen kriminalistischen Fälle Anwendung findet, sind dort auch Punkte aufgeführt, die inhaltlich erst im Laufe des Studienganges gelehrt werden. Diese Punkte sind dann natürlich auch erst zu prüfen, wenn sie inhaltlich im Modulhandbuch aufgeführt sind. An solchen Stellen werden entsprechende Hinweise in den Lösungsbemerkungen angeführt.

Weiterhin ist zu sagen, dass nur die Punkte zu prüfen sind, die auf den entsprechenden Sachverhalt anwendbar sind. Aufgrund der umfassenden Darstellung in diesem Schema, treffen nicht alle Punkte auf alle zu prüfenden Sachverhalte

4 Modulhandbuch Bachelorstudiengang PVD 2016, Ab dem Einstellungsjahrgang 2020, S. 30 ff.

5 Ergänzende Hinweise zu den Modulbeschreibungen – HSPV NRW Bachelorstudiengang BA PVD, Stand: 3/2021, S. 60.

zu. Das beste Beispiel ergibt sich beim Punkt Tatort (Ziff. 2.1), wo als erster Prüfpunkt die Frage „Fundort gleich Tatort?“ aufgeführt ist. Dieser Punkt bezieht sich in der Regel auf das Auffinden einer Leiche nach einem Tötungsdelikt. Hier ist es für die weiteren Ermittlungen elementar wichtig zu wissen, ob es sich beim Auffindeort der Leiche auch tatsächlich um den Tatort handelt oder ob die Leiche vom Täter an einen anderen Ort verbracht wurde. Die Frage stellt sich aber zB bei einem Einbruchstatort nicht und muss deshalb in einer Klausurlösung auch nicht näher bearbeitet werden.

Zur Orientierung wird das Schema nachfolgend ohne weitere inhaltliche Auseinandersetzung abgedruckt:

1	**Anlass**
1.1	**Ausgangssituation**
1.1.1	**Gefahrenlage** ▪ Gefahren für Personen, Sachen und Spuren ▪ Gefahren, die von Personen oder Sachen ausgehen
1.1.2	**Verdachtslage im Hinblick auf eine Tat** ▪ Mögliche Delikte aufgrund der im Sachverhalt dargelegten Tathandlung ▪ Verdacht erregende Umstände ▪ Fakten, die gegen ein Delikt sprechen ▪ Anfangsverdacht einer Straftat ja/nein
1.1.3	**Verdachtslage im Hinblick auf eine Person** ▪ Belastende Umstände ▪ Entlastende Umstände ▪ Konkreter Verdachtsgrad – Anfangsverdacht – dringender Tatverdacht ▪ Verfahrensrechtliche Stellung (Tatverdächtiger/Beschuldigter)
1.2	▪ **Allgemeine Beurteilung** ▪ Kriminalpolitische Bedeutung des Deliktes (Strafandrohung) ▪ Öffentliches Interesse ▪ Einsatzintensität ▪ Meldeerfordernis ▪ Führungsverantwortung
1.3	**Einsatzsituation** ▪ Uhrzeit, Tag/Nacht, Wochentag ▪ Wetter ▪ Raum ▪ Kräfte (Qualifikation) ▪ Führungs- und Einsatzmittel

2	Tatsituation
2.1	**Tatort** ▪ Fundort gleich Tatort? ▪ Kriminalistische Bedeutung der Lage des Tatortes/Fundortes ▪ Warum wählte der Täter gerade diesen Tatort? ▪ Veränderungen möglich oder wahrscheinlich ▪ Beobachtungsmöglichkeiten
2.2	**Tatzeit** ▪ Feststellbar ▪ Kriminalistische Bedeutung der Tatzeit ▪ Warum wählte der Täter gerade diese Tatzeit? ▪ Sicht- und Lichtverhältnisse
2.3	**Modus Operandi** ▪ Typische Begehungsmerkmale ▪ Persönlichkeitsgebundene Merkmale ▪ Besondere Fertigkeiten und Kenntnisse ▪ Rückschlüsse auf Tätertyp ▪ Wahrnehmbarkeit durch andere ▪ Tatzusammenhänge ▪ Serienstraftat ▪ Was hat der Täter getan oder gesagt, was nicht zur Tatausführung notwendig war?
2.4	**Tatmittel** ▪ Besondere Fertigkeiten/Kenntnisse ▪ Legale Beschaffung? ▪ Individualisierbarkeit
2.5	**Beute** ▪ Besondere Merkmale ▪ Individualisierbarkeit ▪ Wert-Nutzen-Relation ▪ Ideeller Wert ▪ Leicht verwertbar? ▪ Absatzwege
2.6	**Motivlage** ▪ Erkennbar? ▪ Ziel erreicht? ▪ Alternativen ▪ Hinweis auf bestimmte Person?
2.7	**Opfer** ▪ Identifiziert? ▪ Opfer-Täter-Beziehungen ▪ Opferverhalten ▪ Opferpersönlichkeit ▪ Opferaussage ▪ Vortäuschungskriterien

2.8	**Tatverdächtiger** (Ergebnis von 1.1.3 + 2.1–2.7) ▪ Eingrenzung des Täterkreises ▪ Personenbeschreibung ▪ Besondere Merkmale ▪ Identifizierungsmöglichkeiten ▪ Tatortbild ▪ Lichtbildvorzeigekartei ▪ Montagebild
3	**Beweissituation**
3.1	**Personalbeweis** ▪ Bekannte Zeugen/Mögliche Zeugen ▪ Identität der Person geklärt/feststellbar ▪ Verfahrensrechte/Verweigerungsrechte ▪ Zu welchen verfahrensrelevanten Aspekten sind Aussagen möglich ▪ Glaubwürdigkeit ▪ Beweisverwertungsverbote ▪ Geständnis/Geständnisabsicherung
3.2	**Sachbeweis** ▪ Vorhandene Spuren/Mögliche Spuren ▪ Spurenart ▪ Beweiskraft ▪ Beweiswert ▪ Sammlungsvergleich? ▪ Beweisverwertungsverbote
4	**Vorläufiges Ergebnis/Hypothese**
	Schlüssiges Ergebnis aus der Bewertung der Ziffern 1–3 oder naheliegende, durch Fakten begründete Alternativen
5	**Fahndungssituation**
5.1	**Personenfahndung** ▪ Informationslage zum Täter – Täterbeschreibung – Zuverlässigkeit der Informationen ▪ Benutzte/mögliche Fluchtmittel ▪ Weg-Zeit-Berechnung ▪ Aufenthalt des Täters bekannt oder zu ermitteln ▪ Ortskunde des Täters/der Fahndungskräfte ▪ Besonderheiten des/der Fahndungsräume ▪ Fahndungsart/besondere Fahndungsart
5.2	**Sachfahndung** ▪ Informationslage zum Gegenstand – Gegenstandsbeschreibung – Zuverlässigkeit der Information ▪ Individualmerkmale/Wiedererkennungsmöglichkeiten ▪ Informationen zum Verbleib des Gegenstandes ▪ Ortungsmöglichkeiten/Fahndungsraum ▪ Fahndungsart (numerische/nichtnumerische Sachfahndung/ besondere Fahndungsart)

6	**Rechtslage**
	▪ Sachliche (zentrale/dezentrale) und örtliche Zuständigkeit ▪ KHSt ▪ LKA ▪ BKA **Eingriffsbefugnisse zu bislang erfolgten und geplanten Maßnahmen, so zB:** ▪ Blutentnahme ▪ Durchsuchung ▪ Beschlagnahme ▪ Vorläufige Festnahme
	Maßnahmen zur gerichtsfesten Beweisführung
1	**Erster Angriff**
1.1	**Maßnahmen des Sicherungsangriffs** Hier sind alle Maßnahme, die im Rahmen des Sicherungsangriffs zu treffen sind und nicht aus dem Sachverhalt hervorgehen, anzuführen (so zB Absperrung, erste Fahndungsmaßnahmen, Zeugensicherung usw)
1.2	**Auswertungsangriff** Hier sind alle Maßnahmen, die im Rahmen des Auswertungsangriffs durchzuführen oder zu veranlassen sind und nicht aus dem Sachverhalt hervorgehen, anzuführen (so zB Zeugenbelehrung und Zeugenvernehmung, Erhebung des Tatbefundes usw)
2	**Weitere Ermittlungshandlungen**
	Hier sind alle Maßnahmen, die im Rahmen der weiteren Ermittlungen durch die Fachdienststelle zu treffen sind und nicht aus dem Sachverhalt hervorgehen, mit der geforderten Fragetiefe auszuführen. Dabei ist es erforderlich, auch die konkreten Fakten zu benennen (so zB Durchsuchung, Untersuchungshaft, Verfall und Einziehung, Durchführung von Wahlgegenüberstellungen, verantwortliche Vernehmung, KMPD-Meldung, andere Meldepflichten, Maßregeln der Besserung und Sicherung, Berufsverbot, Prognose für ED-Behandlung 2. Alternative des § 81b StPO und/oder Täter-Opfer-Ausgleich). Ziel ist, dass der Studierende hier den Wissenstransfer aus den Bereichen KR, KT, KL und Strafrecht durchführt und seine eigene Rolle im Strafverfahren besser erkannt wird.
* Nicht abschließend aufgezählt	

Im Rahmen von Klausuren im Grundstudium werden bei Fragen zur kriminalistischen Fallanalyse lediglich die Punkte aus dem Teil A abgefragt. Mögliche Fragen zu Teil B dürfen sich aufgrund des Curriculums nur auf die Maßnahmen des Sicherungsangriffs beziehen. Diese Fragestellungen werden im nächsten Kapitel bearbeitet.

Wichtig ist es an dieser Stelle noch zu erwähnen, dass innerhalb einer dreistündigen Klausur nie alle Punkte der kriminalistischen Fallanalyse zu bearbeiten sind. Dies würde den zeitlichen Umfang sicher sprengen. In der Regel werden nur Teile der KFA in einer Klausur als Aufgabe bzw. Aufgaben verarbeitet. Nur die Punkte dieser Teile wären dann auch in der Klausur zu bearbeiten! Die angegebene Gewichtung entspricht der prozentualen Benotung auf 100% berechnet. Bei den einzelnen Angaben hinter den Aufgaben handelt es sich um

Erfahrungswerte des Verfassers, die auf meinen Erfahrungswerten, die ich als Landesfachkoordinator im Studiengang an der HSPV NRW/FHöV NRW sammeln konnte, beruhen.

Aus diesem Grund werden die einzelnen zu bearbeitenden Punkte der KFA in mehreren Fällen vorgestellt, wie sie typischerweise in Klausuren im Grundstudium abgefragt werden.

FALL 1: **Kellereinbruch**

Schwerpunkt: Ausgangssituation der KFA

 LAGE

Herr Auerbach bewohnt in D-Stadt eine Wohnung im 4. Stock eines 12-Familien-Hauses. Als er am heutigen Tag aus seinem Keller Getränke holen will, stellt er fest, dass seine Kellertür offensteht. Es handelt sich um eine Tür aus hochkant angeordneten Holzbrettern mit Lücken, die einen Blick in den Kellerraum von außen zulassen. Die Tür hat Herr Auerbach immer mit einem Bügelvorhängeschloss verschlossen, welches aber bei der Tatentdeckung nicht mehr vorhanden ist. Aus seinem Keller fehlen zwei Getränkekisten mit Leergut und eine gebrauchte Bohrmaschine der Marke Bosch. Weitere Gegenstände von Wert bewahrt er nicht in seinem Keller auf. Bei der Nachschau im Kellergang stellt Herr Auerbach fest, dass noch zwei weitere Kellertüren offenstehen, alle anderen sind verschlossen.

Aufgabe: Bearbeiten Sie im Rahmen der Kriminalistischen Fallanalyse (KFA)

1. die Gefahrenlage (Ziff. 1.1.1)
2. die Verdachtslage im Hinblick auf eine Tat (Ziff. 1.1.2)
3. die Verdachtslage im Hinblick auf eine Person (Ziff. 1.1.3).

(Gewichtung: 15 %)

LÖSUNGSVORSCHLAG

1. Gefahrenlage

Im vorliegenden Sachverhalt liegen keine Gefahren für Leib, Leben oder Gesundheit von Personen vor. Das Eigentum von Herrn Auerbach ist jedoch gefährdet, da der oder die unbekannten Täter nach Angaben von Herr Auer drei Leergutkisten und eine gebrauchte Bohrmaschine aus dem Keller entwendet haben. Die Wahrscheinlichkeit ist groß, dass diese Gegenstände verkauft werden oder zu privaten Gebrauchsgütern des oder der Täter gemacht werden und dadurch Herrn Auerbach nicht mehr zur Verfügung stehen. Er wird somit in seinem Eigentum geschädigt. Das bisher verwendete Schloss ist nicht mehr vorhanden. Auch hier besteht die Gefahr, dass das Schloss aufgehebelt oder der Bügel durchtrennt wurde, um in den Keller zu gelangen. Der oder die Täter haben das Schloss gegebenenfalls mitgenommen, um keine Werkzeugspuren am Tatort zu hinterlassen. Auch dabei liegt ein Eingriff in das Eigentum vor.

Weiterhin teilt Herr Auerbach noch mit, dass zwei weitere Kellertüren offenstehen. Vermutlich wurden auch diese Keller von dem oder den Tätern betreten und Gegenstände entwendet. Dies würde wiederrum weitere Eingriffe in das Eigentum von Personen darstellen. Dies gilt auch für eventuell beschädigte und entwendete Sicherungen.

Da die beiden anderen Keller nicht mehr verschlossen sind, besteht die Gefahr, dass unbefugte Personen diese Keller betreten könnten. Dies könnte mögliche Spuren vernichten und es besteht auch die Gefahr, dass weitere Gegenstände entwendet werden könnten.

Die Gefahr besteht beim Geschädigten nicht mehr. Einerseits kann er seinen Keller selbst sichern und andererseits sind keine Gegenstände von Wert mehr vorhanden.

Da der oder die Täter unbekannt sind und noch nicht ermittelt wurden, besteht die Gefahr, dass in Zukunft weitere ähnliche Taten verübt werden. Somit besteht eine Gefahr für die Rechtsordnung und den Strafanspruch des Staates.

2. Verdachtslage im Hinblick auf eine Tat

Es könnte ein besonders schwerer Fall des Diebstahls nach §§ 242, 243 StGB vorliegen.

Im vorliegenden Fall wird ein Bügelvorhängeschloss aufgehebelt oder der Keller wird auf andere Art und Weise aufgebrochen. Dieses Schloss sicherte den Keller des Herrn Auerbach davor, von unbefugten Personen betreten zu werden und die im Keller gelagerten Gegenstände wurden so vor einer Wegnahme gesichert. Durch das Aufhebeln des Schlosses gelangten der oder die Täter in den Keller, aus dem dann Leergut und eine Bohrmaschine entwendet wurden. Hinweise auf eine Vortäuschung dieser Straftat liegen nicht vor. Da vermutlich mehrere Keller auf die gleiche Art und Weise aufgebrochen wurden, spricht dies auch gegen eine Vortäuschung. Bei der anschließenden Tatortbefundaufnahme werden die Angaben des/der Geschädigten durch die Polizei überprüft und bestätigt.

Somit liegt ein Anfangsverdacht nach § 152 II StPO eines besonders schweren Falls des Diebstahls nach §§ 242, 243 StGB vor. Ob es sich um eine Serientat handelt, muss durch die weiteren Ermittlungen festgestellt werden.

3. Verdachtslage im Hinblick auf eine Person

Aus dem Sachverhalt gehen keine Hinweise auf den oder die Täter hervor. Aus diesem Grund können keine genaueren Angaben dazu gemacht werden. Aufgrund des bezeichneten Diebesgutes kann davon ausgegangen werden, dass es sich um einen oder mehrere örtliche Täter handelt, da der Wert des Diebesgutes für überörtlich agierende Täter zu gering ist. Da der oder die Täter durch die Bretter der Tür in den Innenraum sehen konnten, muss der Umfang der Beute für den oder die Täter ersichtlich gewesen sein, trotzdem wurde in den Keller eingebrochen. Außerdem handelt es sich bei den Leergutkisten um Beute, die nicht problemlos und unauffällig zu transportieren ist und deshalb schnell und vermutlich in der Nähe in Bargeld umgesetzt wurde. Die Höhe und Art der Beute lassen vermuten, dass es sich um jugendliche Täter handeln könnte.

Hinweis: Aus dem Sachverhalt ergeben sich keine Hinweise darauf, wie der Täter Zugang zum Wohnhaus und in den Kellerbereich erlangt hat. Somit besteht auch eine geringe Wahrscheinlichkeit dafür, dass einer der Hausbewohner oder ein Berechtigter die Taten verübt hat. Eine Abhandlung, die diesen Gedanken aufgreifen würde, könnte in diesem Fall mit wenigen Zusatzpunkten, die über die beschriebene Gewichtung hinausgehen, bedacht werden.

FALL 2: Körperverletzung

Schwerpunkt: Ausgangssituation der KFA

LAGE

Am heutigen Tage, gegen 11.00 Uhr, geht über den Notruf der Polizei in D-Stadt folgender Anruf ein: „Hier spricht Thorsten Baum. Ich wurde gerade mitten in der Innenstadt vor H&M von zwei jungen Männern grundlos zusammengeschlagen. Ich habe einen der beiden beim Vorbeigehen aus Versehen leicht angerempelt. Der hat sich zu mir umgedreht und mir mit der Faust sofort ins Gesicht geschlagen. Durch den Schlag ist meine Lippe aufgeplatzt und ich habe vor Schmerz aufgeschrien. Der zweite Mann kam hinzu und hat mich noch zweimal mit der flachen Hand geohrfeigt. Andere Passanten haben mir geholfen und den Schläger, der mich mit der Faust geschlagen hat, festgehalten. Kommen Sie schnell, bevor der sich befreien kann."

Aufgaben: Bearbeiten Sie im Rahmen der Kriminalistischen Fallanalyse (KFA)

1. die Verdachtslage im Hinblick auf eine Tat (Ziff. 1.1.2)
2. die Verdachtslage im Hinblick auf eine Person (Ziff. 1.1.3).

(Gewichtung: 15 %)

LÖSUNGSVORSCHLAG

1. Verdachtslage im Hinblick auf eine Tat

Es könnte eine Körperverletzung nach § 223 StGB und nach § 224 StGB eine gefährliche Körperverletzung vorliegen.

Für das Vorliegen der genannten Taten spricht, dass der Geschädigte Herr Baum schildert, dass er von einem Täter mit der Faust ins Gesicht geschlagen wurde und durch die Wucht des Schlages seine Lippe aufplatzte. Der zweite Täter habe ihn anschließend zweimal mit der flachen Hand geohrfeigt. Durch den Schmerz des Faustschlages schrie Herr Baum auf, was deutlich macht, dass er Schmerzen erlitten hat und durch das Aufplatzen der Lippe auch an seiner Gesundheit geschädigt wurde. Durch die beiden Ohrfeigen wurden ihm anschließend weitere Schmerzen zugefügt, was einer körperlichen Misshandlung entspricht. Die beiden Täter handelten gemeinschaftlich, also in Mittäterschaft, da sie gemeinsam agierten. Offensichtlich wurde das Geschehen durch weitere Passanten beobachtet, was für den Wahrheitsgehalt der Schilderung des Opfers spricht. Anhaltspunkte, die gegen das Vorliegen einer Tat sprechen, sind nicht ersichtlich. Somit besteht nach § 152 II StPO der Anfangsverdacht einer gefährlichen Körperverletzung nach §§ 223, 224 StGB.

2. Verdachtslage im Hinblick auf eine Person

Nach Auskunft des Geschädigten ist eine Person flüchtig, eine andere Person konnte durch Passanten festgehalten werden. Wie unter „Verdachtslage im Hinblick auf eine Tat" bereits geschildert, handelten die beiden Täter gemeinschaftlich.

Im vorliegenden Fall spricht für eine Täterschaft der festgehaltenen Person, dass unbeteiligte Passanten auf die Körperverletzung aufmerksam wurden und dem Opfer noch während der Tatausführung zu Hilfe eilten. Hierbei gelang es, einen der beiden „Schläger" festzuhalten. Nach Auskunft des Geschädigten handelt es sich hierbei um die Person, die ihn mit der Faust ins Gesicht geschlagen hat. Da durch diesen Schlag die Lippe des Opfers aufplatzte, ist damit zu rechnen, dass sich an der Faust der festgehaltenen Person und/oder an seiner Kleidung Blutspuren des Opfers befinden. Vielleicht gibt es unter den Passanten Personen, die das Tatgeschehen beobachtet haben und beide Täter wiedererkennen können. Somit könnten diese gegebenenfalls auch bestätigen, dass die festgehaltene Person einer der beiden Schläger ist. Es ist nicht lebensnah anzunehmen, dass unbeteiligte Passanten eine Person bis zum Eintreffen der Polizei festhalten, wenn diese nicht an der Körperverletzung beteiligt gewesen ist. Somit gibt es keine Fakten, die gegen die Täterschaft der festgehaltenen Person sprechen. Die festgehaltene Person ist dringend tatverdächtig, die gefährliche Körperverletzung zum Nachteil des Herrn Baum begangen zu haben. Diese Person ist somit im Verfahren als Beschuldigter einzustufen.

Die flüchtige Person ist der Tat ebenfalls dringend verdächtig, da sie in Mittäterschaft handelte.

FALL 3: Einbruch in Mehrfamilienhäuser

Schwerpunkt: „Allgemeine Beurteilung“

LAGE

In der Zeit von Anfang Januar 2021 bis Mitte Februar 2021 ereigneten sich im Süden von D-Stadt insgesamt zwölf Wohnungseinbruchsdiebstähle. Der oder die unbekannten Täter brachen hierbei immer am Vormittag in Wohnungen im Dachgeschoss von Mehrfamilienhäusern ein, deren Briefkästen im Hausflur angebracht sind. Durch Klingeln an verschiedenen Wohnungen gelangten der oder die Täter in das Haus. Nachdem ein Bewohner den elektrischen Türöffner betätigt hatte, rief eine männliche Person nach Betreten des Hauses aus dem Hausflur in akzentfreiem Deutsch „Post“ und wartete dann offensichtlich darauf, dass alle Wohnungstüren geschlossen wurden. Die Wohnungstür der Dachgeschosswohnungen wurde immer mit einem Werkzeug mit einer ca. 2,2 cm breiten Klinge in Schlosshöhe aufgehebelt. Hierbei entstand jeweils nur eine Werkzeugspur. Aus den Wohnungen wurde Bargeld und Schmuck entwendet. Im letzten Fall konnte ein Bewohner eine Person durch den Türspion beobachten, die in die oberste Etage ging. Diese Person war schlank, ca. 195 cm groß und hatte sein dunkles Haar zu einem Pferdeschwanz zusammengebunden.

Am heutigen Tag, 18.2.2021, 11.20 Uhr, geht auf der Leitstelle des PP D-Stadt der Notruf von Herrn Olsberg, wohnhaft D-Stadt, Südstr. 2 (südlicher Stadtteil) ein, der mitteilt, dass gerade jemand an seiner Tür geklingelt hätte und er diese Person in das Haus gelassen habe. Es wäre aber keine Person nach oben zu seiner Wohnung gekommen. Er habe aber gehört, wie jemand von unten „Post“ gerufen hätte. Da die Post für sein Haus aber nie vor 13.00 Uhr ausgeliefert würde, sei er aufmerksam geworden und habe nach Schließen seiner Wohnungstür den Hausflur beobachtet. Dabei sei ihm eine große Person mit einem dunklen Pferdeschwanz aufgefallen, die durch das Treppenhaus weiter nach oben gegangen sei. Dann habe er noch ein lautes Knacken gehört. Über ihm würde aber nur Herr Floß wohnen, der aber zu dieser Zeit arbeiten sei.

Aufgabe: Bearbeiten Sie im Rahmen der Kriminalistischen Fallanalyse die Allgemeine Beurteilung (Ziff. 1.2).

(Gewichtung: 10 %)

LÖSUNGSVORSCHLAG

Allgemeine Beurteilung

Im vorliegenden Fall könnte ein Wohnungseinbruchsdiebstahl nach §§ 242, 243, 244 I Nr. 3 StGB vorliegen. Aufgrund des Sachverhaltes kann davon ausgegangen werden, dass die beschriebene Person gerade in die Wohnung des Herrn Floß eingebrochen ist. Hierfür spricht das laute Knacken, das Herr Olsberg gehört hat. Außerdem wird vor dem konkreten Sachverhalt eine Serie von Wohnungseinbruchsdiebstählen beschrieben, bei der der oder die Täter durch einmaliges Aufhebeln mit einem Hebelwerkzeug die Wohnungstür aufgebrochen haben. Offensichtlich handelt es sich auch hier um eine Wohnung im Dachgeschoss, da der Anrufer berichtet, dass über ihm nur noch eine Person wohnen würde. Auch dies stimmt mit der Serie überein. Weiterhin liegt die betroffene Wohnung auch im südlichen Stadtteil von D-Stadt, wo auch die anderen Taten stattgefunden haben. Somit kann von einem unberechtigten gewaltsamen Zugang ausgegangen werden. Um die Tat zu vollenden, muss die Wegnahme beendet sein. Im vorliegenden Sachverhalt ist noch nicht ersichtlich, ob der Täter auch Gegenstände aus der Wohnung entwendet hat oder er sich zum Zeitpunkt des Anrufes dort noch aufhält. Es ist aber davon auszugehen, dass er beabsichtigt, Geld oder Schmuck zu entwenden, da dies in den vorangegangenen Fällen auch der Fall war. Sollte der Diebstahl noch nicht stattgefunden haben, läge zumindest der Versuch eines Wohnungseinbruchsdiebstahls vor.

Da der vorliegende Fall vermutlich eine Fortsetzung der beschriebenen Tatserie ist, ist es auch wahrscheinlich, dass diese vom gleichen Täter oder gleichen Tätern ausgeübt wurden. Im vorliegenden Fall wurde nur eine Person beobachtet, was aber nicht ausschließt, dass noch weitere Mittäter existieren.

Die Tat wird um 11.20 Uhr ausgeführt. Die bisherigen Taten lagen auch in den Vormittagsstunden. Somit handelt es sich kriminologisch um Tageswohnungseinbrüche, da die Tatzeiten in die Zeit von 06.00 Uhr bis 21.00 Uhr fallen.

Die Strafandrohung beim Wohnungseinbruchsdiebstahl liegt grundsätzlich bei einer Mindestfreiheitsstrafe von sechs Monaten bis zu zehn Jahren. Es handelt sich somit um ein Vergehen und Offizialdelikt. Der Versuch ist nach Abs. 2 zwei strafbar. Da es sich im vorliegenden Fall jedoch um dauerhaft genutzte Privatwohnungen handelt, ergibt sich der Strafrahmen aus Abs. 4, der bei einer Freiheitsstrafe von einem Jahr bis zu zehn Jahren liegt.[6] Damit handelt es sich hier um ein Verbrechen.

Der Wohnungseinbruchsdiebstahl rückt immer mehr ins Interesse der Öffentlichkeit, da bei diesem Delikt in den Schutzbereich der eigenen Wohnung eingegriffen und das Sicherheitsgefühl stark beeinträchtigt wird. Die mediale Berichterstattung über diesen Deliktsbereich zeigt die Wichtigkeit der polizeilichen Bekämpfung auf. Im vorliegenden Fall handelt es sich vermutlich um eine Tatserie von insgesamt 13 Taten, die einem oder mehreren Tätern zuzuordnen sind

[6] Einfügung des Abs. 4 durch das „55. Gesetz zur Änderung des Strafgesetzbuches – Wohnungseinbruchdiebstahl" v. 17.7.2017 (BGBl. 2017 I 2442).

und sich auf den südlichen Bereich von D-Stadt konzentrieren. Bisher konnten der oder die Täter nicht ermittelt werden, was die Angst der Bevölkerung vor eigener Betroffenheit steigert. Somit erhöht sich auch der Druck auf die Polizei als Ermittlungsbehörde. Es kann davon ausgegangen werden, dass bereits zum jetzigen Zeitpunkt über die Tatserie berichtet wurde und jede neue Tat, erneut zu Medienberichten führen wird. Dies bezieht sich zumindest auf die örtliche Presse.

Durch den Anruf des Herrn Olsberg erhält die Polizei unmittelbar bei Tatausführung Kenntnis von dieser Tat und die Einsatzleitstelle wird je nach Verfügbarkeit von Einsatzmitteln mindestens zwei Funkstreifenwagenbesatzungen zum Tatort entsenden, um den Täter noch vor Ort zu stellen. Sollte der Täter vor dem Eintreffen bereits die Flucht ergriffen haben, wird sicher eine Tatortbereichsfahndung nach ihm eingeleitet. Die bindet für einen kurzen Zeitraum von max. 30 Minuten mehrere Einsatzmittel. Sollte der Täter vor Ort festgenommen werden, ist eine Funkstreifenwagenbesatzung mit der Fertigung der erforderlichen Berichte und der Einlieferung in das Polizeigewahrsam mindestens eine Stunde gebunden. Die zweite Besatzung wird den Einbruch aufnehmen und dann an den Auswertungsangriff übergeben. Die Einsatzdauer ist dabei überschaubar. Die abschließende Sachbearbeitung durch das Fachkommissariat bindet aufgrund der möglichen Haftsache und der Tatserie noch Personal. Die Leitung vor Ort übernimmt in der Regel der Streifenführer der zuerst eintreffenden Funkstreifenwagenbesatzung.

Ein Meldeerfordernis besteht nicht.

! **Hinweis:** Die Inhalte, die unter dem Punkt „Meldeerfordernisse" subsumiert werden, werden erst in den weiteren Studienabschnitten vermittelt.

Die Sachbearbeitung in NRW übernimmt die örtlich zuständige Dienststelle des PP D-Stadt.

FALL 4: Handtaschenraub nach Geldabhebung

Schwerpunkt: Tatsituation der KFA

LAGE

Am heutigen Tag, gegen 12.45 Uhr, betritt Frau Lauer, 78 Jahre, eine Filiale der örtlichen Sparkasse und hebt am Geldautomaten im Foyer mit ihrer EC-Karte 300 EUR ab, da diese Filiale von 12.30 Uhr bis 14.00 Uhr geschlossen ist. Der Bereich des Foyers, in dem auch der Geldautomat steht, kann durch die verglaste Eingangstür gut eingesehen werden. Sie erhält sechs Fünfzig-Euro-Scheine, die Sie in ihrem Portemonnaie verstaut, welches sie dann in ihre Handtasche legt. Mit der Handtasche über dem Arm verlässt sie die Sparkasse und geht in Richtung der nächstgelegenen Bushaltestelle. Nach wenigen Metern nähert sich schnellen Schrittes von hinten ein junger Mann und entreißt ihr die Handtasche. Frau Lauer stürzt und verletzt sich dabei leicht an der Hand. Aufgrund der Mittagszeit werden zwei Männer aufmerksam, die gerade an der Sparkasse vorbeigehen. Sie nehmen beide die Verfolgung des jungen Mannes auf, der versucht, wegzurennen. Während seiner Flucht wirft er die Handtasche in ein Gebüsch und versucht sich im weiteren Verlauf hinter einem Lkw zu verstecken. Das gelingt ihm aber nicht. Er kann von den beiden Verfolgern dort gestellt und festgehalten werden.

Aufgaben: Bearbeiten Sie im Rahmen der Kriminalistischen Fallanalyse

1. den Tatort (Ziff. 2.1)
2. die Tatzeit (Ziff. 2.2).

(Gewichtung: 20 %)

LÖSUNGSVORSCHLAG

1. Tatort

Im Bereich des Tatortbegriffes gibt es den juristischen und den kriminalistischen Tatort. Der juristische Tatort ist in § 9 I StGB definiert. Danach ist eine Tat an jedem Ort begangen, an dem der Täter gehandelt hat oder im Falle des Unterlassens hätte handeln müssen oder an dem der zum Tatbestand gehörende Erfolg eingetreten ist oder nach der Vorstellung des Täters hätte eintreten sollen. Der kriminalistische Tatort bezieht jeden Ort ein, an dem der Täter, während und nach der Tat gehandelt hat.

! **Hinweis:** Der kriminalistische Tatort kann auch in die Vortat-, die Haupttat- und die Nachtatphase unterteilt werden. Eine weitere logische Unterscheidung liegt in der Unterteilung „engerer und weiterer Tatort".

Der kriminalistische Tatort geht somit über den juristischen Tatort hinaus, weil hier alle Phasen der Tat einbezogen werden, bei denen Sach- und Personalbeweise zu erlangen sind.

Bei den weiteren Ausführungen zum Tatort wird der kriminalistische Tatortbegriff zugrunde gelegt.

Im vorliegenden Sachverhalt sprechen der Zeitpunkt der Tat und die Örtlichkeit, hier also unmittelbar nach der Geldabhebung und in der Nähe zum Abhebeort dafür, dass der Täter diesen Abhebevorgang bereits beobachtet hat. Der Standort dieser Beobachtung ist unter die Vortatphase zu fassen und dabei könnte der Täter Spuren hinterlassen haben, zB Zigarettenkippen, benutzte Taschentücher oder Schuhspuren. Als das Opfer die Sparkassenfiliale verlassen hat, folgte ihr der Täter. Auch dieser Weg ist Teil der Vortatphase. Anschließend entriss der Täter Frau Lauer ihre Handtasche. Dieses Handeln ist der Haupttatphase und somit auch dem juristischen Tatort zuzurechnen. Hier findet der Raub nach § 249 StGB statt. Zu diesem Zeitpunkt könnte es zu einer Übertragung von Faserspuren gekommen sein. Anschließend flüchtet der Täter und versucht seine Beute zu sichern. Dies ist Teil der Nachtatphase. Als er die Verfolger bemerkt, wirft er seine Beute in ein Gebüsch. Der Auffindeort der Tasche gehört auch zum kriminalistischen Tatort, genauso wie der weitere Weg und der Ort des Festhaltens.

Es kann davon ausgegangen werden, dass sich der Täter bewusst eine Filiale der örtlichen Sparkasse ausgesucht hat, da er wusste, dass diese Filiale in der Zeit von 12.30 Uhr bis 14.00 Uhr geschlossen hat und Kunden deshalb den Geldausgabeautomaten im Foyer benutzen müssen. Da durch die verglaste Eingangstür der Innenbereich des Foyers eingesehen werden kann, könnte dies ein Grund für die Auswahl des Tatortes sein, da der Täter somit die Möglichkeit hatte, den Geldabhebevorgang zu beobachten.

Fraglich ist, ob der Täter den genauen Abhebevorgang und somit auch den genauen Betrag sehen konnte, was aber zur Beurteilung des Tatortes keine entscheidende Bedeutung hat. Der Täter muss seinen Beobachtungsposten nur so wählen, dass er sehen kann, dass Bargeld abgehoben wird und sein Standort für unbeteiligte Personen nicht zu verdächtig ist. Anschließend kann er seinem Opfer folgen und die Tat ausführen. Ob der Täter hierbei den weiteren Fluchtweg geplant hat, ist nicht klar. Im Laufe der weiteren Tatortaufnahme ist es für die Polizeibeamten wichtig, den möglichen Beobachtungsstandort ausfindig zu machen, um dort nach möglichen Spuren zu suchen. Hierzu ist auch die Suche nach Zeugen erforderlich, die diesen Ort beobachtet haben könnten.

Der Täter wirft auf der Flucht seine Beute in ein Gebüsch und flieht weiter. Dieser Ablageort ist nach dieser Aktion nicht mehr geschützt, da auch die Verfolger sich um den Täter kümmern und nicht um die Beute. Somit sind hier Veränderungen durch andere Personen denkbar.

2. Tatzeit

Wie bereits erwähnt, ereignet sich die Tat gegen 12.45 Uhr. Die genaue Tatzeit lässt sich ziemlich genau feststellen, da anhand eines Kontoauszuges die genaue Abhebezeit festgestellt werden kann. Zu dieser Zeit war die Filiale geschlossen und Kunden konnten nur den Geldausgabeautomaten im Foyer benutzen. Die Zeit dieser Schließung war für den Täter wichtig, da für ihn dadurch die Wahrscheinlichkeit stieg, dass Kunden nicht innerhalb des Kreditinstitutes Geld abheben, sondern den Geldautomaten benutzen. Ferner reduziert dies die Möglichkeit des Opfers, durch Angestellte oder Kunden Hilfe zu bekommen. Dies verkürzt ferner seine Wartezeit und damit die Zeit aufzufallen. Die Sicht- und Lichtverhältnisse zu dieser Zeit waren der Jahreszeit entsprechend und weder für den Täter, noch für das Opfer oder die Helfer hilfreich oder hinderlich. Bei einer Tatzeit gegen 12.45 Uhr bestand für den Täter grundsätzlich ein erhöhtes Risiko, dass sich zu dieser Zeit aufgrund von Mittagpausen in Firmen oder durch Schulschluss und Ähnliches vermehrt Passanten im Bereich der Straße aufhalten würden, die ihn bei der Tat beobachten und beschreiben könnten. Offenbar nahm er dies in Kauf.

FALL 5: Diebstahl aus Kfz

Schwerpunkt: Tatsituation der KFA

LAGE

A. Allgemeine Lage: In den Monaten Juli und August 2020 ereigneten sich auf verschiedenen Parkplätzen rund um das Naherholungsgebiet „Unterbacher See" in D-Stadt insgesamt 14 Diebstähle aus Kfz der betroffenen Automarken BMW und Audi. Der oder die unbekannten Täter führten die Diebstähle immer in der Zeit zwischen 18.00 Uhr und 21.00 Uhr aus. Die Verteilung der Taten auf die Wochentage lag bei sieben Fällen am Freitag, fünf am Samstag und zwei am Sonntag. In die Pkw gelangten der oder die Täter dadurch, dass die Dichtung rund um die Heckscheibe der Pkw mit einem scharfkantigen Werkzeug aufgeschnitten wurde. Bei der Tatentdeckung lag die Heckscheibe jeweils auf der Rücksitzbank der Pkw. Aus den Pkw wurden die Airbags und die fest eingebauten Navigationsgeräte ausgebaut. Hierbei entstand teilweise hoher Sachschaden, da die Navigationssysteme in mehreren Fällen mit einem Hebelwerkzeug aus dem Armaturenbrett herausgehebelt wurden. Bei der Spurensuche wurden keine verwertbaren daktyloskopischen Spuren gefunden, dafür wurden an den Heckscheiben jedoch Spuren von Handschuhen festgestellt. Eine nach den Tatausführungen durchgeführte Befragung der Opfer, unbeteiligter Passanten und Spaziergänger, führte zu Hinweisen auf einen blauen Kleintransporter mit einem polnischen Kennzeichen. Das Kennzeichen konnte aber nicht genau abgelesen werden. Auffällig am Fahrzeug waren ein Dachgepäckträger und eine eingedrückte Heckstoßstange. Dieses Fahrzeug wurde im Tatzeitraum an acht unterschiedlichen Tatorten gesehen. Im Innenraum saßen zwei männliche Personen, die aber nicht dabei beobachtet wurden, wie sie ihr Fahrzeug verließen.

B. Besondere Lage: Heute, Freitag, 4.9.2020, um 20.18 Uhr, teilt Herr Schmitz über den Notruf des PP D-Stadt mit, dass er soeben zu seinem Fahrzeug zurückkam, da er sein Handy im Auto vergessen hatte. Das Fahrzeug steht auf dem Parkplatz Nr. 4 am Unterbacher See. Hierbei habe er gesehen, wie sich ein ca. 25-jähriger Mann auf seinen Kofferraum gestützt hat und an der Heckscheibe hantierte. Was er da genau gemacht hat, kann Herr Schmitz nicht sagen. Aus einigen Metern Entfernung habe er den Mann mit den Worten: „Was machen Sie an meinem Auto?" angesprochen. Der Mann sei sofort losgelaufen und auf der Beifahrerseite in einen blauen Kleintransporter gestiegen, der mit laufendem Motor in der Nähe der Ausfahrt stand. Das Fahrzeug habe dann zügig den Parkplatz nach rechts auf die Rothenberstraße verlassen. Bei der Nachschau an seinem BMW sei ihm aufgefallen, dass ein Teil der Dichtung der Heckscheibe durchtrennt war und neben dem Kofferraum auf dem Boden habe ein Teppichmesser gelegen.

Aufgabe: Bearbeiten Sie im Rahmen der Kriminalistischen Fallanalyse den Modus Operandi (Ziff. 2.3).

(Gewichtung: 15 %)

LÖSUNGSVORSCHLAG

Hinweis: Im vorliegenden Fall ist es wichtig, dass zunächst der aktuelle Fall beurteilt wird. Nach dieser Bearbeitung sind die Informationen der allgemeinen Lage in eine weitere Beurteilung des Modus Operandi mit einzubeziehen und wenn möglich, ist ein Zusammenhang mit den Taten aus der allgemeinen Lage herzustellen.

Modus Operandi

Im vorliegenden Fall kehrt Herr Schmitz zu seinem Pkw zurück, da er im Fahrzeug sein Handy vergessen hatte. Aufgrund dieser Information ist davon auszugehen, dass dies in einem engen zeitlichen Zusammenhang zum Abstellen des Pkw steht und somit nur wenige Minuten vergangen sind. Bei seiner Rückkehr kann er einen jungen Mann beobachten, der sich auf den Kofferraum seines Wagens stützt und an der Heckscheibe hantiert. Bei einer genaueren Nachschau, nachdem der Täter geflüchtet ist, kann er feststellen, dass ein Teil der Dichtung seiner Heckscheibe durchtrennt ist. Neben dem Kofferraum liegt ein Teppichmesser auf dem Boden. Es kann davon ausgegangen werden, dass es sich hierbei um das Tatmittel handelt, was der Täter bei seiner Entdeckung/Flucht verloren hat. Das Teppichmesser ist ein geeignetes Werkzeug, um eine Gummidichtung aufzutrennen. Offensichtlich wollte der Täter nach dem Entfernen der Heckscheibe durch die Öffnung in den BMW gelangen, um dort Gegenstände zu entwenden. Hierzu kam es aber nicht, sodass ein Versuch eines besonders schweren Falls eines Diebstahls aus Kraftfahrzeugen vorliegt. Somit kann in diesem Fall auch nichts zur Beute gesagt werden.

Nach der Entdeckung besteigt der Täter einen an der Ausfahrt wartenden blauen Transporter auf der Beifahrerseite. Zu dieser Zeit lief der Motor des Fahrzeugs, was auf die Nutzung als Fluchtfahrzeug hindeutet. Somit muss ein weiterer Täter auf dem Fahrersitz gewartet haben und durch das Laufenlassen des Motors war dieser sofort in der Lage, zu flüchten. Aus dem Sachverhalt geht keine weitere Beschreibung der beiden Personen und des Transporters hervor, diese Details können aber im Rahmen von Vernehmungen herausgearbeitet werden.

Der Einsatz eines Teppichmessers als Tatmittel bedarf keiner besonderen Fähigkeiten, das Teppichmesser kann legal in Baumärkten, dem Internet oder diversen anderen Geschäften gekauft werden. Das Heraustrennen der Heckscheibe an der Gummidichtung ist ungewöhnlich und spricht für eine gewisse Fingerfertigkeit des Täters und von Kenntnissen, dass dadurch die Heckscheibe leicht zu entfernen ist. Eine Erfahrung mit dieser Art der Tatausführung kann angenommen werden.

Die Tatausführung ist lautlos, nimmt aber einige Sekunden/Minuten in Anspruch. Außerdem muss der Täter am Kofferraum hantieren und anschließend über das Heck in den Pkw auf die Rückbank steigen. Da dies eine sehr ungewöhnliche Art ist, in ein Auto zu gelangen, könnte dies von Zeugen wahrgenommen werden. Dies spricht auch für eine Beweglichkeit des Täters.

Fraglich ist, ob der aktuelle Fall in die Tatserie passt, die in der allgemeinen Lage beschrieben wurde. Hierzu ist es erforderlich, Übereinstimmungen herauszuarbeiten.

Die aktuelle Tat ereignet sich an einem Freitag, dem 4.9.2020, um 20.18 Uhr, auf dem Parkplatz Nr. 4 am Unterbacher See in D-Stadt. Ein Schwerpunkt der Tatzeit innerhalb der Serie lag an einem Freitag, was auch hier zutrifft. Die bisherigen Taten ereigneten sich im Zeitraum von 18.00 Uhr bis 21.00 Uhr. Somit gibt es eine weitere Übereinstimmung. Das trifft auch auf den Tatort zu, da Herr Schmitz auch am Unterbacher See parkte. Bisher haben sich der oder die Täter nur Pkw der Marken BMW und Audi ausgesucht. Herr Schmitz fährt einen BMW. In die Pkw aus der Tatserie wurde mithilfe eines scharfkantigen Werkzeugs eingebrochen. Die Dichtung der Heckscheibe wurde durchtrennt und somit konnte die Heckscheibe ausgebaut werden. Im vorliegenden Fall wurde dies vermutlich mit einem Teppichmesser versucht, was eine weitere Übereinstimmung bedeutet. In den bisherigen Fällen wurden Airbags und Navigationsgeräte entwendet. Zum Ausbau der Airbags benötigt man Erfahrungen und Kenntnisse von der Elektronik, da bei einem unsachgemäßen Ausbau die Gefahr einer unbeabsichtigten Auslösung der Treibladung und damit des Airbags besteht. In einigen Fällen der Serie wurde ein blauer Transporter mit polnischen Kennzeichen an den Tatorten gesehen, der mit zwei Männern besetzt war. Im vorliegenden Fall besteigt der handelnde Täter einen blauen Transporter, in dem ein zweiter Täter wartet. Beiden Tätern gelingt die Flucht.

Die dargestellten Übereinstimmungen führen zu dem Schluss, dass der vorliegende Fall ein weiterer Fall der seit Juli 2020 begonnenen Tatserie ist und der Serienzusammenhang festgestellt wurde. Es handelt sich voraussichtlich um die gleichen Täter.

FALL 6: Kioskeinbruch

Schwerpunkt: Tatsituation der KFA

LAGE

Am heutigen Tag, gegen 05.45 Uhr, betritt Frau Köhler durch die Vordertür ihren Kiosk an der Zufahrtstraße zur Autobahn A 52, am „Mörsenbroicher Ei". Die Tür wird von ihr ordnungsgemäß mit ihrem Schlüssel geöffnet. Im Verkaufsraum bemerkt sie sofort, dass im Kassenbereich sämtliche Zigarettenpackungen im Regal fehlen und die Kassenschublade weit aus der Kasse herausgezogen ist. Sofort schaut sich Frau Köhler weiter in ihrem Kiosk um und kann weiter feststellen, dass unter der Theke auch sämtliche Stangen Zigaretten unterschiedlicher Hersteller fehlen, die sie dort als Reserve aufbewahrt hatte. Bei den Zigaretten handelt es sich um das „normale" Sortiment eines Kiosks. Alle gängigen Marken sind vertreten, was auch auf die einzelnen Stangen zutrifft. Auf Nachfrage gibt Frau Köhler an, dass alle Einzelpackungen im Verkaufsregal und auch die Zigarettenstangen mit einem eigenen Verkaufsetikett versehen werden, welches auch den Namen ihres Kioskes enthält. Dies macht sie deshalb, um mit dem Verkauf gleichzeitig Reklame für Ihr Geschäft durchzuführen. Den Verkaufswert der entwendeten Zigaretten schätzt sie auf ca. 2.500 EUR. Außerdem wurde noch das in der Kasse verbliebene Münzgeld in Höhe von ca. 40 EUR entwendet. Wahrscheinlich sind der oder die unbekannten Täter durch die rückwärtige Tür in den Kiosk gelangt. Hierzu wurde die Holztür im Schlossbereich mit einem Hebelwerkzeug aufgebrochen. Es sind mehrere Hebelspuren ersichtlich, die sich teilweise überlagern. Die Breite des Werkzeugs beträgt dabei ca. 60 mm. Aufgrund dieser Breite kann vermutlich von einem Brecheisen/Kuhfuß ausgegangen werden. Der oder die Täter haben vor dem Aufhebeln die Alarmanlage, die sich oberhalb der Tür an der Außenseite befindet, mit einem Bauschaum ausgeschäumt und somit außer Betrieb gesetzt. Zwei entsprechende Dosen der Firma „Soudal" liegen auf dem Boden vor der aufgebrochenen Tür. Am Sprühkopf befinden sich noch getrocknete Reste des Bauschaums.

Aufgaben: Bearbeiten Sie im Rahmen der Kriminalistischen Fallanalyse

1. das Tatmittel (Ziff. 2.4)
2. die Beute (Ziff. 2.5)
3. die Motivlage (Ziff. 2.6).

(Gewichtung: 15 %)

LÖSUNGSVORSCHLAG

1. Tatmittel

Aus dem Sachverhalt gehen Informationen zu mehreren Tatmitteln hervor. Voraussichtlich haben der oder die unbekannten Täter unter Verwendung eines Hebelwerkzeugs die Holztür des Kiosks aufgebrochen und sind dadurch in den Innenraum gelangt. Das verwendete Werkzeug hat eine Klingenbreite von ca. 60 mm und es könnte sich deshalb um ein Brecheisen oder einen Kuhfuß handeln. Ein solches Werkzeug kann in allen Baumärkten, im Internet über Verkaufsplattformen oder in größeren Supermärkten legal gekauft werden. Beim Kauf unterliegen diese Werkzeuge keinen Beschränkungen und der Kauf wird auch nicht registriert. Es handelt sich um ein Massenprodukt, was bereits für unter 10 EUR käuflich zu erwerben ist. Der Umgang und somit auch der Gebrauch dieses Werkzeuges erfordern keinerlei Ausbildung oder Erfahrung. Es ist ein Hebelwerkzeug, dessen Gebrauch sich durch die Form allein erklärt. Das mehrmalige Ansetzen im Sachverhalt lässt darauf schließen, dass die Tür nicht beim einmaligen Ansetzen und Hebeln zu öffnen war und deshalb mehrere Versuche notwendig wurden. Aus diesem Umstand kann nicht zweifelsfrei davon ausgegangen werden, dass es sich um einen oder mehrere unerfahrene Täter handelte. Dies kann auch mit der Stabilität der Tür zusammenhängen. Das Tatwerkzeug wurde am unmittelbaren Tatort nicht aufgefunden und müsste sich deshalb noch im Besitz des oder der Täter befinden. Es könnte auch nach der Tat in der Nähe entsorgt worden sein.

Außerdem wurde die optische und akustische Alarmanlage durch den oder die Täter mittels Bauschaum außer Betrieb gesetzt. Hierzu wird der Bauschaum in die Anlage gespritzt, wo er aushärtet und somit die Elektronik zerstört. Ein Signal wird nicht mehr abgegeben. Vermutlich wurden mindestens zwei Dosen Bauschaum von dem oder den Tätern mit zum Tatort gebracht, um die Alarmanlage zu zerstören. Dies deutet auf eine Tatplanung hin. Am Tatort blieben zwei benutzte geleerte Dosen der Firma „Soudal" zurück. Hierbei handelt es sich um ein Produkt, das in allen größeren Baumärkten für unter 10 EUR je Dose erworben werden kann. Es gibt hierbei keine Beschränkungen bzw. Registrierungen. Der Gebrauch des Bauschaums wird auf der Dose beschrieben und erfordert kaum oder keine Erfahrung. Um damit Alarmanlagen außer Betrieb zu setzen, sind aber Grundkenntnisse und die zugrunde liegende Idee erforderlich. Auch die notwendige Vorbereitung auf diesen Einbruch, unter anderem durch das Mitführen dieser Dosen spricht eher für erfahrene Einbrecher.

2. Beute

Durch den oder die Täter wurden nach jetzigen Erkenntnissen lediglich Zigaretten gestohlen. Hierbei wurden jedoch nicht nur ganze Stangen, sondern auch alle Einzelpackungen entwendet. Nach Auskunft der Geschädigten handelt es sich um alle gängigen Marken, weshalb eine eindeutige Identifizierung/Zuordnung der Beute bei Auffinden aus der Stückelung der Beute heraus nicht möglich ist. Der Verkaufswert der Zigaretten soll bei ca. 2.400 EUR liegen. Zigaretten können durch den oder die Täter leicht verwertet werden, da es sich um einen Verbrauchsartikel handelt, der preisgebunden ist. Auch beim Weiterverkauf der gestohlenen Ware werden annähernd die Verkaufspreise erzielt. Weiterhin haben der oder die Täter die Möglichkeit, die gestohlenen Zigaretten zu lagern und selbst zu verbrauchen. Hierzu brauchen sie keinen Hehler und würden nicht Gefahr laufen, beim Weiterverkauf identifiziert zu werden. Nach Auskunft der Geschädigten Frau Köhler sind alle Zigarettenpackungen und auch die Zigarettenstangen mit einem eigenen Verkaufsetikett versehen, auf dem der Name des Kiosks abgedruckt ist. Durch dieses Etikett ließe sich sehr wohl feststellen, dass diese Zigarettenpackung oder diese Stange Zigaretten aus diesem Kiosk stammen. Somit ist eine Rückverfolgung der Zigaretten möglich. Eine Individualidentifizierung ist nicht möglich, da die Packungen keine Individualnummer besitzen.

Hinweis: Auf jeder einzelnen Zigarettenpackung werden durch die Herstellerfirma Erkennungs- und Sicherheitsmerkmale aufgebracht, durch die mit dem Track & Trace-Systeme (T&T) die Nachverfolgbarkeit von Produkten ermöglicht wird. Durch diese Merkmale kann eine Zigarettenpackung von der Herstellung bis in den Verkaufsraum nachverfolgt werden. Dies stärkt den Sachbeweis, führt aber noch nicht zu einem Individualbeweis, da die Packungen auch legal erworben werden können.

Dieses Wissen kann jedoch bei den Studierenden nicht vorausgesetzt werden.

Außerdem wurde das in der unverschlossenen Kasse befindliche Münzgeld in Höhe von ca. 40 EUR entwendet. Da es zur Stückelung des Geldes keine Angaben gibt, kann es vom Täter direkt in sein eigenes Vermögen überführt werden, eine Rückverfolgung ist nicht möglich. Dabei ergibt sich also für ihn kein Wertverlust.

3. Motivlage

Über ein mögliches Motiv kann nur spekuliert werden, da bisher zu den Tätern nichts bekannt ist. Somit kann auch nicht gesagt werden, aus welchem Antrieb heraus die Tat begangen wurde.

Grundsätzlich kann man jedoch bei Delikten der Eigentumskriminalität, hierzu zählt auch der aktuelle Kioskeinbruch sagen, dass die Täter in Bereicherungsabsicht handeln. Einbrüche zielen darauf ab, dass die Täter Beute erlangen, wodurch sie in die Lage versetzt werden, ihr „Vermögen" zu steigern. Diese Annahme lässt sich durch die Beute erhärten. Im vorliegenden Fall werden Münzgeld aus der Kasse und Zigaretten gestohlen. Das Bargeld führt dazu, dass die Täter diesen Geldbetrag sofort ihrem eigenen Geld zuordnen können. Bei den Zigaretten besteht die Möglichkeit, diese selbst zu verbrauchen und somit Geld für den Kauf zu sparen oder die Zigaretten weiter zu verkaufen und somit Geld zu erlangen, welches die Täter vor dem Einbruch nicht zur Verfügung hatten. Somit erhöht sich das „Vermögen" der Täter nach dem Einbruch. Durch die Tat wurde dieses Ziel erreicht, da die Beute einen Wert von mehr als 2.500 EUR hat.

Das Motiv lässt keine Rückschlüsse auf den oder die Täter zu und somit bietet das Motiv keinen weiteren Ermittlungsansatz.

FALL 7: Gefährliche Körperverletzung unter Fußballfans

Schwerpunkt: Tatsituation der KFA

LAGE

Am Freitag, dem 21.4.2017, endete das Fußballspiel zwischen Fortuna Düsseldorf und St. Pauli in der zweiten Bundesliga mit dem Ergebnis 1:3.

Nach dem Spiel, gegen 21.15 Uhr, geht über den Notruf auf der Leitstelle des PP D-Stadt ein Anruf eines Markus Fischer ein, der mitteilt, dass er gerade in der Nähe des Hauptbahnhofs von drei Personen zusammengeschlagen wurde. Bei den drei Personen würde es sich um Fans von Fortuna Düsseldorf handeln, da die Täter entsprechende Trikots und Schals getragen haben. Er selbst sei Fan von St. Pauli, trage ein entsprechendes Outfit und habe sich kurz von seiner Gruppe getrennt, um in einer Nebenstraße auf dem Weg zum Hauptbahnhof zu urinieren. Auf der Suche nach einem geeigneten Ort, seien ihm die drei Personen entgegengekommen, wären auf ihn zugegangen und hätten ihn beschimpft. Dann hätte einer der drei plötzlich ohne Vorwarnung mit der Faust in sein Gesicht geschlagen. Er sei durch die Wucht ins Taumeln geraten und der Schläger hätte nachgesetzt und noch zwei oder dreimal zugeschlagen. Er sei von den Schlägen zu Boden gegangen und dann hätten alle drei Personen noch mehrfach zugetreten. Anschließend seien alle drei Personen weggelaufen. Er habe sich jetzt wieder aufgerafft, blute leicht aus der Lippe und habe Schmerzen im Bereich seiner rechten Seite.

Beim Antreffen der eingesetzten Funkstreifenwagenbesatzung wird Herr Fischer durch die Besatzung eines KTW ärztlich betreut. Nach zeugenschaftlicher Belehrung gibt der Geschädigte noch an, dass er die drei Personen wie folgt beschreiben kann:

- „Schläger“: 20–25 Jahre alt, ca. 180 cm groß, stabile Figur, Igelschnitt, Jeans, und rot-weißes Fortuna-Trikot
- „Treter“: ca. 20 Jahre, 175 cm, kräftig, Drei-Tage-Bart, Fortuna-Trikot
- „Treter“: ca. 20 Jahre, 175 cm, kräftig, dunkelhäutig, Fortuna-Schal, dunkles Kapuzen-Shirt

Alle Personen hätten untereinander deutsch gesprochen und auch die Beschimpfungen waren deutsch. Er würde die drei Personen wiedererkennen, da er den ganzen Abend über nur ein Bier getrunken habe und ein gutes Personengedächtnis hätte. Außerdem sei er der Meinung, die Täter müssten bestraft werden.

Aufgaben: Bearbeiten Sie im Rahmen der Kriminalistischen Fallanalyse

1. das Opfer (Ziff. 2.7)
2. die Tatverdächtigen (Ziff. 2.8).

(Gewichtung: 15 %)

LÖSUNGSVORSCHLAG

1. Opfer

Das Opfer meldet sich selbstständig per Telefon auf der Leitstelle und berichtet von der Körperverletzung zu seinem Nachteil. Hierbei gibt er bereits seinen Namen an und auf dem Display lässt sich seine telefonische Erreichbarkeit normalerweise ablesen. Vor Ort wartet er auf die entsandte Funkstreifenwagenbesatzung, die im Rahmen einer Identitätsfeststellung seine Identität zweifelsfrei feststellen kann. Diese Personalien sind auch für die Anzeigenerstattung wichtig. In aller Regel legt der Geschädigte dazu seinen Bundespersonalausweis oder einen anderen amtlichen Ausweis mit einem Lichtbild vor. Aus dem Sachverhalt geht nicht hervor, dass die Täter und das Opfer in einer Opfer-Täter-Beziehung stehen. Offensichtlich handelt es sich um Fußballfans zweier Vereine, die in der Regel nur bei Spielen gegeneinander zusammentreffen. Fortuna Düsseldorf ist in Düsseldorf beheimatet, St. Pauli ist ein Hamburger Fußballverein. Aus diesem Grund kann es sein, dass die Tatverdächtigen und das Opfer in zurückliegender Zeit schon Kontakt miteinander hatten. Dies ist hier eher unwahrscheinlich, da der Zeuge dies sicherlich erwähnt hätte. Bisher gibt es zum Vorfall nur die Aussagen des Opfers, die aber von seiner Schilderung und dem Alltag nach Fußballspielen der Realität entsprechen können. Deshalb kann davon ausgegangen werden, dass das Opfer die späteren Täter nicht durch sein Verhalten zur Tat provoziert hat. Aufgrund der Niederlage des Heimvereins, ist eher von einem emotionalen Hass gegen den Gewinner und somit auch gegen dessen Fans auszugehen. Diese emotionale Gefühlslage hat sich dann durch die Körperverletzung ein „Ventil“ gesucht. Da das Opfer im vorliegenden Fall alleine in der Nebenstraße unterwegs war und die Täter zu dritt waren, bestand auf der Täterseite das Gefühl des „Überlegen-Seins“. Der Opferaussage kann daher hier gefolgt werden, weil es zu dieser Zeit keinen ersichtlichen Grund für eine Lüge oder eine Falschdarstellung gibt. Außerdem bestätigen die sichtbaren und geschilderten Verletzungen die Aussage. Somit liegen keinerlei Anhaltspunkte für eine Vortäuschung vor.

2. Tatverdächtige

Hinweis: Die Punkte der KFA „Verdachtslage im Hinblick auf eine Person“ und „Tatverdächtiger“ beinhalten in weiten Bereichen die gleichen Unterpunkte. Im jetzigen Punkt ist die Analyse des Falles fortgeschritten und deshalb sind jetzt zusätzlich noch die bisherigen Punkte der geschilderten Tatsituation einzubeziehen.

Im vorliegenden Fall wird die Körperverletzung von drei männlichen Personen durchgeführt, was eine gefährliche Körperverletzung bedeutet, da das Opfer auch mit den beschuhten Füßen getreten wurde. Alle drei Personen sind hier als Mittäter zu bewerten, da sie gemeinsam handelten. Eine Unterscheidung der drei Personen ist deshalb nicht notwendig.

Wahrscheinlich hängt die Tat mit dem gerade zu Ende gegangenen Fußballspiel zwischen Fortuna Düsseldorf und St. Pauli zusammen. Alle drei Täter trugen entsprechende Insignien ihres Vereins und das Opfer sympathisierte mit der gegnerischen Mannschaft. Ob die drei Täter einer bestimmten Fangruppierung von Fortuna Düsseldorf angehören, kann nicht gesagt werden. Da aber alle drei Personen Trikots oder einen Schal der Heimmannschaft trugen, steht deren Zugehörigkeit zu der Gruppe der „Fortuna-Fans" fest. Das Opfer kann die drei Täter wie folgt beschreiben:

- „Schläger": 20–25 Jahre alt, ca. 180 cm groß, stabile Figur, Igelschnitt, Jeans, und rot-weißes Fortuna-Trikot
- „Treter": ca. 20 Jahre, 175 cm, kräftig, Drei-Tage-Bart, Fortuna-Trikot
- „Treter": ca. 20 Jahre, 175 cm, kräftig, dunkelhäutig, Fortuna-Schal, dunkles Kapuzen-Shirt

Diese Beschreibung eignet sich auch dazu, weiterführende Maßnahmen, wie eine Tatortbereichs-fahndung einzuleiten.

Außerdem sagt Herr Fischer aus, dass er die Täter wiedererkennen würde. Zu diesem Zweck könnten ihm später Lichtbilder von bereits bekannten Straftätern aus dem Fußballumfeld vorgelegt werden, oder es könnten anhand seiner Angaben Phantombilder angefertigt werden.

! **Hinweis:** Das Wiedererkennungsverfahren wird fachlich erst im HS 1 besprochen und deshalb muss es an dieser Stelle nicht weiter ausgeführt werden.

Eine Identifizierung der drei Schläger durch andere Sachbeweise ist schwierig, da aus dem Sachverhalt keine Spuren hervorgehen, die eine Identifizierung möglich machen würden. Sicher sind bei der Körperverletzung Fasern übertragen worden, diese lassen aber keine Identifizierung der Täter zu. Sollten im Rahmen von Fahndungsmaßnahmen Personen angetroffen werden, auf die die oben genannte Beschreibung passen, könnten an deren Kleidung, inklusive des Schuhwerks, Blutspuren/DNA-Spuren des Opfers festgestellt werden. Bei einem der Tatverdächtigen könnten sich diese Spuren auch an den Händen befinden. Da Blut die DNA eines Menschen enthält, könnte durch einen positiven Vergleich mit der DNA des Opfers festgestellt werden, dass diese Personen bei bzw. nach dessen Verletzung Kontakt mit dem Opfer hatte und es sich somit aller Wahrscheinlichkeit um die Täter handelt.

FALL 8: Einbruch in Einfamilienhaus

Schwerpunkt: Beweissituation der KFA

LAGE

A. Allgemeine Lage: In den vergangenen zwei Wochen kam es zu vermehrten Einbrüchen in freistehende Einfamilien-häuser im Düsseldorfer Stadtteil Volmerswerth. Hierbei gingen der oder die Täter so vor, dass die rückwärtige Terrassentür mit einem ca. 2,5 cm breiten Werkzeug aufgehebelt wurde und diese sich somit Zugang zum Innenraum verschafft haben. Aus dem Haus wurde Bargeld und Schmuck entwendet, wobei der oder die Täter Modeschmuck zurückließen. In zwei Fällen wurde eine vorhandene Alarmanlage, die sich außen am Haus befand, außer Funktion gesetzt. Die Tatzeiten lagen in den späten Nachmittags- oder frühen Abendstunden. Bisher gingen keine Hinweise auf den oder die möglichen Täter ein.

Der Stadtteil Volmerswerth zeichnet sich in weiten Teilen durch eine reine Wohnbebauung mit Reihenhäusern und freistehenden Ein-/Zweifamilienhäusern aus und ist über die Bundesautobahnen A46 und A57 verkehrstechnisch sehr gut angebunden.

B. Besondere Lage: Sie sind Angehöriger der Kreispolizeibehörde Düsseldorf und versehen Dienst im Wachdienst der Polizeiinspektion Süd, die im Spätdienst eine Stärke von 1:14 hat.

Am Samstag, den 30.1.2021, 20.40 Uhr, ruft Frau Schneider, Volmerswerther Str. 300, Düsseldorf-Volmerswerth, über den Polizeinotruf an und teilt aufgeregt folgenden Sachverhalt mit:

Sie sei gerade mit ihrem Mann vom Einkaufen nach Hause gekommen und dann zum Einfamilienhaus der Nachbarn gegangen. Diese seien über das Wochenende nach Berlin gefahren und sie habe die Aufgabe übernommen, das Haus zu betreuen. Schon auf dem Weg zur Eingangstür seien ihr zwei Dosen mit Bauschaum aufgefallen, die morgens dort nicht gelegen haben. Nachdem sie wie immer die Haustür aufgeschlossen hätte, habe sie das Chaos im Haus bemerkt. Die meisten Schubladen und Türen in der Diele und im Wohnzimmer seien geöffnet und der Inhalt liege teilweise vor den Schränken. Die Schmuckkassette der Nachbarn stehe geöffnet auf dem Couchtisch. Die Terrassentür zum Garten stehe offen und bei ihrer Nachschau habe sie Eindrücke im Rahmen festgestellt. Danach sei sie wieder zu ihrem Haus gegangen und habe sofort die Polizei angerufen.

Sie befinden sich mit POK Heinz als „Düssel 14/23“ auf Streifenfahrt im Bereich der Polizeiinspektion und erhalten von der Einsatzleitstelle den Einsatz „Einbruch – Melderin Frau Schneider, Volmerswerther Str. 300“.

Hinweis zur Lage: Wetter: 2 °C, trocken, wolkenlos

Aufgaben: Bearbeiten Sie im Rahmen der Kriminalistischen Fallanalyse

1. den Personalbeweis (Ziff. 3.1)
2. den Sachbeweis (Ziff. 3.2).

(Gewichtung: 50 %)

LÖSUNGSVORSCHLAG

1. Personalbeweis

Hinweis zum Personalbeweis: Bei einer so global und umfassend gestellten Frage ist es wichtig, dass im Rahmen der Antwort alle Personen „abgearbeitet" werden, die zur Klärung des Sachverhaltes beitragen können. Dies bezieht sich auf das gesamte Ermittlungsverfahren und beschränkt sich nicht nur auf die Personen, die bei Bekanntwerden des Sachverhaltes oder im Sachverhalt genannt werden. Aus Zeitgründen ist aber nur auf die naheliegenden Personen einzugehen. Wichtig für eine gute Lösung ist, dass das Schema des Personalbeweises bei jeder dieser Personen eingehalten wird.

Zu dem vorliegenden Sachverhalt gibt es mehrere Personen, die sachdienliche Hinweise geben könnten:

a) Frau Schneider
b) Herr Schneider
c) Eigentümer/Mieter/Geschädigte des Einbruchs
d) Polizeibeamter der Einsatzleitstelle
e) Polizeibeamte des „Düssel 14/23"
f) Polizeibeamte des Auswertungsangriffs
g) Sachbearbeiter des zuständigen Kriminalkommissariates
h) Mögliche Zeugen der Tat
i) Der oder die unbekannten Täter
j) Zeugen der vorangegangenen Taten, zB Eigentümer, Polizeibeamte, unbeteiligte Zeugen

a) Frau Schneider

Frau Schneider ist die Anruferin bei der Polizei und meldet den Einbruch bei ihren Nachbarn. Zunächst müssen die Personalien und die Erreichbarkeit nach § 163b II StPO festgestellt werden, um dies in der Anzeige zu dokumentieren und ihre spätere Erreichbarkeit sicherzustellen. Es reicht aus, wenn Frau Schneider ihren Bundespersonalausweis vorlegt. Frau Schneider könnte im vorliegenden Sachverhalt Zeugin sein. Zeugen sind Personen, die sachdienliche Hinweise zum Sachverhalt geben können, ohne dass sich das Verfahren gegen sie richtet. Im vorliegenden Sachverhalt meldet Frau Schneider den Einbruch und hat nach der Entdeckung der Tat den Tatort betreten und dort Beobachtungen gemacht. Ihre Erklärungen bezüglich des „Housekeeping" erscheinen zum jetzigen Zeitpunkt plausibel. Das Verfahren richtet sich gegen den oder die bisher noch nicht ermittelten Täter, Frau Schneider wird der Tat nicht verdächtigt. Somit ist Frau Schneider Zeugin. Vor einer Vernehmung ist Frau Schneider als Zeugin gem. § 163 StPO iVm §§ 52, 55 und 57 StPO zu belehren. Die Paragraphen beinhalten das Zeugnisverweigerungsrecht, das Auskunftsverweigerungsrecht und die Ermahnung zur Wahrheit. Dies bedeutet, dass Frau Schneider keine Angaben machen muss, wenn sie sich oder einen nahen Angehörigen einer Strafverfolgung aussetzen würde. Bei einer nicht wahrheitsgemäßen Aussage könnte sie sich strafbar machen, zB wegen falscher Verdächtigung. Gründe dafür, dass hier Angehörige in Betracht kommen oder dass Frau Schneider sich selbst belasten würde, sind aus dem Sachverhalt nicht erkennbar. Wenn Frau Schneider die Belehrung verstanden hat, kann sie zum Sachverhalt vernommen werden. Hier kann sie zunächst aus ihrer Sicht im Rahmen eines freien Berichts die Vorkommnisse/Beobachtungen schildern. Im Anschluss können ihr dann durch die Polizeibeamten Fragen gestellt werden. Folgende Fragen klären den Sachverhalt näher auf:

- Seit wann passen Sie auf das Haus ihrer Nachbarn auf?
- Wann haben Sie das Haus zum letzten Mal betreten?
- Wie haben Sie das Haus nach dem Verlassen gesichert?
- Wann haben Sie genau den Einbruch festgestellt?
- Was haben Sie im Haus festgestellt?
- Wissen Sie was in der Schmuckkassette war? Können Sie den Schmuck beschreiben?
- Sind Ihnen sonstige Gegenstände aufgefallen, die fehlen?
- Haben Sie im Haus etwas angefasst oder verändert? Wenn ja, was haben Sie getan?
- War die Alarmanlage „scharf" gestellt?
- Haben Sie vor dem Einbruch verdächtige Beobachtungen gemacht? Welche?
- Wie heißen Ihre Nachbarn?
- Wie können diese telefonisch erreicht werden?
- Wann kommen die Nachbarn zurück?

Frau Schneider ruft die Polizei sofort über den Notruf an und schildert ihre Beobachtungen bezüglich eines Einbruchs bei ihren Nachbarn. Diese Beobachtungen können auch durch die eingesetzte Funkstreifenwagenbesatzung bestätigt werden. Aus dem Sachverhalt gehen keine Hinweise hervor, die gegen eine Glaubwürdigkeit von Frau Schneider sprechen. Da es auch keine Hinweise auf eine Vortäuschung gibt und der aktuelle Fall in eine Tatserie passen könnte, ist davon auszugehen, dass sie glaubwürdige Angaben macht.

!

Hinweis: Im Schema des Personalbeweises ist an dieser Stelle in der Kriminalistischen Fallanalyse der Punkt „Beweisverwertungsverbote" zu behandeln. Beweisverwertungsverbote werden jedoch fachlich erst im HS 1 vermittelt und können deshalb an dieser Stelle im Grundstudium noch nicht abgefragt werden. Deshalb bleibt dieser Punkt hier unbearbeitet, muss aber später bei einer Fragestellung innerhalb des Hauptstudiums angefügt werden.

b) Herr Schneider

!

Hinweis: 1. Da das Ehepaar Schneider die Beobachtungen gemeinsam gemacht haben und auch beide Personen anschließend im Haus waren, können beide Zeugen auch gemeinsam bearbeitet werden. Auch die Fragen an beide wären gleich. Dazu muss lediglich in der Überschrift Folgendes vermerkt werden: „Herr und Frau Schneider".

2. Das Schema des Personalbeweises gilt für jede Person, die Hinweise geben kann. Um die Lösung/Antwort nicht zu umfangreich werden zu lassen, müssen einige Punkte nicht immer wieder wiederholt werden. Hierzu reicht es auch, wenn bei der erstmaligen Bearbeitung dieser Punkte ein Hinweis auf die nachfolgenden Punkte abgegeben wird.

Hier geht es um die Möglichkeit, durch einen Verweis „in die Zukunft" sich wiederholende Bearbeitungen zu ersparen. Dies setzt aber **einen gewissen Weitblick der Studierenden voraus**. Sollte der Studierende erst später feststellen, dass er bereits analoge Sachverhalte bearbeitet hat, wäre es qualitativ auch möglich, mithilfe eines **Verweises auf einen nachvollziehbaren Gliederungspunkt** rückbezüglich zu arbeiten.

Dies trifft auf folgende Bereiche zu:

- Personalien
- Belehrung
- Glaubwürdigkeit (teilweise)

Dieser Verweis könnte dann beispielsweise wie folgt lauten:

„Die Personalienfeststellung wird auch bei allen anderen nachfolgenden Personen wie beschrieben durchgeführt."

oder

„Die Belehrung von Frau Schneider wird inhaltsgleich bei allen nachfolgend aufgeführten Zeugen in gleicher Weise und auf gleicher Rechtsgrundlage durchgeführt."

Dies führt im Ergebnis dazu, dass Sie diese Punkte in den folgenden Ausführungen weglassen können. Insoweit geht es um einen ökonomischen Umgang mit Redundanzen. Dies erspart Schreibarbeit und kommt daher dem Zeitmanagement an anderer Stelle zugute.

c) Eigentümer/Mieter/Geschädigte des Einbruchs

Als Geschädigte des Einbruchs können die Eigentümer/Mieter des Hauses sachdienliche Hinweise zum Sachverhalt geben, ohne dass sie selbst Beschuldigte sind. Nach einer Personalienfeststellung und Belehrung (s. oben), können ihnen nach einer zusammenhängenden Schilderung folgende Fragen gestellt werden:

- Wann haben Sie Ihr Haus Richtung Berlin verlassen?
- Hat Familie Schneider früher bereits auf Ihr Haus aufgepasst? Ist die Familie zuverlässig?
- Wer besitzt alles einen Schlüssel zu Ihrem Haus?
- Wer wusste von Ihrer Abwesenheit?
- Wo und wie sind Sie gegen Einbruch versichert?
- Was wurde Ihnen entwendet? Beschreiben Sie diese Gegenstände bitte genau, gehen Sie dabei auf Wiedererkennungsmerkmale, sonstige besondere Merkmale, Wert, Individualnummern und Besonderheiten ein. Haben Sie Kaufunterlagen oder Bilder der entwendeten Gegenstände?
- Haben Sie einen Tatverdacht?
- Ist Ihnen im Vorfeld des Einbruchs etwas aufgefallen? Was?
- Seit wann ist Ihr Haus alarmgesichert?

Aus dem Sachverhalt ergeben sich keinerlei Hinweise, die gegen die Glaubwürdigkeit des oder der Geschädigten sprechen.

d) Polizeibeamter der Einsatzleitstelle

Folgende Fragen könnte der Einsatzsachbearbeiter der Leitstelle beantworten:

- Zu welcher Uhrzeit ging der Notruf ein?
- Welche Nummer war für die Anruferin verzeichnet?
- Wer hat angerufen?
- Welcher Sachverhalt wurde mitgeteilt?
- In welchem „Zustand" war die Anruferin?
- Welche Maßnahmen wurden durch Sie eingeleitet?
- Wurde der Notruf wie vorgesehen gespeichert und ist damit reproduzierbar?

Von der Glaubwürdigkeit des Einsatzsachbearbeiters ist auszugehen, es gibt keinerlei Hinweise darauf, warum er die Unwahrheit sagen sollte. Dies gilt auch für die nachfolgend aufgeführten Polizeibeamten.

e) Polizeibeamte des Düssel 14/23

Folgende Fragen könnten die Beamten des Düssel 14/23 beantworten:

- Wann erhielten Sie den Einsatz von der Einsatzleitstelle?
- Wann trafen Sie am Einsatzort ein?
- Ist Ihnen bei der Anfahrt oder beim Eintreffen etwas aufgefallen?
- Wen haben Sie vor Ort angetroffen?
- Welche Angaben haben die Zeugen Ihnen gegenüber gemacht?
- Welche Maßnahmen haben Sie im Rahmen des Sicherungsangriffs durchgeführt?
- Welche Veränderungen haben Sie vorgenommen und wie wurden diese dokumentiert?
- Welche Spuren konnten Sie feststellen?

f) Polizeibeamte des Auswertungsangriffs

Folgende Fragen könnten die Beamten des Auswertungsangriffs beantworten:

- Wann sind Sie am Tatort eingetroffen?
- Welche Maßnahmen haben Sie rund um den Tatort im Bereich des subjektiven und objektiven Befundes veranlasst oder selbst durchgeführt?
- Welche Spuren haben Sie gefunden und gesichert?
- Welche zusätzlichen Zeugen haben Sie ermitteln können?
- Haben Sie Fotos vom Tatort und den Spuren gemacht?
- Haben Sie Hinweise auf den oder die Täter erlangt? Wenn ja, welche?
- Wer hat die Sicherung des Tatortes übernommen?
- Wann haben Sie den Tatort verlassen?

g) Sachbearbeiter des zuständigen Kriminalkommissariates

Der sachbearbeitende Ermittlungsbeamte des zuständigen KK könnte folgende Fragen beantworten:

- Welche Maßnahmen haben Sie aufgrund der Anzeige veranlasst?
- Welche Ergebnisse haben sich aus der Sicherstellung und Auswertung der Spuren ergeben?

- Haben Sie bei den Zeugenaussagen neue Aspekte ergeben?
- Gibt es einen Serienzusammenhang? Was spricht für diesen Zusammenhang?
- Welche weiteren Ermittlungsansätze gibt es?
- Konnten Sie die Tatverdächtigen ermitteln? Wer ist es? Wie sind Sie an die Informationen gelangt?

h) Mögliche weitere Zeugen der Tat

Im Rahmen des Sicherungs- und Auswertungsangriffs wird nach weiteren Zeugen gesucht, die Hinweise zur Tat oder dem Täter geben kann. Hierbei handelt es sich oft um Nachbarn, Spaziergänger, Hundehalter oder sonstige Personen, die sich um Umfeld des Tatortes aufhalten. Die Personen sind nur dann Zeugen, wenn Sie auch sachdienliche Hinweise geben können.

Sollten diese Personen gefunden werden, dann könnten sie folgende Fragen beantworten:

- Was genau haben Sie vor der Tat beobachtet?
- Konnten Sie die eigentliche Tat beobachten? Was haben Sie gesehen?
- Können Sie die handelnde(n) Person(en) beschreiben? Gehen sie dabei insbesondere auf das Geschlecht, das Alter, die Größe, die Statur, die Kleidung, besondere Merkmale und mitgeführte Gegenstände ein.
- Haben Sie für diese Umgebung ungewöhnliche Beobachtungen gemacht?
- Haben Sie ein Fluchtmittel gesehen?
- In welche Richtung sind mögliche Täter geflohen?
- Was ist Ihnen sonst noch aufgefallen?

i) Zeugen der vorangegangenen Taten, zB Eigentümer, Polizeibeamte, unbeteiligte Zeugen

Hinweis: An dieser Stelle muss davon ausgegangen werden, dass diese Personen bereits zum Sachverhalt vernommen wurden und deshalb hier nur Ergänzungen erforderlich werden, wenn weiterführende Fragen zu beantworten sind. Dies könnte dann der Fall sein, wenn zum Beispiel im Rahmen der Tatortbereichsfahndung oder im Rahmen von weiterführenden Ermittlungen ein Beschuldigter ermittelt werden kann und deshalb gezielte Nachfragen bzw. erkennungsdienstliche Maßnahmen erforderlich werden. In einem solchen Fall können die genannten Personen zusammengefasst werden, da auch die möglichen Fragen gleich lauten werden.

j) Der oder die unbekannten Täter

Hinweis: Obwohl bisher aus dem Sachverhalt keine Hinweise vorliegen, die zur Ermittlung des oder der Täter führen könnten, sollte dieser Bereich unter dem Punkt „Personalbeweis" auch hypothetisch abgehandelt werden. Wichtig ist an dieser Stelle, dass sich jetzt der Status der Person ändern kann und somit die bisher eingeschlagene Zielrichtung verändert werden müsste.

Bei dieser Betrachtungsweise kann von einem Status als Beschuldigter ausgegangen werden, im Antrefffall muss dieser Status jedoch ausführlich begründet und vom Tatverdächtigen abgegrenzt werden.

Die Personalien und die Erreichbarkeiten der ermittelten Person werden gem. § 163b I StPO festgestellt. Hierzu reicht in aller Regel die Vorlage eines Bundespersonalausweises aus, sollte eine eindeutige Identitätsfeststellung nicht möglich sein, kann auch eine erkennungsdienstliche Behandlung zur Feststellung der Identität nach § 163b I StPO durchgeführt werden.

Die ermittelte Person muss vor der Vernehmung ordnungsgemäß belehrt werden. Die Belehrung richtet sich nach dem Status der Person. Aus dem vorliegenden Sachverhalt gehen keine Hinweise auf belastende oder entlastende Umstände hervor. Beschuldigter ist, gegen den sich das Verfahren richtet und gegen den mit dem Ziel der Anklageerhebung ermittelt wird.

Die Tat des Wohnungseinbruchsdiebstahls wurde durch die Zeugin Frau Schneider fernmündlich und dann vor Ort angezeigt. Somit besteht ein Strafverfahren, welches sich zunächst gegen „unbekannt“ richtet. Sollten sich im Rahmen der Ermittlungen Hinweise auf den Täter ergeben, wird gezielt gegen diese Person mit dem Ziel der Anklageermittlung ermittelt. Das Verfahren richtet sich dann gegen diese Person, die im Verfahren als Beschuldigter geführt wird. Die Punkte, die für diese Annahme sprechen, können jetzt nicht bearbeitet werden, da sie nicht ersichtlich sind.

Die Belehrung eines Beschuldigten ergibt sich aus § 136 StPO iVm § 163a StPO. Diese Paragraphen beinhalten Folgendes:

- Mitteilung vor Beginn der Vernehmung, welche Tat ihm zur Last gelegt wird
- Umfassendes Aussageverweigerungsrecht
- Jederzeitige Hinzuziehung eines Rechtsanwaltes
- Stellung von Beweisanträgen zu seiner Entlastung

Dies bedeutet, dass dem Beschuldigten gesagt werden muss, dass er beschuldigt wird, einen Wohnungseinbruchsdiebstahl am 28.1.2017 begangen zu haben. Außerdem ist ihm auch vorzuwerfen, die weiteren Delikte der Tatserie verübt zu haben. Der Beschuldigte braucht gegenüber der Polizei keine Aussage machen, er hat ein umfassendes Aussageverweigerungsrecht. Außerdem kann er zu jeder Zeit, also auch bereits vor Beginn der Vernehmung, einen Rechtsbeistand hinzuziehen. des Weiteren kann er Beweisanträge zu seiner Entlastung vorbringen, die durch die Polizei zu bearbeiten sind.

Sollte er von seinem umfassenden Aussageverweigerungsrecht keinen Gebrauch machen, kann er zusammenhängend in Form eines freien Berichts seine Sicht des Falles/der Fälle schildern. Anschließend sind folgende Vertiefungs- oder Verständnisfragen zu stellen:

- Wie haben Sie die Tat/die Taten durchgeführt?
- Haben Sie alleine gehandelt oder gab es Mittäter? Wenn ja, wie lauten deren Personalien/Erreichbarkeiten und welchen Tatbeitrag haben diese geleistet?
- Warum sind Sie gerade in die genannten Objekte eingebrochen? Anhand welcher Kriterien haben Sie diese ausgewählt?
- Mit welchem Werkzeug haben Sie die Häuser aufgehebelt? Woher stammt das Werkzeug? Wo ist es jetzt?

- Was haben Sie alles entwendet? Wo sind die Beutestücke jetzt? Was ist mit ihnen geschehen?
- Wie sind Sie zu den Tatorten gekommen?
- Besitzen Sie ein Kfz oder haben sie ein solches zur Verfügung? Wie lautet das Kennzeichen und wer ist der Halter?
- Haben Sie einen Hehler/Abnehmer für einen Teil der Beute? Wer ist es?
- Mit wem haben Sie die Beute sonst geteilt? Was wusste der Empfänger? Gab es dafür Unterstützungsleistungen?
- Haben Sie weitere Taten begangen, die Ihnen noch nicht zur Last gelegt werden?
- Haben Sie eine feste Arbeitsstelle, eine eigene Wohnung, arbeiten Sie?
- Haben Sie Schulden?
- Welches monatliche Einkommen steht Ihnen zur Verfügung?

Die Glaubwürdigkeit der Aussagen von Beschuldigten ist immer zu hinterfragen. In der Regel werden die Aussagen so getätigt, um den eigenen Tatbeitrag so gering wie möglich erscheinen zu lassen. Sollte es Mittäter geben, werden diese belastet, die treibende Kraft zu sein. Deshalb ist es notwendig, dass Aussagen von Beschuldigten auf Plausibilität geprüft und mit den Aussagen von weiteren Beschuldigten/Zeugen und mit den festgestellten Spuren abgeglichen werden.

2. Sachbeweis

Hinweis zum Sachbeweis: Auch hier handelt es sich um eine umfassende Frage, die darauf abzielt, dass die vorhandenen Spuren und die möglichen Spuren von Ihnen bearbeitet werden. Hierbei sollte nicht spekuliert werden, jedoch die Spuren behandelt werden, die durch ein realistisches und nachvollziehbares Vorgehen des oder der Täter gegeben sein könnten.

Die Reihenfolge der Bearbeitung der Sachbeweise ist nicht vorgeschrieben und kann somit vom Studierenden frei gewählt werden, wobei Hinweise der Kursdozenten zu berücksichtigen sind.

Eine Möglichkeit besteht darin, zunächst die im Sachverhalt explizit genannten Spuren, zB „Eindrücke im Rahmen" = Hebelspur) zu bearbeiten und sich anschließend mit den möglichen Spuren, zB „Schmuckkassette auf dem Tisch" = der Täter hat diese dort abgestellt, also hat er dazu die Schmuckkassette angefasst = Fingerspur) zu beschäftigen, die durch die Handlungseise des Täters entstanden sein könnten.

Eine andere Möglichkeit besteht darin, sich an dem möglichen Weg/der Vorgehensweise des Täters zu orientieren. Also von der Annäherung über das Agieren im/am Tatort bis zur Flucht.

Eine weitere Möglichkeit liegt darin, sich an den einzelnen Spurenarten zu orientieren und zB mit allen Formspuren zu beginnen und dann anschließend die weiteren Spurenarten abzuarbeiten.

Im vorliegenden Sachverhalt sind mehrere Spuren/Spurenkomplexe genannt, einige Spuren ergeben sich durch den möglichen Tatablauf. Folgende Spuren werden anhand des Schemas des Sachbeweises bearbeitet:

- Zwei Dosen Bauschaum
- Fingerspuren auf der Dose
- Epithelzellen/Hautschuppen auf der Dose
- Hebelspuren im Rahmen der Terrassentür
- Fingerspuren auf den herausgezogenen Schubladen, auf der Schmuckkassette, an der Terrassentür und sonstigen Gegenständen, die die Täter im Haus angefasst haben
- Fingerspuren an der Alarmanlage
- Epithelzellen an den Schubladen
- Schuhspuren im Garten und im Haus
- Haare im Haus
- Faserspuren am Einstiegsweg und auf der Couch
- Ausgeschäumte Alarmanlage

Bei allen genannten Spuren handelt es sich auch um Situationsspuren.

a) Situationsspuren/Tathypothese

Alle Spuren des Täters sind immer auch Situationsspuren.

> **Hinweis:** An dieser Stelle bietet sich zunächst die Definition der Spurenart an, bevor auf die konkrete Bearbeitung im Rahmen des Sachbeweises eingegangen wird.

Situationsspuren sind diejenigen Spuren, die sich aus dem Vorhandensein oder Fehlen von Gegenständen und deren besonderer Lage am Ort und zueinander ergeben und die der Rekonstruktion des Geschehens dienen. Aus der möglichen Rekonstruktion des Tatgeschehens lässt sich anhand der gefundenen und zu erwartenden Spuren folgende Tathypothese ableiten:

> **Hinweis:** Im Rahmen einer Tathypothese können alle Spuren angesprochen werden und ihre Eigenschaft als Situationsspuren beachtet werden. Dies hat den Vorteil, dass somit alle Situationsspuren bereits bearbeitet wurden und somit bei den folgenden Bearbeitungen entfallen und der Studierende kann anhand seiner eigenen Tathypothese die Spuren „abarbeiten".

Frau Schneider bemerkte gemeinsam mit ihrem Mann gegen 20.40 Uhr den Einbruch. Am Morgen des gleichen Tages war das Haus nach ihren Angaben noch ordnungsgemäß verschlossen. Die Eigentümer des Hauses halten sich zum Zeitpunkt des Einbruches in Berlin auf. Ob dies dem oder den Tätern bekannt war, lässt sich anhand der Spuren nicht sagen. Der Täter muss jedoch auf den Einbruch in dieses Haus vorbereitet gewesen sein, vermutlich hat er dies vorher ausgekundschaftet. Dieser Schluss lässt sich aus dem Umstand ziehen, dass der Täter sich vor der Tat zwei Dosen Bauschaum beschafft hat und diese mit zum Einbruch brachte. Hiermit wurde vermutlich die außen am Haus angebrachte Alarmanlage ausgeschäumt, um eine akustische Auslösung zu verhindern. Beide geleerte Dosen wurden auf dem Weg zur Eingangstür zurückgelassen. Anschließend hat sich der Täter zum rückwärtigen Teil des Hauses begeben und dort mit einem unbekannten Hebelwerkzeug die Terrassentür aufgehebelt. Dies wird durch deutliche Hebelspuren am Rahmen der Terrassentür untermauert. Durch die gewaltsam geöffnete Tür erlangte der Einbrecher Zugang zum Inneren des Hauses. Da er durch den Garten gegangen sein muss, um die Terrassentür zu erreichen, könnte er dabei auf seinem Weg Schuheindruckspuren hinterlassen haben. Wenn er dabei Material mit seinen Schuhen aufgenommen haben sollte, müssten sich auf dem Fußboden des Hauses Schuhabdruckspuren des Täters befinden. Im Haus wurden Schubladen im Wohnzimmer und der Diele und die Tür zur Diele geöffnet, wobei der Täter Fingerspuren und Epithelzellen hinterlassen haben könnte. Die Inhalte der Schränke und Schubladen liegen ausgeleert auf dem Boden. Auch hierbei könnten Fingerspuren und Epithelzellen vom Täter entstanden sein. Bei seiner Suche fand der Täter offensichtlich eine Schmuckkassette und öffnete diese auf dem Couchtisch, wo er sie geöffnet zurückgelassen hat. Dies lässt den Schluss zu, dass er darin befindlichen Schmuck entwendet haben könnte. Auch hierbei dürfte er Finger- und DNA-Spuren hinterlassen haben. Außerdem kann es sein, dass er sich zum Öffnen der Kassette gesetzt hat und dabei Faserspuren auf das Sitzmöbel übertragen hat. Da die Eingangstüre noch verschlossen war, verlässt der Täter vermutlich auf dem Einstiegsweg das Haus und flüchtet. Wie dies geschah, kann nicht gesagt werden. Möglicherweise können weitere Schuhspuren oder andere Spuren zur Rekonstruktion des Fluchtweges beitragen.

Bei seinen Tätigkeiten könnte es sein, dass der Täter Haare verloren hat oder auch irgendwo hängengeblieben ist und sich dabei Haare ausgerissen hat.

b) Zwei Dosen Bauschaum

> **Hinweis:** Die Bearbeitung der Sachbeweise orientiert sich am Schema des Sachbeweises der Kriminalistischen Fallanalyse. Hierbei sind im Rahmen des Grundstudiums die Punkte Spurenart, Beweiskraft mit der Unterscheidung zwischen Gruppenbeweis/Gruppenidentifizierung und Individualbeweis/Individualidentifizierung, Beweiswert und Vergleich zu bearbeiten! Die genannten Punkte sind bei jeder Spur immer zu bearbeiten, auch wenn das Ergebnis lauten kann: Es liegt kein Individualbeweis vor.
>
> Dieses Schema bezieht sich auf alle genannten Spuren. Lediglich auf den Punkt „Beweisverwertungsverbote" des Schemas ist nicht einzugehen, da dies erst Gegenstand im HS 1 sein wird.
>
> Die einzelnen Punkte des Schemas müssen von den Studierenden nicht in Form einer Überschrift oder Ähnlichem eingebracht werden. Es ist aber sinnvoll, die einzelnen Prüfpunkte durch Absätze kenntlich zu machen.

Bei den beiden aufgefundenen Dosen Bauschaum könnte es sich um Gegenstandsspuren handeln. Als Gegenstandsspuren werden Gegenstände bezeichnet, die am Tatort aufgefunden werden und eine beweiserhebliche Bedeutung haben. Die beiden Dosen werden am Tatort auf dem Gehweg festgestellt und können Hinweise auf den Modus Operandi geben und auf ihnen könnten sich Spuren der oder des Täters befinden. Somit handelt es sich um Gegenstandsspuren.

Der Gruppenbeweis in diesem Fall macht es den Ermittlern möglich, die vom Täter zurückgelassenen Dosen einer bestimmten Gruppe zuzuordnen. So ist es anhand der Dosen möglich, den Hersteller, die Dosengröße, den genauen Inhalt, das Haltbarkeitsdatum und eine Seriennummer festzustellen. Eine Individualidentifizierung ist nicht möglich, da es sich bei Bauschaum um ein Massenprodukt handelt, welches in jedem Baumarkt, im Internet oder in größeren Einzelhandelsgeschäften legal erworben werden kann. Eine Verkaufswegerückverfolgung ist deshalb auch nicht möglich.

Der Beweiswert der Dosen Bauschaum liegt hier darin, dass diese vor dem Einbruch noch nicht auf dem Weg gelegen haben. Sie stammen nicht von den Zeugen und wurden somit mit allergrößter Wahrscheinlichkeit von dem Täter benutzt und nach deren Leerung zurückgelassen.

Ein Tatzusammenhang lässt sich durch einen Vergleich des Restes in und an den Dosen mit dem Schaum in der Alarmanlage herstellen. Sonstige Vergleiche mit zentralen Sammlungen sind nicht möglich, da solche nicht existieren.

Die Dosen könnten jedoch auch Träger anderer Spuren sein. Hierbei handelt es sich um mögliche Fingerspuren und um Epithelzellen.

c) Fingerspuren an den Dosen

Da der Täter vermutlich die Dosen dazu benutzt hat, die Alarmanlage auszuschalten, ist davon auszugehen, dass er dabei die Dosen auch in der Hand gehalten haben muss. Sollte er dabei keine Handschuhe getragen haben, müssten dadurch seine Fingerabdrücke auf den Außenbereichen der Dosen gelangt sein. Bei den Fingerspuren könnte es sich um Formspuren handeln. Formspuren sind die durch Einwirkung eines Spurenverursachers entstandenen Formveränderungen an einem Objekt. Aus der formmäßigen Beschaffenheit der Spur sind kriminalistische Schlüsse zu ziehen. Formspuren kommen in der Regel als Abdruck- oder Eindruckspuren vor. Eine Abdruckspur entsteht durch eine Substanzübertragung und eine Eindruckspur durch eine Substanzverdrängung. Im vorliegenden Fall handelt es sich um eine Abdruckspur, da der Spurenverursacher Hautausscheidungen, wie zB Schweiß, auf die Dosen übertragen hat. Ferner könnte durch überschüssigen Bauschaum auf der Dose auch eine Eindruckspur entstanden sein, da er durch den Druck seiner Finger das noch weiche Material des Bauschaums eingedrückt hat.

Fingerspuren werden auch als daktyloskopische Spuren und serologische Spuren bezeichnet.

! **Hinweis:** Grundsätzlich sollte der Ersteller einer Klausur sich an das vorgegebene Schema des Sachbeweises halten. Im Fall der Fingerspur ist die Argumentation der Beweiskraft einfacher, wenn zunächst der Individualbeweis und erst im Anschluss der Gruppenbeweis erläutert werden.

Ein Individualbeweis liegt vor, wenn mindestens zwölf anatomische Merkmale oder Minuzien in Lage und Form übereinstimmen oder sonstige individuelle Merkmale, wie zB eine Narbe, vorliegen. Dies ist deshalb der Fall, da der menschliche Fingerabdruck individuell, unveränderbar und klassifizierbar ist. Dies bedeutet, dass jeder Mensch über einen individuellen Fingerabdruck verfügt und sich dieser bereits vor der Geburt bildet und noch über den Tod hinaus besteht. Sollten weniger als die zwölf Merkmale oder kein individuelles Merkmal vorliegen, handelt es sich um einen Gruppenbeweis. Hier reichen die vorhandenen Minuzien aus, um eine Gruppe von Personen als mögliche Spurenverursacher sicher auszuschließen oder der Gruppe der möglichen Spurenverursacher zuzuordnen.

Bewiesen wird hier, dass der Spurenverursacher die Dose/n angefasst hat. Wann und wo dies geschah, lässt sich anhand des Abdrucks nicht sagen. Ob es sich beim Spurenverursacher auch um den Täter handelt, kann nicht gesagt werden.

Der zentrale Sammlungsvergleich erfolgt für Fingerspuren über AFIS (automatisiertes Fingerabdruck-Identifizierungs-System). Hier kann verglichen werden, ob die vorgefundene Spur einer Person zugeordnet werden kann oder einer an einem anderen Tatort vorgefundenen Spur. Außerdem kann die Fingerspur mit möglichen Tatverdächtigen oder Berechtigten verglichen werden. Weiterhin sollten die gesicherten Fingerspuren mit möglichen Fingerspuren der bisherigen Einbrüche abgeglichen werden.

d) Epithelzellen an den Dosen mit Bauschaum

Durch das Hantieren mit den Dosen und dem Auslösen des Druckknopfes zur Entleerung des Bauschaumes, könnten sich Hautschuppen/Epithelzellen an den Dosen abgelagert haben. Gerade die austretende klebende Masse könnte hier förderlich sein. Bei diesen Epithelzellen könnte es sich um Materialspuren handeln. Materialspuren sind Substanzen (fest, flüssig oder gasförmig), deren stoffliche Eigenschaften und Zusammensetzungen kriminalistische Schlüsse zulassen. Die Epithelzellen dürften in fester Form vorliegen und kriminalistische Schlüsse zulassen, die näher beim Beweiswert erläutert werden. Epithelzellen werden auch als serologische Materialspur bezeichnet.

Im Rahmen des Gruppenbeweises kann ermittelt werden, ob es sich um menschliche oder tierische Epithelzellen/Hautschuppen handelt.

Die Epithelzellen enthalten DNA, was aufgrund der grundsätzlichen Einmaligkeit, außer bei eineiigen Mehrlingen, einer bestimmten Person sicher zugeordnet werden kann. Somit kann bis auf die bezeichnete Ausnahme von der Einmaligkeit der DNA gesprochen werden.

Bewiesen wird lediglich, dass die Dosen mit dem Spurenverursacher in Berührung gekommen sind. Wann und wo dies geschah, lässt sich nicht zweifelsfrei feststellen. Ob es sich beim Spurenverursacher um den Täter handelt, ist nicht sicher. Wenn allerdings zwischen der austretenden Masse eine Verbindung zur Alarmanlage vor Ort und der anhaftenden DNA-Spuren hergestellt werden kann, erhöht sich der Beweiswert.

Der zentrale Sammlungsvergleich erfolgt für DNA-Spuren über die DAD (DNA-Analyse-Datei). Hier kann verglichen werden, ob die vorgefundene Spur einer Person zugeordnet werden kann oder einer an einem anderen Tatort vorgefundenen Spur. Außerdem kann die DNA-Spur mit möglichen Tatverdächtigen und Berechtigten verglichen werden. Auch hier bietet sich ein Vergleich mit möglichen Spuren der anderen Einbrüche an.

e) Hebelspuren an der Terrassentür

Hierbei handelt es sich um Formspuren (Definition s. oben) in Form von Eindruckspuren, da durch das härtere Hebelwerkzeug das weichere Material der Terrassentür verdrängt wird. Da diese Spur durch ein Werkzeug entsteht, sprich man auch von einer Werkzeugspur.

Die Hebelspuren können im Rahmen des Gruppenbeweises dazu genutzt werden, eine Aussage über die Klingenbreite und eventuell über das verwendete Werkzeug zu geben. Ein Individualbeweis ist nur dann möglich, wenn durch das verwendete Werkzeug herstellungsbedingte oder gebrauchsbedingte individuelle Merkmale auf das Material der Terrassentür übertragen wurden und sich dort abbilden. In der Regel ist das Material jedoch so beschaffen, dass nur ein Gruppenbeweis möglich ist.

Aufgrund der vorhandenen Hebelspuren kann gesagt werden, dass mit hoher Wahrscheinlichkeit mit einem Werkzeug die verschlossene Terrassentür gewaltsam aufgebrochen wurde. Wie oft der Täter das Hebelwerkzeug ansetzte, ist Teil der Situationsspur.

Die Hebelspur kann nicht mit der zentralen Werkzeugspurensammlung des Landeskriminalamtes NRW verglichen werden, da dort nur greifende (zweibackige) Werkzeugspuren gesammelt werden. Sollten jedoch im Rahmen der durchgeführten Ermittlungen oder im Rahmen von Fahndungsmaßnahmen Tatverdächtige ermittelt oder angetroffen werden, bei denen mögliche Hebelwerkzeuge gefunden werden, so können entsprechende Vergleichsspuren dieser Werkzeuge mit den Spuren an der Terrassentür verglichen werden. Damit könnte zumindest eine Aussage getroffen werden, ob diese Werkzeuge als Spurenverursacher infrage kommen oder nicht. Weiterhin ist ein Vergleich mit den Spuren der bisher festgestellten Tatserie möglich, um zu prüfen, ob es Übereinstimmungen, zB bei der Klingenbreite, gibt.

Fingerspuren im Inneren auf den herausgezogenen Schubladen, auf der Schmuckkassette, an der Terrassentür und sonstigen Gegenständen, die die Täter im Haus angefasst haben und Fingerspuren außen an der Alarmanlage:

Die Art der Spur, die Beweiskraft und der Sammlungsvergleich wurden bereits bei den Dosen mit Bauschaum erläutert. Bei den aufgelisteten Spuren ändert sich jedoch der konkrete Beweiswert. Aufgrund der Vielzahl der möglicherweise gefundenen Fingerspuren kann darauf geschlossen werden, dass sich der Spurenverursacher im Tatobjekt aufgehalten hat und bei den Fingerspuren an der Alarmanlage, dass er diese berührt/angefasst hat. Somit haben die Spuren im Inneren des Hauses einen größeren Aussagewert für Begehung der Tat als die Spuren außerhalb des Tatobjektes. Deshalb müssen diese Fingerspuren auch mit denen der Berechtigten verglichen werden, um diese als Spurenleger auszuschließen. Weiterhin ist ein Abgleich der Spuren untereinander wichtig, da dies Rückschlüsse auf die Anzahl der Täter zulässt.

f) Epithelzellen an den Schubladen

Die Art der Spur, die Beweiskraft und der Sammlungsvergleich wurden bereits bei den Dosen mit dem Bauschaum erläutert. Bei den aufgelisteten Spuren ändert sich jedoch der konkrete Beweiswert. Aufgrund der Vielzahl der möglicherweise gefundenen Epithelzellen kann darauf geschlossen werden, dass sich der Spurenverursacher im Tatobjekt aufgehalten hat. Somit haben die Spuren im Inneren des Hauses einen größeren Aussagewert für Begehung der Tat als die Spuren außerhalb des Tatobjektes. Deshalb müssen diese DNA-Spuren auch mit denen der Berechtigten verglichen werden, um diese als Spurenleger auszuschließen. Weiterhin ist ein Abgleich der DNA-Spuren untereinander wichtig, da dies Rückschlüsse auf die Anzahl der Täter zulässt.

g) Schuhspuren im Garten und im Haus

Hinweis: Schuheindruck- und Schuhabdruckspuren können in der Regel zusammen im Rahmen des Sachbeweises bearbeitet werden, um damit Zeit zu sparen und Ausführungen zur Spurenart, zur Beweiskraft und zum Vergleich nicht mehrfach darstellen zu müssen. Zu beachten ist jedoch, dass sich die Schuheindruckspuren oft außerhalb des Tatobjektes und die Schuhabdruckspuren in der Regel innerhalb des Tatobjektes befinden und sich dadurch der Beweiswert ändert.

Aufgrund der Angaben der Zeugen kann davon ausgegangen werden, dass der oder die Täter durch den Garten zur Terrassentür gelangt sind. Hierbei könnten Sie im Garten Schuheindruckspuren hinterlassen haben. Im Haus haben sie sich bewegt und dabei könnten Schuhabdruckspuren entstanden sein.

Bei Schuhspuren handelt es sich um Formspuren (s. Definition oben), die als Eindruck- und Abdruckspuren vorliegen. Bei den Eindruckspuren wird durch den Schuh/die Sohle Erdreich verdrängt und beim Abdruck wird zB dieses Erdreich auf den Bodenbelag im Inneren übertragen.

Der Gruppenbeweis der Schuhspur liegt darin begründet, dass zum Schuh folgende Aussagen möglich sind: Schuhgröße, Art des Schuhs (zB: Sportschuh, glatte Sohle, Damen-, Herren- oder Kinderschuh), Hersteller und Modell. Dadurch lässt sich die Gruppe der Schuhe, die diese Spuren hinterlassen haben, stark einschränken.

Ein Individualbeweis ist möglich, wenn der Sohlenab- oder Sohleneindruck herstellungs- oder gebrauchsbedingte individuelle Merkmale aufweist, die diese Formspur einmalig machen. Dies können Abnutzungserscheinungen, Beschädigungen der Sohle und/oder Fremdkörper in der Sohle sein.

Hinweis: Angaben über die Gehrichtung, die Abstände zwischen den Ein-/Abdrücken, die Tiefe der Eindrücke oder auch Angaben über sonstige Besonderheiten sind grundsätzlich innerhalb der Situationsspuren abzuarbeiten.

Der Beweiswert der Schuheindruckspuren sagt aus, dass der Schuh am Tatort war. Aussagen darüber, wer den Schuh zur Entstehungszeit getragen hat, sind anhand der Spur nicht möglich. Ob der Besitzer des Schuhs auch der Verursacher oder der Täter ist, kann anhand der Spur nicht gesagt werden.

Der Beweiswert der Schuheindruckspur im Inneren des Hauses liegt darin begründet, dass damit die Aussage getätigt werden kann, dass sich der Schuh innerhalb des Objektes befunden hat. Wann die Spuren entstanden sind, ist anhand der Formspuren grundsätzlich nicht festzustellen, kann aber durch Zeugenaussagen oder im Einzelfall durch besondere Bedingungen, zB zeitlich nachweisbare Veränderungen, Wettereinflüsse, eingegrenzt werden. Dies zielt darauf ab, die Tatrelevanz dieser Spuren zu verdeutlichen.

In NRW gibt es keine zentrale Spurensammlung für Schuhspuren. Einige Kreispolizeibehörden führen jedoch örtliche Sammlungen auf der Ebene der jeweils zuständigen KTU, mit denen diese Spuren verglichen werden können, um Tatzusammenhänge oder Identifizierungen des verwendeten Schuhs durchzuführen. Außerdem können die Schuhspuren mit entsprechenden Spuren der vorangegangenen Einbrüche verglichen werden, um Tatzusammenhänge festzustellen. Ein Vergleich der Spuren untereinander lässt Rückschlüsse über die Anzahl der Täter zu. Sollten im Rahmen von Fahndungsmaßnahmen oder durch polizeiliche Ermittlungen Tatverdächtige mit relevanten Schuhen festgestellt werden, so muss ein Vergleich mit den Spuren am/im Tatort schnellstmöglich erfolgen, da sich die Schuhsohlen durch weiteren Gebrauch verändern und somit eine Zuordnung erschweren oder unmöglich machen. Aus diesem Grund sind auch die Aufbewahrungsfristen bei vorhandenen örtlichen Schuhspurensammlungen zeitlich befristet.

h) Haare im Haus

Da der oder die Täter sich über einen längeren Zeitraum im Haus aufgehalten haben müssen und dort hantiert haben, kann es möglich sein, dass sie dabei Haare verloren oder sich an Gegenständen ausgerissen haben. Haare sind Materialspuren (Definition s. oben), die in fester Form zu finden sind.

Beim Gruppenbeweis lässt sich zuerst feststellen, ob es sich um menschliche oder tierische Haare handelt. Des Weiteren ist es möglich, Aussagen über die Haarfarbe, die Haarlänge und darüber zu treffen, ob das Haar chemisch, zB mit Färbemitteln oder einer Dauerwelle, behandelt wurde. Ein Individualbeweis ist bei Haaren nur dann möglich, wenn über die Haare die DNA des Menschen festgestellt werden kann. Dies ist dann der Fall, wenn die Haarwurzel noch vorhanden ist. Die Einmaligkeit der DNA wurde bereits bei den Epithelzellen begründet.

Im Einzelfall kann es ergänzende Aussagen zum Beweiswert geben, wenn Materialien vom Tatort oder am Tatort verwendete Materialien auf den Haaren von Tatverdächtigen nachgewiesen werden können. Dies könnte hier im Sachverhalt durch den verwendeten Bauschaum oder durch besondere Materialien in der Nähe der Alarmanlage der Fall sein. Anhaltspunkte dafür gibt es im Sachverhalt aber zunächst nicht.

Die Haare beweisen, dass sich die Person, der die Haare zugeordnet werden können, im Haus bzw. am Tatort aufgehalten hat. Wann dies war, ist nicht festzustellen.

Der Vergleich erfolgt über die DAD, mit Berechtigten und ermittelten Tatverdächtigen. Auch hier können die Haare oder die DNA mit Haaren anderer Tatorte verglichen werden.

i) Faserspuren am Einstiegsweg und auf der Couch

Bei Faserspuren handelt es sich um Materialspuren (Definition s. oben), die in fester Form vorliegen.

Die Aussagekraft im Gruppenbeweis liegt darin, dass festgestellt werden kann, aus welchem Material die Faser hergestellt wurde, welche Farbe und Länge sie hat und ob sie besondere Eigenschaften besitzt, zB fluoreszierende Faser. Eine Aussage zum verursachenden Kleidungsstück ist nur sehr bedingt möglich. Der Vorteil der Faserspuren besteht darin, dass diese größtenteils unbewusst übertragen werden.

Eine Aussage zum Individualbeweis ist in aller Regel nicht möglich. Mit dem Nachweis einer gegenseitigen Übertragung der betroffenen Materialien (Kreuzübertragung) verdichtet sich aber die Aussagekraft vom Gruppenbeweis in Richtung Individualbeweis.

Eine Rückverfolgung oder Verkaufswegerückverfolgung ist nicht möglich, da es sich bei Kleidungsstücken um Massenprodukte handelt, die über eine Vielzahl von Geschäften gekauft werden können.

Bewiesen werden kann uU lediglich, dass ein entsprechendes Kleidungsstück am oder im Tatort war. Außerdem ist auch die Möglichkeit einer Spurenverschleppung von unbeteiligten Personen möglich. Eine Auswertung von Faserspuren erfolgt nur bei schwerwiegenden Delikten. Ein Vergleich mit Kleidungstücken von Tatverdächtigen und Berechtigten ist möglich, eine zentrale Sammlung existiert nicht.

j) Ausgeschäumte Alarmanlage

Aufgrund der Sachverhaltsschilderung kann davon ausgegangen werden, dass der oder die Täter vor dem Aufhebeln der Terrassentür die am Haus befindliche Alarmanlage außer Funktion gesetzt haben. Dies lässt sich aus den zurückgelassenen Dosen mit Bauschaum schließen. Dabei dürfte der Bauschaum in die Anlage gespritzt worden sein, wo sie aushärtete. Der Bauschaum ist eine Materialspur (Definition s. oben), die hier jetzt in fester Form vorliegt.

Beim Gruppenbeweis können Aussagen zur Art, Farbe und Zusammensetzung des Bauschaums gemacht werden.

Ein Individualbeweis ist nicht möglich, da es sich bei Bauschaum um ein Massenprodukt handelt und im Schaum keinerlei individuelle Merkmale vorhanden sind.

Bewiesen wird hier lediglich, dass die Alarmanlage mit Bauschaum ausgeschäumt wurde und sie somit funktionsuntüchtig ist. Wann dies genau geschah, kann anhand des Schaums nicht gesagt werden. Eine zeitliche Einordnung ist nur bedingt durch den Grad der Festigkeit des Schaums möglich, da für die Aushärtung entsprechende Zeit benötigt wird. Außerdem helfen zur Tatzeiteingrenzung Zeugenaussagen.

Es gibt für diese Spur keinen zentralen Sammlungsvergleich. Der Bauschaum sollte jedoch mit den Resten aus den am Tatort zurückgelassenen Dosen verglichen werden, um nachzuweisen, dass dieser Schaum mit großer Wahrscheinlichkeit aus diesen Dosen stammt.

Bei Feststellung von Tatverdächtigen sind gegebenenfalls weitere Feststellungen möglich, wenn sich bei der Handhabung Bauschaum auf die Bekleidung, Körperteile oder mitgeführte Gegenstände übertragen hat.

FALL 9: Roller-Diebstahl

Schwerpunkt: Fahndungssituation der KFA

LAGE

Am heutigen Tag, gegen 15.30 Uhr, ruft über den Notruf der Polizei Frau Angelika Neumann aufgeregt an und teilt mit, dass jemand soeben ihren Roller gestohlen hätte. Auf Nachfrage gibt sie noch folgende Details an: Es handelt es sich um einen Roller der Marke Aprilia, SR 50, 50 ccm, Farbe: rot mit folgendem Versicherungskennzeichen: ABC 123. Der Roller war vor dem Humboldt-Gymnasium in Düsseldorf, Pempelforter Str. 40, auf dem Gehweg abgestellt. Als sie das Schulgebäude verlassen wollte, konnte sie den Dieb noch sehen, wie dieser gerade ihren Roller bestieg und in Richtung Adlerstraße wegfuhr. Sie kann den Täter wie folgt beschreiben: männlich, ca. 16 Jahre alt, schlank, lange dunkle Haare, die zu einem Zopf gebunden waren, trug keinen Helm, weißes T-Shirt, blaue Jeans.

Frau Neumann hatte ihren Zündschlüssel stecken gelassen, da sie nur kurz ein Schriftstück im Sekretariat ihrer Schule abgeben wollte. An dem Schlüssel waren keine weiteren Schlüssel oder Schlüsselanhänger angebracht.

Aufgaben: Bearbeiten Sie im Rahmen der Kriminalistischen Fallanalyse

1. die Personenfahndung (Ziff. 5.1)
2. die Sachfahndung (Ziff. 5.2).

(Gewichtung: 25 %)

LÖSUNGSVORSCHLAG

1. Personenfahndung

Die geschädigte Frau Neumann ruft unmittelbar nach der Tatausführung über den Notruf die Polizei an und kann dabei den Täter beschreiben. Da die Tatzeit am Nachmittag liegt, sind die Sichtverhältnisse sehr gut und an den Angaben der Zeugin ist nicht zu zweifeln. Sie selbst gibt an, dass sie ihren Roller abgestellt hätte, ohne den Zündschlüssel abzuziehen, was sicher zu Problemen bei der Regulierung mit ihrer Versicherung führen wird. Dies würde sie anders schildern, wenn sie den Diebstahl vortäuschen oder sonst nicht die Wahrheit sagen würde. Frau Neumann kann den Täter wie folgt beschreiben, da er auch keinen Helm trug:

- Männlich
- ca. 16 Jahre alt
- Schlanke Statur
- Lange dunkle Haare, zu einem Zopf gebunden
- Weißes T-Shirt
- Blaue Jeans

Der Täter sei mit ihrem Roller geflüchtet. Hierbei handelt es sich um einen Roller der Marke Aprilia mit 50 ccm und einem Versicherungskennzeichen. Die Höchstgeschwindigkeit beläuft sich auf 45 km/h. Da Frau Neumann direkt nach der Tatausführung anruft, kann davon ausgegangen werden, dass dies auch die Geschwindigkeit ist, mit der sich der Täter maximal vom Tatort entfernt. Er kann also im innerstädtischen Verkehr nicht mehr als 45 km in einer Stunde zurücklegen. Somit müsste er sich beim Anruf des Opfers noch in der Nähe des Tatortes aufhalten. Da der Täter den Roller vor der Schule bestiegen hat, liegt die Annahme nahe, dass er zu Fuß unterwegs war und somit aus dem Nahbereich stammt oder dort einen Bezugspunkt hat. Aufgrund der dargestellten Informationen bietet sich eine sofortige Tatortbereichsfahndung rund um den Tatort an. Die Tatortbereichsfahndung ist eine kalendermäßig vorbereitete, aus aktuellem Anlass durchgeführte, gezielte Fahndung in einem begrenzten Raum um den Tatort. Sie wird regelmäßig ausgelöst, wenn Anhaltspunkte dafür vorliegen, dass der Täter noch im Tatortbereich ergriffen werden kann oder Fahndungshinweise gewonnen werden können. Diese Voraussetzungen liegen hier wie beschrieben vor und deshalb könnte der Täter noch im Nahbereich ergriffen werden. Die gegebene Beschreibung lässt eine gezielte Suche zu und ist so detailliert, dass die eingesetzten Fahndungskräfte diese Person auch erkennen müssten.

Eine Ringalarmfahndung ist hier nicht angebracht, da nicht davon ausgegangen werden kann, dass der Täter mit dem entwendeten Roller eine größere Entfernung zurücklegen wird. Dazu ist die Höchstgeschwindigkeit zu gering und alle Informationen sprechen für einen örtlichen Täter. Sonstige Fahndungsarten versprechen auch keinen Erfolg.

2. Sachfahndung

Frau Neumann kann den entwendeten Roller umfänglich beschreiben und der Polizei auch das angebrachte Versicherungskennzeichen nennen. Es handelt sich bei dem entwendeten Fahrzeug um einen Roller

- Aprilia
- SR 50
- 50 ccm
- Farbe: rot
- Versicherungskennzeichen: ABC 123
- Höchstgeschwindigkeit: 45 km/h

Über eine gezielte Nachfrage bei der Zeugin oder durch Recherche im System „ZEVIS" kann auch die Fahrzeugidentifikationsnummer ermittelt werden.

Weiterhin kann die Zeugin angeben, ob der Roller über Individualmerkmale verfügt, um diesen auch ohne Kennzeichen wiederzuerkennen. Hierzu zählen zB Unfallschäden, Kratzer oder auch Aufkleber, zusätzlich angebrachtes Sonderzubehör oder Ähnliches. Weiterhin sollte die Zeugin den Zündschlüssel beschreiben und einen eventuell verwendeten Schlüsselanhänger. Auch diesen könnte der Täter noch in seinem Besitz haben.

Die oben beschriebene Tatortbereichsfahndung bezieht sich auf die beschriebene Person und den entwendeten Roller. Beide können zusammen angetroffen werden. Es kann aber auch sein, dass der Roller zwischenzeitlich irgendwo abgestellt wurde. Zusätzlich wird der Roller mit seinem Kennzeichen und der Fahrzeugidentifikationsnummer in der numerischen Sachfahndung zur Fahndung ausgeschrieben. Da ein Roller in der Regel nicht über eine GPS-Ortungsmöglichkeit verfügt, ist eine Ortung nicht möglich.

B. Fälle zur Anzeigenaufnahme

EINFÜHRUNG

Ein Kompetenzziel des Grundstudiums 5 ist, dass die Studierenden in der Lage sind,

- den korrekten Ablauf der Anzeigenaufnahme sowie die wesentlichen Fragestellungen und die zu beachtenden Rechtsvorschriften auf Sachverhalte zu übertragen.

Dazu passend sind folgende Lehr-/Lerninhalte

- strafrechtliche Verfolgungspflicht, mögliche Aufnahmerelevanz und Prozessvoraussetzungen
- unterschiedliche Anzeigearten, das vereinfachte Verfahren und die jeweiligen spezifischen rechtlichen und ablauftypischen Regelungen
- Struktur eines Vorgesprächs für die Sachverhaltsabklärung, wesentliche Fragestellungen zur Sachverhaltsklärung sowie anschließende beweissichere Sachverhaltsdokumentation

in der Modulbeschreibung des Studiengangs Polizei vermerkt.[7]

In den ergänzenden Hinweisen werden dazu von den Studierenden folgende Lehr- und Lernziele gefordert:

Die Studierenden

- bewerten polizeiliche Sachverhalte hinsichtlich ihrer rechtlichen Relevanz (LZ-Stufe 4)
- differenzieren die unterschiedlichen Anzeigearten (LZ-Stufe 4)
- wenden den Ablauf der Anzeigenaufnahme sowie die wesentlichen Fragestellungen und die zu beachtenden Rechtsvorschriften auf Sachverhalte an (LZ-Stufe 3)[8]

Die Lernzielstufen sind mit „LZ 3 und 4“ festgelegt, die die beiden höchsten der an der Hochschule für Polizei und öffentliche Verwaltung NRW angewendeten Lernzielstufen sind. Dies allein deutet auf die Wichtigkeit dieser Themen hin.

Folgende Inhalte sind in den ergänzenden Hinweisen dazu ausgeworfen:

- Legalitätsprinzip
- Formen der Strafanzeige

[7] Modulhandbuch Bachelorstudiengang PVD 2016, Ab dem Einstellungsjahrgang 2020, S. 33.

[8] Ergänzende Hinweise zu den Modulbeschreibungen – HSPV NRW Bachelorstudiengang BA PVD, Stand: 3/2021, S. 65.

- Anzeigen bei Antrags-, Privatklage- und Offizialdelikten
- Aufnahme von Strafanzeigen
- Besondere Arten der Strafanzeigen
- Vereinfachtes Verfahren

Zur Vermittlung dieser Inhalte sind zehn Präsenzstunden und acht Stunden Selbststudium vorgesehen.[9] Aufgrund dieses hohen Stundenanteils und der Wichtigkeit der Anzeigenaufnahme für die polizeiliche Praxis wird dieser Bereich des Grundstudiums auch vermehrt in Klausuren abgefragt.

9 Ergänzende Hinweise zu den Modulbeschreibungen – HSPV NRW Bachelorstudiengang BA PVD, Stand: 3/2021, S. 65.

FALL 10: Anzeige WED

Schwerpunkt: Anzeigenaufnahme auf der Polizeiwache nach einem Einbruch

LAGE

Am Dienstag, dem 16.2.2021, gegen 22.45 Uhr, erscheint Herr Sebastian Hase auf der Polizeiwache Mitte des PP Düsseldorf, Heinrich-Heine-Allee 17, und teilt auf Nachfrage des WDF PHK Leder mit, dass er gerade vom Kino nach Hause gefahren sei und mit seinem Pkw in seine Garage fahren wollte. Die Garage befindet sich seitlich angebaut an seine Doppelhaushälfte, Düsseldorf, Ludwig-Zimmermann-Straße 12, einer Seitenstraße der Heinrich-Heine-Allee. Diese bewohnt er gemeinsam mit seiner Frau, die aber seit zwei Tagen bei ihrer kranken Mutter wohne. Im Scheinwerferlicht habe er einen jungen Mann, dunkel gekleidet, gesehen, der aus seinem Garten kam und die Einfahrt zu seiner Garage betrat. Der Mann trug einen Rucksack, den er aber vor Schreck fallengelassen hat. Als ihn die Scheinwerfer erfassten, drehte er sich um und floh wieder in den Garten. Herr Hase habe sofort seinen Wagen abgestellt und die Verfolgung aufgenommen. Da es im Garten aber dunkel war, hat der nach wenigen Metern von dieser Absicht abgelassen und beim Zurückgehen bemerkt, dass seine Terrassentür offensteht. Als er mit dem Taschenlampenlicht seines Smartphones die Tür betrachtete, habe er deutliche Hebelspuren in Höhe des Schlosses festgestellt. Aufgrund der Nähe zur Wache, sei er sofort mit seinem Auto zur Wache gefahren, um den Sachverhalt zu melden. Auf Nachfrage gab er an, dass er nicht im Haus war. Den Rucksack habe er aber vorsorglich mitgebracht, ihn dabei nur am Tragegriff angefasst und nur kurz hineingesehen. Hierbei habe er seine eigene Brieftasche, das Handy seiner Frau, das sie zu Hause vergessen hatte und eine Spardose seiner Frau erkannt.

Sie werden mit der Aufnahme des Sachverhaltes durch den WDF beauftragt.

Aufgabe: Erläutern Sie den Ablauf/die Grundzüge der Anzeigenaufnahme und gehen Sie dabei auch auf den von Herrn Hase mitgebrachten Rucksack ein.

(Gewichtung: 25 %)

LÖSUNGSVORSCHLAG

Grundsätzlich ist zu beachten, dass sich der Anzeigenerstatter in einer Ausnahmesituation befindet und auf diesen Zustand durch den anzeigenaufnehmenden Beamten Rücksicht genommen wird.

Zunächst ist Herr Hase in einen separaten Raum zu führen, wo die Anzeige in Ruhe und abseits des Publikumsverkehrs aufgenommen werden kann. Gemäß § 158 StPO kann eine solche Strafanzeige auch bei der Polizei aufgegeben werden. Voraussetzung für die Anzeigenaufnahme ist, dass gem. § 152 II StPO ein Anfangsverdacht einer Straftat vorliegen muss. Ein Anfangsverdacht liegt dann vor, wenn zureichende tatsächliche Anhaltspunkte für eine Straftat vorliegen. Im vorliegenden Sachverhalt schildert Herr Hase glaubhaft, wie er einen jungen Mann an seinem Haus beobachtet habe, der einen Rucksack bei sich trug und diesen fallenließ, als er von Herrn Hase im Scheinwerferlicht wahrgenommen wurde. Anschließend floh dieser Mann in den Garten. Veranlasst durch diesen Umstand, habe er festgestellt, dass die Terrassentür offenstand und Hebelspuren am Rahmen erkennbar waren. Im zurückgelassenen Rucksack konnte der Anzeigenerstatter Beutestücke aus seinem Haus erkennen. Die geschilderten Geschehnisse sprechen für das Vorliegen eines Wohnungseinbruchsdiebstahls nach §§ 242, 243 und 244 StGB. Aus dem Sachverhalt gehen keine Anhaltspunkte hervor, die gegen die Glaubwürdigkeit des Herrn Hase sprechen. Außerdem hat er den Rucksack mitgebracht und die Angaben an seinem Haus sind überprüfbar. Somit ist von einem Anfangsverdacht einer Straftat nach § 152 II StPO auszugehen. Nach dem Legalitätsprinzip gem. § 163 StPO ist die Straftat zu erforschen und alle unaufschiebbaren Maßnahmen zur Aufklärung der Tat einzuleiten.

! **Hinweis:** Da aus dem Sachverhalt nicht ersichtlich ist, ob der WDF bereits Maßnahmen eingeleitet hat, sind diese an dieser Stelle abzuhandeln.

Da die Entdeckung der Tat erst wenige Minuten zurückliegt und der Täter zu Fuß geflüchtet ist, besteht die Möglichkeit, dass sich dieser noch in der Nähe des Tatortes aufhält oder vielleicht zum Tatort zurückkehrt, um in den Besitz des verlorenen Rucksackes zu gelangen. Deshalb sind über die Leitstelle Sofortmaßnahmen einzuleiten. Da der Tatort zurzeit ungesichert ist, sollte sofort mindestens ein Einsatzmittel zum Tatort entsandt werden. Weiterhin ist aufgrund der Weg-Zeit-Berechnung eine Tatortbereichsfahndung nach dem flüchtigen Täter einzuleiten. Zunächst kann dazu die bisher gegebene Personenbeschreibung Grundlage sein, die genauere Personenbeschreibung kann im Rahmen der Anzeigenaufnahme über Herrn Hase erlangt werden, womit dann die Fahndungsmaßnahmen aktualisiert werden können.

Zunächst werden die Personalien und die Erreichbarkeit des Opfers gem. § 163b StPO festgestellt. Dies ist für die Anzeige erforderlich und die Erreichbarkeit ist wichtig, um zu einem späteren Zeitpunkt leichter Kontakt zu ihm aufnehmen zu können, sollten sich Rückfragen ergeben. Dies ist leicht durch die Vorlage eines amtlichen Ausweispapieres mit Lichtbild zu gewährleisten. Einen BPA oder einen Führerschein hat Herr Hase bestimmt dabei. Im Anschluss an die IDF werden die erhaltenen Daten in Auskunftssystemen überprüft, um festzustellen, ob gegen Herrn Hase etwas vorliegt, bereits Einsätze an seiner Wohnanschrift in der Vergangenheit stattfanden und ob es Anhaltspunkte für ein problematisches Verhalten in vergangener Zeit gibt. Hierzu können die Systeme EMA, ViVA/IGVP oder INPOL/POLAS genutzt werden.

Herr Hase ist im vorliegenden Fall Opfer und somit auch gleichzeitig Zeuge des Wohnungseinbruchsdiebstahls. Zeuge ist derjenige, der sachdienliche Hinweise zu einer Straftat geben kann und gegen den sich das Verfahren nicht richtet. Hier kann Herr Hase Angaben zur tatverdächtigen Person machen, die er vermutlich direkt nach der Tatausführung gesehen hat und er kann auch Angaben zur Beute und zum Zustand seines Hauses machen. Somit ist er Zeuge, da sich das Verfahren gegen unbekannt richtet und Herr Hase nicht einer Straftat beschuldigt wird. Zeugen sind gem. §§ 52, 55 und 57 StPO über ihre Rechte zu belehren. Hierbei beinhaltet § 52 StPO das Zeugnisverweigerungsrecht, das bedeutet, dass er die Aussage dann verweigern kann, wenn er dadurch nahe Angehörige einer Strafverfolgung aussetzen würde. Das Auskunftsverweigerungsrecht nach § 55 StPO bedeutet, dass er sich durch seine Aussage nicht selbst belasten muss. Die Ermahnung zur Wahrheit ergibt sich aus § 57 StPO. Wichtig ist, dass der Zeuge diese Belehrung auch versteht.

Nach der Belehrung wird die Anzeige im polizeilichen Vorgangsbearbeitungssystem „ViVA“ oder noch in „IGVP“ in Protokollform schriftlich aufgenommen. Dazu werden die Angaben des Geschädigten in wörtlicher Rede aufgenommen.

Herr Hase erhält zunächst die Gelegenheit, den Sachverhalt aus seiner Sicht zusammenhängend in Form eines freien Berichts (§ 69 StPO) zu schildern. Die erhaltenen Angaben werden im Anzeigenformular festgehalten. Anschließend werden Herrn Hase zielgerichtet Fragen gestellt, um den Sachverhalt vollständig aufzuklären, den Straftatbestand herauszuarbeiten und um Missverständnisse auszuräumen. Der aufnehmende Beamte orientiert sich hierbei an den „7-goldenen-W-Fragen“.

Hinweis: An dieser Stelle ist es wichtig, sachverhaltsbezogene Fragen darzustellen und konkret zu benennen. Hierzu sind die Fragen aufzulisten.

- Wann haben Sie Ihr Haus verlassen?
- Wann genau sind Sie dort angekommen?
- Können Sie den Mann bitte genau beschreiben. Gehen Sie dabei auf die Größe, die Statur, Haarfarbe, Länge der Haare, Hautfarbe, Bart/Brille, Kopfbedeckung, Kleidung und mitgeführte Gegenstände ein.
- In welche Richtung ist er geflohen? Ist Ihnen dabei etwas an seinem Gang aufgefallen?
- Haben Sie ein Fluchtmittel wahrgenommen?
- Würden Sie den Einbrecher wiedererkennen? Kennen Sie den Mann?
- Hat er gesprochen? Welche Sprache war das?
- Wie war die Terrassentür verschlossen, als Sie Ihr Haus verließen?
- Wo befanden sich die Hebelspuren genau?
- Waren Sie im Haus? Haben Sie dort etwas angefasst oder verändert?

- Wo genau haben Sie den Rucksack gefunden? Wo haben Sie den Rucksack angefasst? Wie haben Sie diesen geöffnet?
- Was haben Sie im Rucksack gesehen?
- Haben Sie von der Beute etwas angefasst?

Die genaue Täterbeschreibung wird zur Fahndungsaktualisierung an die Leitstelle weitergegeben.

Wenn alle Fragen beantwortet und protokolliert sind, wird die Strafanzeige ausgedruckt und Herrn Hase zum Lesen vorgelegt. Sollte Herr Hase Änderungswünsche haben, so sind diese handschriftlich vorzunehmen und mit seinem Namenskürzel abzuzeichnen. Dann muss die Anzeige von ihm und dem aufnehmenden Beamten unterzeichnet werden.

Hinweis: Ein Strafantrag ist hier nicht erforderlich, da es sich beim Wohnungseinbruchsdiebstahl um ein Offizialdelikt handelt.

Herr Hase hat den Rucksack mit zur Anzeigenaufnahme gebracht. Hierbei handelt es sich um ein Beweismittel in einem Strafverfahren. Der Täter hat diesen Rucksack offensichtlich mitgebracht und darin seine Tatbeute transportiert. Somit handelt es sich um ein Tatmittel. Gleichzeitig ist der Rucksack wichtiger Spurenträger. Der Rucksack ist mitsamt Inhalt gem. §§ 94 und 98 StPO sicherzustellen und zu asservieren. Wichtig hierbei ist, dass damit spurenschonend umgegangen wird, da sich am und im Rucksack und an der Beute Fingerspuren, DNA-Spuren und Faserspuren des Täters befinden könnten. Herrn Hase ist mitzuteilen, dass aufgrund dieser möglichen Spuren auch seine Gegenstände zunächst als Beweismittel sichergestellt werden müssen und er wird gefragt, ob er damit einverstanden ist. Davon ist auszugehen, da er diese Gegenstände auch freiwillig mitgebracht hat. Sollte er der Sicherstellung widersprechen, so muss eine richterliche Anordnung nach § 98 StPO eingeholt werden. Die Gegenstände bekommt Herr Hase zu einem späteren Zeitpunkt wieder zurück. Die sichergestellten Gegenstände sind Spurenschonend zu verpacken und dem Erkennungsdienst zuzuleiten.

Sollten sich außer den genannten Sachen weitere Gegenstände im Rucksack befinden, die nicht Herrn Hase zuzuordnen sind, so besteht die Möglichkeit, dass der Täter bereits weitere Einbrüche begangen haben könnte. Eine Auswertung der Asservate hinsichtlich einer Herkunftsermittlung ist einzuleiten und entsprechende Maßnahmen, zB Aufsuchen der Adresse, Tatortaufnahme und Anzeigenerstattung, sind zu veranlassen.

Bevor Herr Hase die Wache wieder verlässt, ist ihm der weitere Verlauf der Anzeige zu schildern. Ihm ist zu sagen, dass bereits Polizeikräfte zu seinem Haus unterwegs sind und sich bei seiner Rückkehr dort noch aufhalten könnten. Als Eigentümer des Hauses ist er für die weitere Eigentumssicherung zuständig.

Die Strafanzeige wird mit den Erkenntnissen der Kollegen vor Ort ergänzt und dann an das zuständige Fachkommissariat zur weiteren Bearbeitung weitergeleitet. Nach Abschluss der dortigen Ermittlungen wird die Strafanzeige an die zuständige Staatsanwaltschaft gesandt, von der Herr Hase über den Ausgang/

Stand der Ermittlungen informiert wird. Da es sich bei der Beute um Gegenstände aus seinem Haus handelt, werden er und seine Frau vermutlich noch Vergleichsfingerabdrücke beim Erkennungsdienst abgeben müssen, um diese als nicht tatrelevant auszuschließen.

Gleichzeitig wird Herrn Hase noch das Merkblatt über Opfer in Strafverfahren ausgehändigt und er wird auf die Möglichkeiten der Prävention hingewiesen, um weitere Taten zu verhindern. Auf die Möglichkeiten des polizeilichen Opferschutzes ist er hinzuweisen, da der Täter in seine Intimsphäre eingedrungen ist und dies für ihn und seine Familie eine große Belastung darstellen kann.

FALL 11: Anzeige nach Kneipenschlägerei

Schwerpunkt: Anzeigenaufnahme vor Ort nach einer Körperverletzung

LAGE

A. Allgemeine Lage: Am heutigen Sonntag, den 11.4.2021, 14.00 Uhr, fand in D-Stadt ein Drittligaspiel zwischen den Vereinen Rot-Weiß Düsseldorf und Grün-Blau Neuss statt. Beide Vereine kämpfen gegen den Abstieg aus der Liga. Das Spiel wurde von etwa 1000 Zuschauern verfolgt.

In der Vergangenheit ist es im Anschluss an Fußballspiele dieser beiden Vereine wiederholt zu Auseinandersetzungen zwischen den Fans der Mannschaften gekommen. Als besonders „cool" gilt es, den gegnerischen Fans ihre Schals (Neupreis 20 EUR) in deren Vereinsfarben als eine Art „Trophäe" zu entwenden.

Das Fußballspiel endete 2:2. Vor, während und nach dem Spiel kam es zu keinen Ausschreitungen.

Es gab den ganzen Tag über kurze Schauer. Es ist ein windiger Tag mit Höchsttemperaturen von 15 °C. Für die Nacht ist weiterer Regen gemeldet.

B. Besondere Lage: Sie versehen gemeinsam mit Ihrer Kollegin POKin Kleber als D 12/21 Streife in der Polizeiinspektion Nord in D-Stadt.

Um 21.07 Uhr, erhalten Sie von der Einsatzleitstelle den Auftrag: „Fahren Sie zur Benrather Straße/Ecke Heinzstraße, in der dortigen Gaststätte „Zum Eck" ist es nach Angaben des Wirtes, Herrn Bauer, zu einer Auseinandersetzung zwischen Fußballanhängern der beiden Vereine Rot-Weiß Düsseldorf und Grün-Blau Neuss gekommen. Hierbei sei eine Person leicht verletzt worden, die noch in der Gaststätte sei, aber keine ärztliche Hilfe benötige."

Sie treffen um 21.16 Uhr vor Ort ein und treffen vor der Gaststätte auf Herrn Bauer, der auf Nachfrage Folgendes zum Vorfall berichtet: Gegen 20.00 Uhr seien sechs Fußballfans von Grün-Blau Neuss in seine Kneipe gekommen, die durch ihre umgehängten Schals deutlich als solche zu erkennen waren. Alle Personen hätten zunächst friedlich mehrere Runden Altbier getrunken. Dann sei es aber zu einem verbalen Streit mit anderen Gästen gekommen, die sich offensichtlich über die Vereinsfarben lustig gemacht haben. Im Zuge des Streites kam es zu einem Handgemenge zwischen einem aus der Fangruppe und einem seiner Stammgäste, Herrn Fromm. Den gegnerischen Fan kann er mit ca. 1,95 cm als sehr groß und sehr schlank beschreiben. Was genau zwischen den beiden Personen vorgefallen ist, kann er nicht sagen. Ihm sei nur aufgefallen, dass beide Blut im Gesicht hatten. Um eine weitere Eskalation zu vermeiden, habe er die Neusser Anhänger gebeten, seine Kneipe zu verlassen. Die Fans seien darüber sehr aufgebracht gewesen, hätten aber bezahlt und ihn beim Rausgehen als „Du dreckiger Düsseldorfer" bezeichnet. Wer dies gerufen hat, könne er nicht mit Bestimmtheit sagen. Außerdem sei ihm noch aufgefallen, dass einer der Fans beim Rausgehen noch einen rot-weißen Schal von der Garderobe mitgenommen habe. Die Neusser Fußballfans seien dann alle gemeinsam zur Straßenbahnhaltestelle unmittelbar vor seiner Gaststätte gegangen und in die Linie 107 Richtung Hauptbahnhof eingestiegen. Die Abfahrt der Straßenbahn erfolgte erst vor ca. drei Minuten.

Beim Betreten der Gaststätte zeigt der Wirt Ihnen Herrn Fromm, der anscheinend angetrunken auf einem Barhocker an der Theke sitzt. Auf dem Boden sind rötliche Wischspuren zu erkennen. Das Hemd von Herrn Fromm weist im Brustbereich rötliche Spuren auf und ein Ärmel ist eingerissen. Verletzungen im Gesicht sind nicht ersichtlich. Als Sie auf Herrn Fromm zugehen, kommt eine junge Frau auf Sie zu, bei der es sich wahrscheinlich um die Begleitung von Herrn Fromm handelt und gibt ohne Nachfrage an, dass Herr Fromm gestürzt sei, sich dabei leicht verletzt habe, er aber mit der Schlägerei nichts zu tun habe.

Zum Zeitpunkt ihres Eintreffens befinden sich außer den bereits genannten Personen noch elf Gäste in der Gaststätte, die teilweise an der Theke stehen oder an den Tischen sitzen.

Aufgabe: Begründen Sie, welche Angaben für die zu fertigenden Strafanzeigen erforderlich sind und welche Maßnahmen Sie vor Ort zur Erstellung der Strafanzeigen treffen müssen.

(Gewichtung: 25 %)

LÖSUNGSVORSCHLAG

Hinweis: Wichtig für die Lösung ist es, zu erkennen, dass im vorliegenden Sachverhalt mehrere Straftatbestände mit verschiedenen Geschädigten vorliegen. Insbesondere liegt die Herausforderung darin, die unterschiedlichen Anzeigenarten, zB Privatklagedelikte, Antragsdelikte, zu erkennen und die sich daraus ergebenden rechtlichen Überlegungen zu schildern. Ein Schwerpunkt liegt auch bei der Behandlung im Umgang mit den möglichen Beschuldigten, da sich diese zwar in einer Gruppe befanden, aber die einzelnen Straftaten einzelner Personen aus dieser Gruppe heraus stattfanden.

Im vorliegenden Sachverhalt gilt es zunächst zu prüfen, welche Straftaten vorliegen könnten. Hierzu muss jeweils der Anfangsverdacht einer Straftat nach § 152 II StPO vorliegen. Deshalb werden die einzelnen Tathandlungen einzeln bewertet und nach dieser Bewertung das weitere Vorgehen aller Straftaten beschrieben:

1. Körperliche Auseinandersetzung zwischen Herrn Fromm und einem jungen Mann, ca. 195 cm, sehr schlank

Hier könnte es sich um eine einfache Körperverletzung nach § 223 StGB handeln. Hierzu muss jemand körperlich misshandelt oder an der Gesundheit geschädigt werden. Nach der bisherigen Aussage von Herrn Bauer kam es zwischen den beiden Personen zu einer körperlichen Auseinandersetzung, die er aber nicht näher beschreiben kann. Er habe aber beobachtet, dass beide Personen anschließend Blut im Gesicht hatten. Nach allgemeiner Lebenserfahrung ist davon auszugehen, dass sich bei dieser Auseinandersetzung zumindest eine Person verletzt und geblutet hat, wodurch die blutigen Gesichter zu erklären sind. Weiterhin wird durch die einschreitenden Beamten festgestellt, dass auf dem Hemd des Herrn Fromm im Brustbereich rötliche Spuren vorhanden sind, bei denen es sich um Blut handeln dürfte. Außerdem ist ein Ärmel seines Hemdes zerrissen. Dies untermauert, dass einer der beiden Personen verletzt wurde. Hinzu kommt noch die Aussage der weiblichen Begleitung des Herrn Fromm, die von einer Schlägerei sprach, ohne darauf angesprochen worden zu sein. Auch wenn diese Frau spontan angab, dass Herr Fromm sich bei einem Sturz verletzt hätte, spricht dies nicht gegen eine Auseinandersetzung zwischen den beiden Männern. Diese Angaben sind gegebenenfalls als Schutzbehauptung einzuordnen. Somit liegen zureichende tatsächliche Anhaltspunkte vor, die für das Vorliegen einer Straftat nach § 223 StGB sprechen. Durch das Vorliegen eines Anfangsverdachtes ist die Polizei an das Legalitätsprinzip nach § 163 StPO gebunden und hat die Ermittlungen aufzunehmen und diese Straftat zu verfolgen.

Fraglich ist in diesem Fall zum jetzigen Zeitpunkt jedoch, wer Geschädigter dieser Tat ist und wer Beschuldigter sein könnte. Da es zum Verlauf und zur Entstehung der Tat bisher keine Angaben gibt, kann dies auch nicht zweifelsfrei gesagt werden. Die genaue Tatbeteiligung der beiden Personen lässt sich im Moment nicht klären. Herr Fromm ist augenscheinlich im Gesicht nicht verletzt, was aber lediglich ein Indiz dafür ist, dass die andere Person verletzt ist. Auch sagt dies nichts über die Beteiligung aus. Da nicht auszuschließen ist, dass Herr Fromm die andere Person geschlagen und verletzt hat, ist es an dieser Stelle wichtig, den Status festzulegen. Die Belehrungen der StPO unterscheiden dabei nur zwischen der Zeugen- und der Beschuldigtenbelehrung.

Zeuge ist eine Person, die sachdienliche Hinweise zum Verfahren geben kann und gegen die sich das Verfahren nicht richtet.

Beschuldigter ist die Person, gegen die mit dem Ziele der Anzeigenerstattung ermittelt wird und die Mehrheit der Fakten für als gegen die Täterschaft dieser Person sprechen.

Herr Fromm ist nach den bisher erhaltenen Aussagen ein Beteiligter der Körperverletzung und kann somit Angaben zur Entstehung und zum Verlauf machen. Der Anlass der Körperverletzung war nach der Darstellung eine Äußerung über die Vereinsfarben der Fans von Grün-Blau Neuss, bei der sich über die Farbenzusammenstellung lustig gemacht wurde. Somit ging der Impuls nicht von den Neusser Fans aus. Es steht aber auch nicht fest, ob Herr Fromm diese Äußerung tätigte. Jedoch kam es zur Körperverletzung nach dieser Aussage zwischen den beiden Personen. So kann es durchaus auch sein, dass Herr Fromm diese Äußerung getätigt hat und deshalb von einem Fan zur Rede gestellt wurde. In diesem Streit kam es dann auch zu einer Körperverletzung. Wenn man nun die Umstände für oder gegen eine Täterschaft von Herrn Fromm gegeneinander abwägt, dann ist das Ergebnis, dass nicht sicher gesagt werden kann, dass Herr Fromm Verursacher der Körperverletzung ist.

Die Strafprozessordnung kennt aber auch den Begriff des Tatverdächtigen, wobei es sich jedoch um einen unbestimmten Rechtsbegriff handelt. Der Tatverdächtige kann als eine Person bezeichnet werden, wenn zwar konkrete, aber nur geringe und ungewisse Anhaltspunkte dafür bestehen, dass diese Person eine bestimmte Straftat begangen hat. Es liegen zwar Anhaltspunkte für eine mögliche Täterschaft vor, aber diese Hinweise sind noch nicht ausreichend bestimmt, um von einer Beschuldigteneigenschaft auszugehen.

Somit ist Herr Fromm noch als Tatverdächtiger der Tat einzustufen.

Hinweis: Die Prüfung und Abwägung der be- und entlastenden Umstände kann hier, gerade noch vertretbar, zum Ergebnis führen, dass Herr Fromm als Beschuldigter anzusehen und deshalb entsprechend zu belehren ist. Die Belehrung würde sich dann aus § 136 StPO iVm § 163a StPO ergeben. Ihm muss die Tat (hier: Körperverletzung) genannt werden, die ihm zur Last gelegt wird. Er kann jederzeit einen Anwalt hinzuziehen, hat ein umfassendes Aussageverweigerungsrecht und kann Beweisanträge zu seiner Entlastung stellen.

Bei der vorsätzlichen Körperverletzung nach § 223 StGB handelt es sich um ein relatives Antragsdelikt. Zur Verfolgung des Deliktes ist nach § 230 StGB ein Strafantrag des Geschädigten erforderlich. Es findet jedoch auch dann eine Verfolgung statt, wenn die Strafverfolgungsbehörde aufgrund des besonderen öffentlichen Interesses an der Strafverfolgung ein Einschreiten von Amts wegen für geboten hält. Somit muss von Herrn Fromm ein Strafantrag eingeholt werden, den dieser unterschreiben muss.

Gemäß § 374 StPO handelt es sich bei der Körperverletzung nach § 223 StGB auch um ein Privatklagedelikt.

2. Sachbeschädigung am Hemd des Herrn Fromm

Weiterhin könnte hier eine Sachbeschädigung gem. § 303 StGB vorliegen, da ein Ärmel des Hemdes von Herrn Fromm eingerissen ist. Dies könnte bei der körperlichen Auseinandersetzung geschehen sein. Die Beschädigung wird durch die Beamten wahrgenommen und man kann davon ausgehen, dass das Hemd beim Besuch der Gaststätte noch unbeschädigt war. Somit liegt auch hier ein Anfangsverdacht einer Straftat nach § 152 II StPO vor.

Bei der Sachbeschädigung nach § 303 StGB handelt es sich um ein absolutes Antragsdelikt, welches nur auf Antrag verfolgt wird. Antragsberechtigter ist hier Herr Fromm als Geschädigter.

Gemäß § 374 StPO handelt es sich bei der Sachbeschädigung nach § 303 StGB auch um ein Privatklagedelikt.

3. Beleidigung zum Nachteil von Herrn Bauer

Es könnte zusätzlich noch eine Beleidigung gem. § 185 StGB zum Nachteil von Herrn Bauer durch einen der Anhänger von Grün-Blau Neuss vorliegen, der Herrn Bauer beim Rausgehen als „Du dreckiger Düsseldorfer“ bezeichnet hat. Diese Äußerung wurde sicher von mehreren Personen in der Gaststätte wahrgenommen und kann durch entsprechende Aussagen bestätigt werden. Herr Bauer fühlt sich durch diese Äußerung gekränkt und hat dies als Beleidigung aufgefasst, da er diesen Umstand beim Gespräch mit den Beamten herausstellte. Somit liegt auch hier ein Anfangsverdacht einer Straftat nach § 152 II StPO vor.

Nach § 194 StGB handelt es sich bei der Beleidigung nach § 185 StGB um ein absolutes Antragsdelikt, welches nur auf Antrag verfolgt wird. Herr Bauer kann diesen Strafantrag als Geschädigter stellen.

Gemäß § 374 StPO handelt es sich bei der Beleidigung nach § 185 StGB auch um ein Privatklagedelikt.

4. Diebstahl eines Schals

Herr Bauer gibt den Beamten gegenüber an, dass einer der Neusser Fans beim Verlassen der Gaststätte einen Schal in den Farben weiß-rot von der Garderobe genommen und mitgenommen hat. Hierbei könnte es sich um einen Diebstahl nach § 242 StGB handeln. Es ist nicht davon auszugehen, dass ein Neusser Fan einen Schal in den Vereinsfarben des Gegners bei sich trug und diesen an der Garderobe abhängte. Aus der allgemeinen Lage geht hervor, dass die Mitnahme/Wegnahme gegnerischer Fanschals als „cool“ bezeichnet wird. So ist auch in diesem Sachverhalt von diesem Verhalten auszugehen. Somit liegen zureichende tatsächliche Anhaltspunkte dafür vor, dass der Täter eine fremde Sache weggenommen hat. Weitere Angaben zum Geschädigten müssten ermittelt werden.

Beim Diebstahl nach § 242 StGB handelt es sich um ein Offizialdelikt, das von Amts wegen verfolgt wird. Es ist jedoch beim vorliegenden Sachverhalt zu beachten, dass der entwendete Schal bei Neuanschaffung 20 EUR kostet und somit sein aktueller Wert sicher nicht höher einzuschätzen ist.

Gemäß § 248a StGB handelt es sich beim Diebstahl geringwertiger Sachen jedoch um ein relatives Antragsdelikt. Geringwertig ist eine Sache dann, wenn sie einen Wert von 50 EUR nicht übersteigt, was hier der Fall ist. Somit muss zur weiteren Verfolgung des Deliktes ein Strafantrag vom noch zu ermittelnden Geschädigten eingeholt werden.

Um die einzelnen Strafanzeigen zu fertigen, ist es erforderlich, dass von allen Personen die Personalien und Erreichbarkeiten nach § 163b StPO festgestellt werden. Hierzu sollte ein amtlicher Ausweis mit einem Lichtbild vorgelegt werden. Die Daten sind anschließend durch die Beamten über die Leitstelle in Auskunftssystemen zu überprüfen. Hierzu eignen sich die Systeme: IGVP/ViVA, INPOL/POLAS und EMA.

Im vorliegenden Fall sind alle genannten Geschädigten gleichzeitig auch Zeugen der verschiedenen strafbaren Handlungen. Zusätzlich sind auch alle noch anwesenden Gäste Zeugen (Definition s. oben), da sie etwas von den Straftaten bemerkt haben werden.

Alle Zeugen werden gem. §§ 52, 55 und 57 StPO belehrt. Hierbei beinhaltet § 52 StPO das Zeugnisverweigerungsrecht. Das beinhaltet, dass der Zeuge die Aussage dann verweigern kann, wenn er dadurch nahe Angehörige einer Strafverfolgung aussetzen würde. Das Auskunftsverweigerungsrecht nach § 55 StPO bedeutet, dass der Zeuge sich durch seine Aussage nicht selbst belasten muss. Die Ermahnung zur Wahrheit ergibt sich aus § 57 StPO. Wichtig ist, dass die Zeugen diese Belehrung auch verstehen.

Die mögliche Alkoholisierung der anwesenden Personen könnte dazu führen, dass die Belehrung nicht von allen vollständig verstanden wird. Wenn dies bei Einzelnen so ist, muss die Vernehmung zu einem späteren Zeitpunkt nachgeholt werden. Auch dazu dienen die festgestellten Personalien.

Gemäß § 163 StPO sind nach dem Legalitätsprinzip die Straftat zu erforschen und alle unaufschiebbaren Maßnahmen zur Aufklärung der Tat einzuleiten. Aufgrund der bisher erhaltenen Sachverhaltsschilderungen ist davon auszugehen, dass die Beschuldigten mit der Straßenbahnlinie 107 von der Gaststätte aus Richtung Hauptbahnhof unterwegs sind. Da deren Abfahrt erst ca. 3 Minuten zurückliegt, kann vermutet werden, dass sich die Personen noch in der Straßenbahn befinden oder sich vielleicht noch am Hauptbahnhof aufhalten, um zurück nach Neuss zu fahren. Somit könnten diese Personen zeitnah dort festgestellt werden. Deshalb sind Sofortmaßnahmen über die Einsatzleitstelle mit dem Ziel der Feststellung dieser Personen und der Einleitung erforderlicher Maßnahmen zu veranlassen.

Hinweis: Die Maßnahmen bezüglich dieser Personen sind nicht Teil der Aufgabe und deshalb müssen diese hier nicht weiter ausgeführt werden.

Alle Zeugen sollten getrennt voneinander vernommen werden, um eine gegenseitige Beeinflussung zu verhindern.

Jeder Zeuge/Geschädigte sollte zunächst seine Wahrnehmung in einem zusammenhängenden Bericht abgeben und anschließend können durch gezielte Fragen der Beamten Einzelheiten herausgearbeitet werden.

Wichtig hierbei ist es, die einzelnen Straftatbestände und Beteiligungen so exakt wie möglich herauszuarbeiten.

Hierzu könnten nach der Sachverhaltsschilderung folgende Fragen an die Geschädigten gestellt werden:

1. **Zur Körperverletzung**
   - Sind Sie verletzt? Benötigen Sie einen Arzt?
   - Wie ist es zur Auseinandersetzung gekommen?
   - Wer hat zuerst zugeschlagen?
   - Können Sie den Schläger beschreiben – Größe, Figur, Alter, Haare, Kleidung, Besonderheiten, mitgeführte Gegenstände?
   - Wie hat er zugeschlagen? Wurde ein Werkzeug genutzt oder welche Hand?
   - Wie oft hat er zugeschlagen?
   - Haben Sie zurückgeschlagen? Wie?
   - Ist der Schläger verletzt worden?
   - Würden Sie ihn wiedererkennen?
   - Stellen Sie einen Strafantrag zur Verfolgung der Tat?
2. **Zur Sachbeschädigung**
   - Wie wurde Ihr Hemd beschädigt?
   - Wurde das Hemd nach Ihrer Einschätzung absichtlich beschädigt?
   - Wie teuer war das Hemd?
   - Beschreiben Sie den Verursacher bitte genau.
   - Würden Sie einen Strafantrag zur Verfolgung stellen?
3. **Zur Beleidigung**
   - Können Sie die Äußerung einer Person zuordnen?
   - Können Sie diese Person beschreiben?
   - Würden Sie die Stimme wiedererkennen?
   - Gab es einen Akzent?
   - Welchen Klang hatte die Stimme?
   - Fühlen Sie sich beleidigt?
   - Möchten Sie einen Strafantrag stellen?
4. **Zum Diebstahl des Schals**
   - Haben Sie den Täter gesehen?
   - Können Sie den Täter beschreiben?
   - Beschreiben Sie bitte ihren Schal – Länge, Material, Hersteller, Besonderheiten, Aufdruck, individuelle Merkmale, zB Beschädigungen, Monogramm.
   - Würden Sie den Schal wiedererkennen?
   - Stellen Sie einen Strafantrag?

Die Fragen an die Zeugen orientieren sich an den Fragen an die Geschädigten und können deshalb übernommen werden.

Sollten sich aus den Befragungen weitere Hinweise zu den möglichen Tätern ergeben, so sind diese an die Leitstelle zur Fahndungsergänzung weiterzuleiten.

Nach den Vernehmungen sind die erforderlichen Strafanträge einzuholen und unterschreiben zu lassen. Die Strafanzeigen werden hier nicht in einer Protokollform aufgenommen, sondern in Form eines Berichtes. Die Daten und Inhalte müssen die Beamten später auf der Wache in die entsprechenden Strafanzeigen im Vorgangsbearbeitungssystem ViVA einpflegen. Es ist aber davon auszugehen, dass die Beamten in ihren Einsatztaschen Blankovordrucke zum Strafantrag mit sich führen, die dann ausgefüllt und unterschrieben werden. Sollte dies nicht der Fall sein, so können die Strafanträge auch frei formuliert auf einem Notizpapier niedergeschrieben werden. Allen Geschädigten ist der weitere Verlauf der Anzeigen zu schildern und zu erörtern. Sollten nicht alle Geschädigten einen Strafantrag stellen, so bedeutet dies aufgrund des Legalitätsprinzips für die einschreitenden Beamten trotzdem, dass sie die genannten Strafanzeigen aufnehmen müssen.

Wenn nötig, sollten Hinweise auf Präventionsmaßnahmen und Maßnahmen des Opferschutzes mündlich gegeben werden, nähere Informationen oder entsprechende Broschüren liegen auf den Polizeiwachen bereit.

Im Nachgang zu den Datenerhebungen ist zu prüfen, ob noch Maßnahmen der Spurensicherung durchzuführen sind. Im vorliegenden Fall trifft dies auf die Blutspuren am Boden vor der Theke und auf dem Hemd des Herrn Fromm zu. Es reicht aus, wenn das Hemd des Herrn Fromm im Original sichergestellt wird und er ein Ersatzkleidungsstück, zB von Herrn Bauer, anziehen kann. Sollte Herr Fromm tatsächlich keinerlei blutende Wunden haben, reicht dies aus, um an das Blut des Schlägers zu gelangen. Über die Sicherstellung des Hemdes ist Herrn Fromm eine Quittung in Form eines Sicherstellungsprotokolls NW 10 auszuhändigen.

C. Fälle zu Tatort und Sicherungsangriff

EINFÜHRUNG

Die Kompetenzziele des Grundstudiums 5 in diesem Bereich beinhalten, dass die Studierenden in der Lage sind,

- die Bedeutung des Tatortes für die polizeiliche Ermittlungsarbeit zu identifizieren.
- die unterschiedlichen Phasen der polizeilichen Arbeit an Tatorten zu differenzieren.
- Lösungskonzeptionen zur Durchführung des Sicherungsangriffs an Tatorten zu entwickeln und zu bewerten.

Dazu passend sind folgende Lehr-/Lerninhalte

- kriminalistischer und juristischer Tatort und weitere polizeirelevante Ereignisorte und deren Bedeutung für die polizeiliche Ermittlungsarbeit
- Maßnahmen des Sicherungsangriffs im Rahmen des Ersten Angriffs (PDV 100) an Tatorten und anderen kriminalistisch relevanten Ereignisorten sowie dazugehörige kriminalpolizeiliche Standardmaßnahmen zur Tatortsicherung, Zeugensuche und Zeugensicherung, Notsicherung von Spuren, Täternacheile und Tätergreifung

in der Modulbeschreibung des Studiengangs Polizei vermerkt.[10]

In den ergänzenden Hinweisen werden dazu von den Studierenden folgende Erfüllung der Lehr- und Lernziele gefordert:

Die Studierenden

- identifizieren die Bedeutung des Tatortes für die polizeiliche Ermittlungsarbeit (LZ-Stufe 3)
- differenzieren die Phasen der polizeilichen Arbeit an Tatorten (LZ-Stufe 4)
- entwickeln und bewerten Lösungskonzeptionen zur Durchführung des Sicherungsangriffs an Tatorten (LZ-Stufe 4)[11]

Die Lernzielstufen sind mit „LZ 3 und 4" festgelegt, die die beiden höchsten der an der Hochschule für Polizei und öffentliche Verwaltung NRW angewendeten Lernzielstufen sind.

10 Modulhandbuch Bachelorstudiengang PVD 2016, Ab dem Einstellungsjahrgang 2020, S. 33.

11 Ergänzende Hinweise zu den Modulbeschreibungen – HSPV NRW Bachelorstudiengang BA PVD, Stand: 3/2021, S. 66.

Folgende Inhalte sind dazu in den ergänzenden Hinweisen zu finden:

- Tatort
  - Juristischer Tatort
  - Kriminalistischer Tatort
  - Bedeutung des Tatortes für das Ermittlungsverfahren

- Erster Angriff
  - Sicherungsangriff mit kriminalistischen Standardmaßnahmen, unter anderem:
  - Identitätsfeststellung (incl. Dokumentenprüfung)
  - ADV/EMA/Cebius
  - Festnahme (Täternacheile)
  - Durchsuchung (Person/mitgeführte Gegenstände/Kfz/Wohnung)
  - Sicherstellung/Beschlagnahme von Beweismitteln (Spurenschutz/Notsicherung von Spuren)
  - Zeugensuche und Zeugensicherung, erste Vernehmung (Zeugen/Beschuldigte), Belehrungspflichten (Normen und Inhalte)
  - Fahndung (Tatortbereichsfahndung/Ringalarmfahndung/Verkehrswegesofortfahndung)
  - Bericht über Sicherungsangriff/Übergabephase Auswertungsangriff[12]

Zur Vermittlung dieser Inhalte sind 21 Präsenzstunden und 18,5 Stunden Selbststudium vorgesehen. Aufgrund dieses hohen Stundenanteils und der Wichtigkeit des Sicherungsangriffs für die polizeiliche Praxis wird dieser Bereich des Grundstudiums auch vermehrt in Klausuren abgefragt. Es gibt nur wenige Klausuren im Grundstudium, in denen dieses Fachgebiet nicht abgefragt wird. Die Wichtigkeit dieses Bereiches wird auch durch die teilweise sehr hohe Gewichtung bis zu 50 % hervorgehoben. Für die Vorbereitung der Studierenden auf Klausuren sollte hier dementsprechend ein Schwerpunkt gesetzt werden.

12 Ergänzende Hinweise zu den Modulbeschreibungen – HSPV NRW Bachelorstudiengang BA PVD, Stand: 3/2021, S. 66.

FALL 12: Fahrraddiebstahl nach Kellereinbruch

Schwerpunkt: Tatort

 LAGE

A. Allgemeine Lage: In den letzten zwei Wochen kam es im südlichen Stadtteil Garath von D-Stadt vermehrt zu Kellereinbrüchen in Mehrfamilienhäusern. Der oder die unbekannten Täter gelangten dabei durch Klingeln ins Haus, wobei Sie sich als Zeitungsboten ausgaben, wenn von Hausbewohnern über die Gegensprechanlagen oder durch Rufen in den Hausflur nachgefragt wurde. Anschließend brachen sie dann in verschiedene Keller/Fahrradkeller ein, wobei die vorhandenen Bügelschlösser mit einem Bolzenschneider aufgetrennt wurden. Die zerstörten Schlösser bleiben vor Ort zurück. Aus den Kellern wurden ausschließlich hochwertige Damen- und Herrenfahrräder gestohlen.

In einem Fall wurde der vermutliche Abtransport durch einen weißen Kleintransporter der Marke Mercedes, Typ Sprinter, mit polnischem Kennzeichen beobachtet.

Der durchschnittliche Wert der einzelnen Fahrräder variiert zwischen 500 EUR und mehreren tausend Euro. Bisher wurde kein entwendetes Fahrrad wieder aufgefunden.

Die Tatzeiten konnten auf die Zeit zwischen 10.00 Uhr und 15.00 Uhr eingegrenzt werden.

B. Besondere Lage: Am heutigen Tag, gegen 11.45 Uhr, teilt Herr Maurer über den polizeilichen Notruf mit, dass er gerade beobachte, wie zwei Männer verschiedene Fahrräder in einen auf dem Gehweg abgestellten weißen Transporter laden würden. Die Fahrräder stammen wahrscheinlich aus dem Haus gegenüber, da dort die Hauseingangstür offensteht und die beiden Männer mit den Fahrrädern aus diesem Haus kamen. Er kann das Geschehen gut beobachten, da er eine Wohnung im Haus gegenüber in der ersten Etage bewohne. Aufgrund der Berichterstattung in der örtlichen Presse komme ihm dies verdächtig vor und er wolle vorsorglich den Vorfall der Polizei melden.

Herr Maurer wohnt in D-Stadt, Garath, Stresemannstraße 5. Das Haus, aus dem die Männer gekommen sind, hat die Hausnr. 8.

Aufgabe: Erläutern Sie anhand des vorliegenden Sachverhalts den juristischen und den kriminalistischen Tatortbegriff.

(Gewichtung: 10 %)

LÖSUNGSVORSCHLAG

! **Hinweis:** Die Anforderung an eine umfassende Lösung besteht darin, die Begrifflichkeiten zu definieren und anschließend auf den vorliegenden Sachverhalt anzuwenden. Hierbei ist sowohl die besondere Lage als auch die allgemeine Lage mit einzubeziehen.

1. Juristischer Tatort

Der juristische Tatort ist in § 9 I StGB definiert und umfasst den Ort, an dem der Täter gehandelt hat oder im Falle des Unterlassens hätte handeln müssen oder an dem der zum Tatbestand gehörende Erfolg eingetreten ist oder nach der Vorstellung des Täters eintreten sollte. Anhand des juristischen Tatortes ergibt sich die Zuständigkeit der Polizei und der Staatsanwaltschaft und regelt den Sitz des zuständigen Gerichtes.

Im vorliegenden Fall begehen die Täter einen besonders schweren Fall des Diebstahls nach §§ 242, 243 StGB, da sie bei der Tatausführung in einen umschlossenen Raum - hier die Keller - einbrechen, der mit einem Bügelschloss gesichert ist. Hierbei wird das Bügelschloss durch die Täter zerstört, womit eine Sachbeschädigung nach § 303 StGB vorliegt. Die Tatbestandsmerkmale des Einbruchsdiebstahls werden an diesem Ort, D-Stadt, Garath, Stresemannstraße 8, durch das Handeln erfüllt. Somit ist dies der juristische Tatort.

Offensichtlich ist dieser Tatort Teil einer seit zwei Wochen andauernden Serie, bei der ausschließlich hochwertige Fahrräder aus verschlossenen Kellern von Mehrfamilienhäusern im Stadtteil Garath von D-Stadt gestohlen werden. In einem Fall wurde ein weißer Kleintransporter mit polnischem Kennzeichen zum Abtransport benutzt. Auch im aktuellen Fall sieht der Zeuge Maurer einen weißen Kleintransporter, in den zwei Männer Fahrräder einladen. Aufgrund der allgemeinen Lage kann davon ausgegangen werden, dass die eingeladenen Fahrräder gerade entwendet werden. Somit liegt ein Anfangsverdacht einer Straftat nach § 152 II StPO vor. Zuständig ist die Polizei Düsseldorf, die für Düsseldorf zuständige Staatsanwaltschaft und das für Düsseldorf zuständige Gericht.

2. Kriminalistischer Tatort

Der kriminalistische Tatort ist umfangreicher als der juristische Tatort und wird als Ort definiert, an dem die Täter vor, während und nach der Tat mit Bezug zur Tat gehandelt haben. Der kriminalistische Tatort unterteilt sich somit in die Vortat-, die Haupttat- und die Nachtatphase.

Zur Vortatphase gehören die Tatplanung, die Beschaffung von Tatmitteln und das Annähern an den Tatort. Im vorliegenden Sachverhalt werden die Bügelschlösser seitens der Täter mit einem Bolzenschneider durchtrennt. Dieses Werkzeug bringen die Täter mit und müssen es sich somit innerhalb der Vortatphase gekauft/besorgt haben. Da ein Bolzenschneider legal über viele Kaufgelegenheiten erworben werden kann, ergeben sich daraus wenige Ermittlungsansätze. Auch der Kleintransporter befindet sich im Besitz der Täter und wird als Transportmittel genutzt. Nach jetzigen Erkenntnissen ist er in Polen zugelassen, worauf das polnische Kennzeichen hindeutet. Auf welchem Weg sich die Täter angenähert haben, geht aus den bisherigen Erkenntnissen nicht hervor. Dennoch ergeben sich durch die Verwendung des Fahrzeugs verwertbare Informationen, gegebenenfalls sogar Spuren.

Die Haupttatphase lässt sich mit dem juristischen Tatort gleichsetzen. Die eigentliche Tatausführung beginnt mit dem Klingeln an der Haustür und somit mit der Handlung, sich Zugang ins Haus zu verschaffen. Anschließend begeben sich die Täter in den Kellerbereich und brechen dort die entsprechenden Keller auf, um an ihre erwartete Beute zu kommen. Die Fahrräder werden dann in den Transporter geladen. Hier endet die Haupttatphase.

Zur Nachtatphase gehören unter anderem die Verwertung der Beute, die Vernichtung der Tatmittel und die Flucht. Über die Verwertung der Beute ist nichts bekannt. Lediglich die Tatsache, dass bisher noch kein entwendetes Fahrrad aufgefunden werden konnte spricht dafür, dass die Fahrräder vielleicht im Ausland verkauft oder verwertet werden. Darauf könnte auch das Fluchtfahrzeug hindeuten. Es könnte gegebenenfalls aber auch ein Zwischenlager geben. Zum Fluchtweg liegen bisher keine Erkenntnisse vor. Die Verwendung des weißen Sprinters kann aber helfen, Erkenntnisse zum Fluchtweg zu erhalten.

Der kriminalistische Tatort ist deshalb so umfangreich, weil alle diese Orte die Möglichkeit zulassen, weitere Beweismittel in Form des Personal- oder Sachbeweises zu finden und somit an Ermittlungsansätze zur Identifizierung der Täter gelangen zu können.

FALL 13: Eingeschlagene Terrassentür

Schwerpunkt: Sicherungsangriff

LAGE

Am Mittwoch, dem 13.1.2021, gegen 14.10 Uhr, ruft Frau Liebe aufgeregt über den polizeilichen Notruf an und teilt folgenden Sachverhalt mit: „Ich habe gerade durch mein Schlafzimmerfenster auf den Garten unserer Nachbarn gesehen und dort zwei junge Männer mit Rücksäcken gesehen. Die Männer habe ich zuvor noch nie gesehen. Meine Nachbarn sind gerade im Urlaub und ich kümmere mich um den Garten und um die Blumen im Haus. Als die Männer mich am Fenster bemerkten, liefen sie weg. Ich bin dann gemeinsam mit meinem Mann zum Haus der Nachbarn gegangen und habe dabei festgestellt, dass ich die Haustür nicht öffnen konnte, da von innen vermutlich ein Keil die Tür blockiert. Wir sind dann um das Haus herumgegangen und haben gesehen, dass die Scheibe der Terrassentür eingeschlagen ist. Im angrenzenden Wohnzimmer, hinter der Terrassentür, liegt auf dem Boden ein zerbrochener Blumentopf. In der Erde auf dem Fliesenboden sieht man eine Schuhspur. Die Schubladen des Wohnzimmerschranks sind teilweise herausgezogen und die Inhalte auf dem Boden verteilt. Wir sind nicht in das Haus gegangen, sondern sofort zurück in unsere Wohnung und haben sie sofort angerufen."

Durch die Leitstelle werden Sie gemeinsam mit Ihrer Kollegin POKin Blum als „Düssel 13/21" zum Einsatzort geschickt.

Bemerkungen zur Lage: Witterung: 6 °C, trocken, wolkenlos

Aufgabe: Begründen Sie, welche Maßnahmen im Rahmen des Sicherungsangriffs durchzuführen oder zu veranlassen sind.

(Gewichtung: 40 %)

LÖSUNGSVORSCHLAG

!

Hinweis:

1. Der Sicherungsangriff beginnt bereits mit der Entgegennahme der polizeilich relevanten Information und endet erst mit Verlassen des Tatortes und der Übergabe an den Auswertungsangriff sowie mit der Fertigung der anschließenden schriftlichen Arbeiten. Somit wird deutlich, dass die einzelnen Maßnahmen des Sicherungsangriffs durchaus auch von verschiedenen Beamten durchgeführt werden, die aber alle dem Sicherungsangriff zugeordnet werden und somit im Rahmen der Beantwortung der Frage begründet werden müssen.

Die Fragestellung bedeutet, dass der gesamte Sicherungsangriff bearbeitet werden muss. Es gibt auch Fragestellungen, die sich nur auf Teile des Sicherungsangriffs beziehen.

So gibt es auch die Fragestellung:

Begründen Sie, welche Maßnahmen im Rahmen des Sicherungsangriffs nach Übernahme des Einsatzes durchzuführen oder zu veranlassen sind. Somit würde die Phase der Entgegennahme des Sachverhaltes entfallen.

oder

Begründen Sie, welche Maßnahmen im Rahmen des Sicherungsangriffs nach Eintreffen am Einsatzort durchzuführen oder zu veranlassen sind. Somit würden die Phase der Entgegennahme des Sachverhaltes und die Anfahrtsphase entfallen.

2. Innerhalb der Korrektoren und auch bei den Studierenden hat sich eine Lösung in einem Phasenmodell durchgesetzt. Folgende Phasen finden hierbei Berücksichtigung:

- Anlaufphase
  - Kenntnisnahme
  - Einsatzübernahme oder Anfahrtsphase
- Aufnahme des subjektiven Befundes
- Aufnahme des objektiven Befundes
- Nachlaufphase

1. Anlaufphase „Kenntnisnahme“

!

Hinweis: Der Sicherungsangriff beginnt mit der Anlaufphase, in der die Maßnahmen geschildert werden, die bei Entgegennahme der relevanten Meldung getätigt oder veranlasst werden. In der Regel sind dies innerhalb von Klausuren Maßnahmen, die dem Beamten der Leitstelle zuzurechnen sind.

Im vorliegenden Sachverhalt nimmt ein Beamter der Leitstelle den Anruf von Frau Liebe über den polizeilichen Notruf entgegen. Seine Aufgabe ist es, den Sachverhalt so weit wie möglich aufzuklären und notwendige Maßnahmen einzuleiten. Zunächst wird er beruhigend auf die Anruferin einwirken, damit er alle Informationen erhalten kann. Außerdem ist es wichtig zu erfahren, ob eine Person verletzt ist, damit gefahrenabwehrende Maßnahmen eingeleitet werden können, zB die Entsendung eines RTW. Im vorliegenden Sachverhalt ist davon auszugehen, dass dies nicht erforderlich ist.

Zunächst ist es wichtig, die Personalien und die Erreichbarkeit der Anruferin zu erfragen, da es sich bei dem Anruf um eine mündliche Erstattung einer Strafanzeige handelt und die Anruferin Zeugin im Verfahren ist. Die Rückrufnummer ist wichtig, um bei einer möglichen Gesprächsunterbrechung oder bei möglichen Rückfragen die Anruferin zu erreichen.

Nun beginnt die Sachverhaltsaufklärung, die umfassend mit den 7-goldenen-W-Fragen (Wer?, Wann?, Wo?, Womit?, Was?, Wie? Warum?) erreicht werden kann. Insbesondere gehören dazu folgende Fragen:

- Wo befindet sich der genaue Tatort?
- Wie lautet die Adresse des Tatortes?
- Wann haben Sie den Einbruch genau bemerkt?
- Können Sie die beiden jungen Männer, die sie im Garten gesehen haben, bitte genau beschreiben (Geschlecht, Alter, Größe, Statur, Hautfarbe, Haarfarbe, Bart/Brille, Bekleidung, mitgeführte Gegenstände, Fluchtrichtung)?
- Können Sie bereits Angaben zur Beute machen?
- Was genau wurde gestohlen?
- Wann waren Sie zum letzten Mal im/am Haus?
- Wer sind die Bewohner?
- Wo halten sie sich auf und wie können sie erreicht werden?
- Was ist Ihnen noch am/im Haus aufgefallen?
- Was haben Sie dort angefasst bzw. verändert?

Nachdem sich aus der Sachverhaltsschilderung ergeben hat, dass sich die Täter wahrscheinlich nicht mehr im Tatobjekt aufhalten, wird durch den Beamten der Leitstelle eine Funkstreifenwagenbesatzung zur Anruferin entsandt.

Da bisher nur wenige Minuten zwischen dem Beobachten der beiden jungen Männer und dem Anruf bei der Polizei vergangen ist, besteht noch die Möglichkeit, dass sich die beiden Männer, vermutlich die Täter, noch in Tatortnähe aufhalten könnten. Aufgrund dieser Weg-Zeit-Berechnung können sich die beiden Männer zu Fuß nicht sehr weit vom Tatort entfernt haben. Deshalb wird mit allen frei zur Verfügung stehenden Kräften eine Tatortbereichsfahndung vom Leitstellenbeamten eingeleitet.

Aufgrund der Sachlage ist es nicht erforderlich, die Anruferin am Telefon zu halten. Deshalb müssen ihr aber Verhaltensanweisungen gegeben werden, wie sie sich nach dem Telefonat verhalten soll. Im vorliegenden Sachverhalt reicht es aus, wenn sie mit ihrem Mann in ihrer Wohnung auf das Eintreffen der entsandten Funkstreifenwagenbesatzung wartet. Trotzdem sollte sie weiter vom Fenster aus den Garten und das Haus der Nachbarn beobachten und sofort die Polizei erneut anrufen, wenn etwas Unvorhergesehenes passieren sollte, zB eine Rückkehr der Täter bzw. einer weiteren unbekannten Person.

Parallel oder nach Abschluss des Telefonates wird der Beamte der Leitstelle den Einsatz in Cebius/eCebius dokumentieren und die erhaltenen Daten in den polizeilich zugänglichen Informationssystemen, zB EMA, IGVP/ViVA und POLAS/ViVA abfragen, um mögliche einsatzrelevante Informationen zu erhalten, die er dann an die entsandte Funkstreifenwagenbesatzung weitergeben kann.

Anschließend wird er Kontakt zur Kriminalwache aufnehmen, um diese vorab über einen möglichen Einsatz bezüglich des Wohnungseinbruchsdiebstahls zu informieren.

2. Anlaufphase „Einsatzübernahme"

Hinweis: Die Übernahme des Einsatzes durch eine Funkstreifenwagenbesatzung zählt grundsätzlich noch zur Anlaufphase. Sie kann aber auch als Einsatzübernahme- oder Anfahrtsphase betitelt werden.

Ab der Übernahme kann in der „Ich-Form" geschrieben werden, da der/die Studierende Teil dieser Wagenbesatzung ist. Damit erfolgt auch automatisch eine „Identifikation" mit der eigenen Lösung.

Sollte die Fragestellung lauten: „Begründen Sie, welche Maßnahmen im Rahmen des Sicherungsangriffs nach Übernahme des Einsatzes durchzuführen oder zu veranlassen sind." lauten, dann fällt die Phase der Kenntnisnahme weg und die Lösung der Frage beginnt erst, wenn der Einsatz von der Leitstelle übernommen wird.

Hierbei ist es aber für die Studierenden wichtig, dass sie gedanklich die Maßnahmen der Kenntnisnahme nachvollziehen können, um darauf ihr weiteres Vorgehen abzustellen. Dies ist zB dann der Fall, wenn es sich um eine Fahndungssituation handelt. Hier kann der Studierende davon ausgehen, dass die Leitstelle eine Fahndung bereits eingeleitet hat, auch wenn davon im Sachverhalt nichts geschrieben steht.

Zunächst wird der Einsatz durch die Funkstreifenwagenbesatzung „Düssel 13/21" übernommen und durch das Drücken des Status 3 quittiert.

Zunächst muss eine Entscheidung über die Annäherungsweise zum Tatort getroffen werden. Es ist möglich, dass dies mit Sonder- und Wegerechten, nur mit Sonderrechten oder ohne Inanspruchnahme dieser Rechte geschieht. Im vorliegenden Sachverhalt ist davon auszugehen, dass die Täter geflohen sind und niemand verletzt ist. Trotzdem besteht die Möglichkeit, dass sich die Täter noch in der Nähe des Tatortes aufhalten. Aus diesem Grund ist der Einsatz von Sondersignalen im Rahmen von Wegerechten nicht angebracht, da dadurch die Täter gewarnt werden und sich durch ihr Verhalten einer Überprüfung/Festnahme entziehen könnten. Es gibt aber hier die zeitliche Dringlichkeit zum Tatort zu gelangen. Deshalb ist eine Anfahrt unter Nutzung von Sonderrechten angebracht.

Bereits auf der Anfahrt ist auf tatrelevante Umstände zu achten, dies können insbesondere weggeworfene oder verlorene Tatmittel oder Teile der Beute sein. Insbesondere ist auf verdächtige Personen zu achten, die mit der von Frau Liebe erhaltene Personenbeschreibung übereinstimmt. Hierbei ist zu beachten, dass sich die Personen jetzt auch getrennt haben könnten und einzeln unterwegs sein können.

Bereits während der Anfahrt haben Absprachen im Team zu erfolgen.

Hinweis: Sollten mehrere Einsatzmittel zum Tatort entsandt werden, so hat die Absprache im Team eines Funkstreifenwagens und auch zwischen den Einsatzmitteln zu erfolgen.

Diese beziehen sich auf das Verhalten beim Antreffen von verdächtigen Personen und auf die Vorgehensweise vor Ort unter besonderer Berücksichtigung der Eigensicherung. Hier ist wichtig festzulegen, wer sich zB um die Zeugen kümmert und wer die Spurensuche übernimmt.

Hinweis: Sollte die Fragestellung lauten: „Begründen Sie, welche Maßnahmen im Rahmen des Sicherungsangriffs nach Eintreffen am Einsatzort durchzuführen oder zu veranlassen sind." lauten, dann fällt auch die Phase der Kenntnisnahme und Einsatzübernahme weg und die Lösung der Frage beginnt erst, wenn das eingesetzte Einsatzmittel am Ereignisort eintrifft.

Um eine umfassende Lösung dieser Fragestellung zu erreichen, sollte deshalb bereits das Abstellen des FustKW und das Annähern an den Tatort einbezogen werden.

Der Funkstreifenwagen kann im Sachverhalt in unmittelbarer Nähe des Tatobjekts abgestellt werden, da die Täter geflohen sind und sich nicht mehr am/im Tatort aufhalten. Trotzdem sollte der Wagen so abgestellt werden, dass er keine möglichen Spuren vernichtet und die Einsatzmittel für die Beamten schnell erreichbar sind. Somit sollte nicht die Gerageneinfahrt benutzt werden.

Das Eintreffen ist der Leitstelle mit Status 4 zu melden.

Zunächst haben sich die beiden Beamten einen ersten Überblick über die Situation vor Ort, anwesende Personen und vorhandene oder mögliche Spuren zu verschaffen. Im vorliegenden Sachverhalt wird dies der erste Blick auf das Tatobjekt sein, das Erkennen der eingeschlagenen Terrassentür und dass keine Zeugen vor dem Objekt warten. Dies wird in einer ersten Lagemeldung kurz der Leitstelle mitgeteilt.

Da nicht auszuschließen ist, dass sich noch Personen im Haus oder im Garten aufhalten, muss das Objekt durch die beiden Beamten durchsucht werden. Hierbei ist auf die Eigensicherung zu achten. Aus diesem Grund ist eine äußere Absperrung durch Verstärkungskräfte vorzunehmen, die nach der Durchsuchungsmaßnahme wieder für andere Einsätze zur Verfügung stehen. Bei der Durchsuchung sollte bereits auf eine Vernichtung von möglichen Spuren oder Legen von Trugspuren geachtet werden.

Hinweis: Die Durchsuchung des Objektes dient auch als Maßnahme der Gefahrenabwehr, da nicht auszuschließen ist, dass sich verletzte Personen im Haus aufhalten. Weiterhin gehört diese Maßnahme sicher zu dem Punkt „Überblick verschaffen". Dies sind Gründe dafür, die Maßnahme vor der Aufnahme des objektiven Befundes zu begründen.

Eine andere Möglichkeit besteht darin, diese Maßnahme in die Aufnahme des objektiven Befundes zu ziehen, was jedoch nicht „ganz sauber ist".

Die eigentliche Tatortarbeit der Beamten des Sicherungsangriffs unterteilt sich in die Aufnahme des subjektiven und objektiven Befundes. Bei dieser Einteilung kommt es nicht auf die zeitliche Abfolge aller Maßnahmen an, sondern um eine Zuordnung zu den einzelnen Phasen.

3. Aufnahme des subjektiven Befundes

Als Zeugen stehen zunächst die Anruferin Frau Liebe und ihr Mann zur Verfügung, die in ihrer Wohnung aufgesucht werden. Zeugen sind Personen, die sachdienliche Hinweise zu einem strafrechtlich relevanten Ereignis mitteilen können, ohne dass sich das Verfahren gegen sie richtet. Im vorliegenden Sachverhalt hat Frau Liebe die vermeintlichen Täter gesehen und dann gemeinsam mit ihrem Mann den Tatort aufgesucht. Somit können beide Personen Angaben zum Tatverlauf geben und sind daher Zeugen im Strafverfahren. Von beiden Personen werden vor einer Befragung/Vernehmung zunächst die Personalien und deren Erreichbarkeit festgestellt, um sie anschließend als Zeugen gem. § 163 III StPO iVm §§ 52, 55 und 57 StPO zu belehren. Die aufgeführten Paragraphen enthalten Hinweise auf das Zeugnisverweigerungsrecht, das Auskunftsverweigerungsrecht und die Ermahnung zur Wahrheitspflicht. Die Zeugen müssen also nicht aussagen, wenn sie dadurch nahe Angehörige oder sich selbst der Gefahr einer Strafverfolgung aussetzen würden. Sie sind auf die möglichen Folgen einer nicht wahrheitsgemäßen Aussage in Bezug auf falsche Verdächtigungen und Vortäuschen einer Straftat hinzuweisen. Es kann davon ausgegangen werden, dass Frau Schneider und ihr Mann umfangreich aussagen und keines dieser Verweigerungsrechte für sich in Anspruch nehmen. Eine erneute Vernehmung vor Ort ist deshalb an dieser Stelle erforderlich, da in einem persönlichen Gespräch eher umfangreichere Informationen erlangt werden können als in einem Telefongespräch mit der Leitstelle. Außerdem ist die Nervosität des Ehepaares zu diesem Zeitpunkt bereits abgeklungen. Aus diesem Grund sind die Fragen der Leitstelle zu wiederholen und zu intensivieren.

Die Eheleute werden voneinander getrennt vernommen, um eine gegenseitige Beeinflussung auszuschließen. Die Fragen werden bei beiden Personen identisch sein.

Besonderes Augenmerk sollte auf die Einengung des Tatzeitraumes und mögliche Spuren der Täter gelegt werden. Eine genaue Personenbeschreibung ist nochmals einzuholen, hierbei ist auch auf Besonderheiten, zB Gang, Tätowierungen, Piercings, Beschädigungen an der Kleidung, einzugehen. Wichtig ist auch zu erfahren, ob die Zeugen die Personen wiedererkennen würden. Es ist auch zu hinterfragen, was genau Frau Liebe und ihr Mann am Tatobjekt gemacht haben. Insbesondere umfasst dies den genauen Schließzustand der Eingangstür, ihren genauen Weg am Tatort und was sie verändert bzw. angefasst haben. Sollten sich aus den Vernehmungen weitere fahndungsrelevante Informationen ergeben, sind diese sofort der Leitstelle zur Fahndungsergänzung mitzuteilen. Gleichzeitig ist über die Leitstelle die K-Wache zur Spurensicherung anzufordern.

Im Anschluss an die Vernehmung der Eheleute Liebe sind mögliche weitere Zeugen zu suchen und zu vernehmen. Dies könnten im Sachverhalt Nachbarn oder zufällig anwesende Passanten, zB Hundehalter oder Jogger, sein. Hierzu sind diese Personen durch die Beamten des Sicherungsangriffs zu kontaktieren. Sollte sich ergeben, dass diese Personen Hinweise geben können, so sind von diesen Zeugen die Personalien und die Erreichbarkeiten festzustellen. Anschließend müssen sie genau wie die Eheleute Liebe belehrt und gegebenenfalls vor einer

Befragung getrennt werden, um eine gegenseitige Beeinflussung zu verhindern. Bei der zeugenschaftlichen Vernehmung geht es hauptsächlich um mögliche Tatverdächtige, deren Fluchtrichtung und Fluchtmittel, verdächtige Beobachtungen im Tatzeitraum und rund um das Tatobjekt beziehen. Ziel ist es, Informationen zu den beiden Tatverdächtigen zu erhalten und um den Tatzeitraum einzuengen. Auch hier müssen fahndungsrelevante Informationen unverzüglich an die Leitstelle gemeldet werden.

Auch die erste Kontaktaufnahme mit den Bewohnern/Besitzern des Einfamilienhauses gehört zur Aufnahme des subjektiven Befundes. Das Prozedere ist hier wie bei allen anderen Zeugen gleich: Personalien/Erreichbarkeit feststellen und zeugenschaftlich belehren. Spezielle Fragen werden hier zur möglichen Beute (Beschreibung, Fotos, individuelle Merkmale ...), zur Bekanntheit ihres Urlaubstermins und zu möglichen Tatverdächtigen gestellt. Weiterhin muss mit den Bewohnern geklärt werden, wer die Sicherung des Hauses/der Terrassentür übernimmt.

4. Aufnahme des objektiven Befundes

Hinweis: Die Aufnahme des objektiven Befundes kann auch vor der Aufnahme des subjektiven Befundes geschehen, hier gibt es keine Festlegung.

Nach der erfolglosen Durchsuchung (s. Eintreffen am Tatort) ist das Tatobjekt mit Flatterband abzusperren, um den Zutritt unberechtigter Personen zu verhindern. Im vorliegenden Sachverhalt wird der Zugang zum Grundstück und somit zum Garten und zum Haus abgesperrt. Die Absperrung lediglich des Hauses reicht nicht aus, da sich wahrscheinlich auch Spuren außerhalb befinden und die Täter sich über den Garten angenähert haben und auf diesem Weg auch geflüchtet sind.

Die benutzten Wege der Durchsuchung sind als Trampelpfad zu kennzeichnen und zu benutzen.

Vor Beginn weiterer Maßnahmen erfolgen erste Übersichtsaufnahmen vom Tatort, um die Antreffsituation fotografisch festzuhalten.

Anschließend erfolgt eine systematische Suche nach sichtbaren Spuren. Hierbei werden folgende Spuren gefunden: eingeschlagene Terrassentür, Blumentopf mit Erde auf dem Fliesenboden, Schuheindruckspur in der Erde, offene Schubladen und auf dem Boden verteilte Gegenstände. Weitere vorhandene Spuren gehen aus dem Sachverhalt nicht hervor.

Die Kräfte des Sicherungsangriffs müssen noch den möglichen Annäherungs- und den Fluchtweg nach weiteren möglichen Spuren absuchen. Dies könnten Schuhspuren oder weggeworfene/verlorene Beutestücke sein.

Alle gefundenen Spuren sind zu kennzeichnen und anschließend mit angelegtem Maßstab in Übersichts- und Detailaufnahmen zu fotografieren.

Eine Notsicherung oder ein Spurenschutz ist nicht erforderlich, da es nicht regnet und auch nicht mit Regen zu rechnen ist (lt. SV 6 °C, trocken und wolkenlos).

Somit sind nach ausreichender Absperrung des Tatortes keine äußeren Einflüsse durch unbeteiligte Personen oder durch Witterungseinflüsse zu erwarten.

Die von den Beamten oder den Zeugen vorgenommenen Veränderungen sind zu kennzeichnen und zu dokumentieren.

5. Übergabephase

Hinweis: Die Übergabephase beendet die Maßnahmen des Sicherungsangriffs vor Ort. Unter diesem Punkt müssen aber noch die schriftlichen Arbeiten dargestellt werden, um den Sicherungsangriff klausurtechnisch abzuschließen.

Die Beamten verbleiben vor Ort bis zum Eintreffen der Kräfte des Auswertungsangriffs und sichern somit weiter den Tatort. Hier wurde die K-Wache verständigt. Mit dem Leiter des Auswertungsangriffs erfolgt eine Tatortbegehung, bei der die Kräfte des Sicherungsangriffs eine mögliche Tathypothese, Informationen über die Zeugen und deren Aussagen, Informationen über Spuren und deren Kennzeichnung, vorgenommene Veränderungen und durchgeführte und eingeleitete Maßnahmen mitteilen.

Sie bieten auch ihre Hilfe für noch ausstehende Maßnahmen, wie zB Unterstützung bei weiteren Absperrmaßnahmen oder weiteren Zeugenvernehmungen, an. Wenn sie vor Ort nicht mehr benötigt werden, geben sie eine Abschlussmeldung an die Leitstelle ab und melden sich wieder einsatzbereit.

Zum Abschluss des Sicherungsangriffs müssen noch die erforderlichen schriftlichen Arbeiten gefertigt werden. Hierzu zählen das Fertigen einer Strafanzeige, möglicher Berichte über die Zeugenbefragungen und das Erstellen einer Lichtbildmappe.

FALL 14: Täter am Ort beim Geschäftseinbruch

Schwerpunkt: Sicherungsangriff

LAGE

Am Freitag, dem 23.4.2021, gegen 02.45 Uhr, geht auf der Leitstelle des PP D-Stadt folgender Notruf ein:

„Mein Name ist Peter Weinburger. Ich bin gerade im Industriegebiet „Hövel" mit meinem Hund noch eine Runde Gassi gegangen und konnte gerade beobachten, wie eine männliche Person mit einem Brecheisen versuchte, die Tür des Reifenhandels „Reifenshop" aufzuhebeln. Dies scheint ihm auch gelungen zu sein, da die Tür geöffnet wurde und der Mann im Innenraum verschwand. Dort hält er sich noch auf, ich kann den Schein einer Taschenlampe im Innenraum sehen. Ich selbst stehe an der Straßenecke Klausenstraße/Industrieweg und glaube, der Mann hat mich noch nicht gesehen. Kommen Sie schnell, dann können sie den Einbrecher noch schnappen."

Bemerkungen zur Lage: Witterung: 10 °C, trocken, wolkenlos

Aufgabe: Begründen Sie, welche Maßnahmen im Rahmen des Sicherungsangriffs durchzuführen oder zu veranlassen sind.

(Gewichtung: 45 %)

LÖSUNGSVORSCHLAG

Hinweis: Innerhalb der Klausur mit Fragen zum Sicherungsangriff im Grundstudium werden vermehrt Sachverhalte gestellt, wo sich die Studierenden mit der Möglichkeit auseinanderzusetzen haben, dass sie im Rahmen ihrer Maßnahmen vor Ort auch auf den oder die möglichen Täter treffen können. Hierbei ist es wichtig, dass der Status dieser Person definiert und auf den Sachverhalt angewendet wird und dass auch bereits im Grundstudium Maßnahmen gegen diese Person ergriffen und begründet werden. Diese Maßnahmen sind auch dem Sicherungsangriff zuzuschreiben. Weiterführende Maßnahmen auf der Polizeiwache sind nicht gefragt, da diese erst Gegenstand im Hauptstudium sind. Die möglichen Maßnahmen vor Ort gegen diese Person sind umfangreich darzustellen. Dies führt dazu, dass die Gewichtung dieser Frage dann auch bei 50% liegen kann.

Wichtig bei der Beantwortung ist jedoch auch, dass die einzelnen Phasen des Sicherungsangriffs entsprechend den Darstellungen zum vorherigen Fall bearbeitet werden und die Maßnahmen in diese integriert werden.

1. Anlaufphase Kenntnisnahme

Im vorliegenden Sachverhalt nimmt ein Beamter der Leitstelle den Anruf von Herrn Weinburger über den polizeilichen Notruf entgegen. Seine Aufgabe ist es, den Sachverhalt so weit wie möglich aufzuklären und notwendige Maßnahmen einzuleiten. Zunächst wird er beruhigend auf den Anrufer einwirken, damit er alle Informationen erhalten kann. Außerdem ist es wichtig zu erfahren, ob eine Person verletzt ist, damit gefahrenabwehrende Maßnahmen eingeleitet werden können, zB Entsendung eines RTW. Im vorliegenden Sachverhalt ist davon auszugehen, dass dies nicht erforderlich ist. Zunächst ist es wichtig, die Personalien und die Erreichbarkeit der Anruferin zu erfragen, da es sich bei dem Anruf um eine mündliche Erstattung einer Strafanzeige handelt und der Anrufer Zeuge im Strafverfahren ist. Die Rückrufnummer ist wichtig, um bei einer möglichen Gesprächsunterbrechung oder bei möglichen Rückfragen den Anrufer zu erreichen.

Nun beginnt die Sachverhaltsaufklärung, die umfassend mit den 7-goldenen-W-Fragen (Wer?, Wann?, Wo?, Womit?, Was?, Wie?, Warum?) erreicht werden kann. Insbesondere gehören dazu folgende Fragen:

- Wo befindet sich der genaue Tatort?
- Wie lautet die Adresse des Tatortes?
- Was können Sie genau beobachten?
- Können Sie die/den Einbrecher bitte genau beschreiben (Geschlecht, Alter, Größe, Statur, Hautfarbe, Haarfarbe, Bart/Brille, Bekleidung, mitgeführte Gegenstände)?
- Haben Sie ein Transportmittel gesehen?
- Steht ein Fahrzeug vor dem Reifenhandel?
- Können Sie das Fahrzeug näher beschreiben: Kennzeichen, Marke, Modell, Farbe, Besonderheiten?
- In welche Richtung ist das Fahrzeug geparkt?

Da der Einbruch in den Reifenhandel aktuell noch andauert, entsendet der Beamte der Leitstelle mindestens zwei Funkstreifenwagenbesatzungen zum Tatort. Hierbei erfolgt die Anfahrtskoordinierung durch die Leitstelle. Gleichzeitig bereitet der Beamte der Leitstelle alles für eine Tatortbereichsfahndung vor, sollte der Täter beim Eintreffen bereits geflohen sein. Dies bedeutet, dass er weitere freie Einsatzmittel in die Nähe des Tatortes beordert.

Aufgrund der aktuellen Sachlage ist es erforderlich, den Anrufer am Telefon zu halten. Ihm ist aufzutragen, dass er das Objekt weiter beobachtet und jede Veränderung der Lage sofort mitteilt. Hierbei sollte er sich weiter für den Täter verborgen halten. Sollte der Täter den Tatort verlassen, so soll der Anrufer dies lediglich beobachten und die Fluchtrichtung und das mögliche Fluchtmittel mitteilen. Unter keinen Umständen darf der Anrufer versuchen, den Täter an der Flucht zu hindern oder auf andere Weise mit ihm in Konfrontation treten.

Parallel oder nach Abschluss des Telefonates wird der Beamte der Leitstelle den Einsatz in Cebius/eCebius dokumentieren und die erhaltenen Daten in den polizeilich zugänglichen Informationssystemen, zB EMA, IGVP/ViVA und POLAS/ViVA abfragen, um mögliche einsatzrelevante Informationen zu erhalten, die er an die entsandten Funkstreifenwagenbesatzungen weitergeben kann.

Anschließend wird er Kontakt zur Kriminalwache aufnehmen, um diese vorab über einen möglichen Einsatz bezüglich des Geschäftseinbruches zu informieren.

2. Anlaufphase „Einsatzübernahme"

Zunächst wird der Einsatz durch die eingeteilten Funkstreifenwagenbesatzungen übernommen und durch das Drücken des Status 3 quittiert. Die Anfahrtskoordination erfolgt über die Leitstelle, was bedeutet, dass beide Streifenwagen von verschiedenen Seiten an das Objekt heranfahren und so die Chance größer ist, den Täter noch im Tatort, in unmittelbarer Nähe oder auf der gerade beginnenden Flucht zu stellen.

Zunächst muss eine Entscheidung über die Annäherungsweise zum Tatort getroffen werden. Es ist möglich, dass dies mit Sonder- und Wegerechten, nur mit Sonderrechten oder ohne Inanspruchnahme dieser Rechte geschieht. Im vorliegenden Sachverhalt ist davon auszugehen, dass sich der Täter noch im Tatobjekt aufhält. Es besteht somit die Möglichkeit, den Täter noch vor Ort festzunehmen. Da es 02.45 Uhr ist, kann davon ausgegangen werden, dass so gut wie kein Verkehr mehr auf den Straßen herrscht und somit auch ohne den Einsatz von Sondersignalen ein schnelles Vorankommen möglich ist. Aus diesem Grund ist der Einsatz von Sondersignalen im Rahmen von Wegerechten nicht angebracht, da dadurch der Täter gewarnt werden und sich durch sein Verhalten einer Überprüfung/Festnahme entziehen könnte. Die zeitliche Dringlichkeit zum Tatort zu gelangen ist aber gegeben und deshalb ist eine Anfahrt unter Nutzung von Sonderrechten angebracht.

Bereits auf der Anfahrt ist auf tatrelevante Umstände zu achten, dies können insbesondere weggeworfene oder verlorene Tatmittel oder Teile der Beute sein. Insbesondere ist auf eine verdächtige Person zu achten, auf die die von Herrn

Weinburger erhaltene Personenbeschreibung (im Rahmen der Befragung durch den Beamten der Leitstelle) passen könnte.

Bereits während der Anfahrt haben Absprachen im Team, hier unter den beteiligten beiden Einsatzmitteln und innerhalb der Besatzungen der Funkstreifenwagenbesatzungen, zu erfolgen. Diese beziehen sich auf das Verhalten beim Antreffen der verdächtigen Person und auf die Vorgehensweise vor Ort unter besonderer Berücksichtigung der Eigensicherung. Hier ist es wichtig festzulegen, wer sich zB um die Zeugen kümmert und wer die Spurensuche übernimmt und welches Einsatzstichwort bei einem möglichen Einschreiten gewählt wird.

Der Funkstreifenwagen muss jeweils verdeckt abgestellt werden, um den Täter nicht zu warnen. Ebenso hat die Annäherung an das Geschäft des Reifenhandels verdeckt zu erfolgen.

Das Eintreffen vor Ort ist der Leitstelle mit Status 4 zu melden.

Während der gesamten Anfahrt ist Kontakt mit der Leitstelle zu halten, um die aktuellen Informationen aus der Beobachtung des Zeugen Weinburger zu erhalten. So können sich die Beamten darauf einstellen, ob sich der Täter noch im Objekt befindet.

Zunächst haben sich die Beamten einen ersten verdeckten Überblick über die Situation vor Ort, mögliche anwesende Personen und vorhandene Spuren zu verschaffen. Im vorliegenden Sachverhalt ist wichtig festzustellen, wo sich genau der Tatort befindet und ob dieser eventuell über einen weiteren Zu-/Ausgang verfügt. Weiterhin sollten die Beamten darauf achten, ob möglicherweise vor dem Reifenhandel oder in der Nähe ein mögliches Fluchtfahrzeug abgestellt ist und ob es einen weiteren Täter geben könnte, der zB „Schmiere steht" oder im Fluchtfahrzeug wartet. Die erlangten Informationen werden in einer ersten Lagemeldung kurz der Leitstelle mitgeteilt.

Da davon auszugehen ist, dass sich der Einbrecher noch im Geschäft aufhält, erfolgt zunächst eine äußere Absperrung/Umstellung des Objektes durch das zweite entsandte Streifenteam. Anschließend ist das Objekt durch die Beamten des weiteren Einsatzmittels, unter besonderer Beachtung der Eigensicherung, zu durchsuchen. Wenn es möglich ist, sollte hierzu die Unterstützung eines Diensthundeführers mit seinem Diensthund angefordert werden.

Bei der Durchsuchung sollte bereits darauf geachtet werden, dass keine Vernichtung von möglichen Spuren erfolgt und das Legen von Trugspuren vermieden bzw. dokumentiert wird.

Die benutzten Wege sind später als Trampelpfad zu kennzeichnen und zu benutzen.

Hinweis: An dieser Stelle bietet sich bei diesem „offenen Sachverhalt" eine zweigeteilte weitere Lösung an. Innerhalb der ersten Variante sollte davon ausgegangen werden, dass der Täter vor Ort angetroffen werden kann. Bei der zweiten Variante ist der Täter bereits geflohen und kann vor Ort nicht angetroffen werden. Beide Varianten sind auch bei der Aufnahme des subjektiven Befundes beizubehalten.

3. Aufnahme des objektiven Befundes

Variante 1: Antreffen des Einbrechers

Der Tatverdacht richtet sich gegen die im Reifenhandel angetroffene Person. Fraglich ist der Status der Person. Durch den Zeugen Weinburger wird eine Person dabei beobachtet, wie diese gerade mit einem Brecheisen die Tür aufhebelt und in den Geschäftsräumen verschwindet. Der Eingang wird durchgehend durch den Zeugen beobachtet, der parallel dazu die Polizei über den Einbruch informiert. Aus diesem Grund kann sicher davon ausgegangen werden, dass die im Reifenhandel angetroffene Person die ist, die Herr Weinburger beim Einbruch beobachtet hat. Beschuldigter ist eine Person dann, wenn gegen ihn mit dem Ziel der Anzeigenerstattung ermittelt wird. Außerdem müssen mehr Fakten für seine Täterschaft als dagegen vorliegen. Eine mögliche Berechtigung der Person sich im Geschäft aufzuhalten, müsste ergänzend bedacht werden. Die Vorgehensweise macht aber einen berechtigten Zugang hier unwahrscheinlich. Der Anruf des Zeugen Weinburger ist strafrechtlich als Anzeige zu bewerten, da er eine Straftat der Polizei mitteilt. Diese Strafanzeige richtet sich gegen die in den Geschäftsräumen angetroffene Person. Alle beschriebenen Fakten sprechen für die Täterschaft dieser Person, entlastende Hinweise liegen nicht vor. Die angetroffene Person hat somit den Status eines Beschuldigten im Strafverfahren.

Zunächst ist die Identität der Person gem. § 163b StPO festzustellen. Hierzu ist der angetroffene Mann zunächst nach seinen Personalien zu befragen und zur Herausgabe eines amtlichen Ausweisdokumentes aufzufordern. Ist dies erfolglos, wird die Person nach Ausweispapieren gem. § 163b StPO durchsucht. Wenn auch diese Maßnahme nicht zum gewünschten Erfolg führt, kann die Person gem. § 163b StPO zur Identitätsfeststellung festgenommen und zur Durchführung zur Wache transportiert werden, gegebenenfalls erfolgt dort eine erkennungsdienstliche Behandlung.

Vor dem Transport der Personen zur Wache hat eine Durchsuchung nach § 29 PolG NRW zur Eigensicherung zu erfolgen.

Weiterhin muss die angetroffene Person nach Beweismitteln - hier: Beute oder Tatmittel - nach §§ 102 und 105 StPO durchsucht werden. Nach Auskunft des Zeugen führt er zumindest ein Brecheisen mit. Die Anordnung erfolgt durch die Polizeibeamten als Ermittlungsbeamte der Staatsanwaltschaft vor Ort.

Aufgefundene Beweismittel sind gem. §§ 94 und 98 StPO sicherzustellen, das Brecheisen unterliegt als Tatmittel auch der Einziehung nach § 74 StGB. Gleichzeitig dürften die sichergestellten Gegenstände auch Spurenträger sein und sollten spurenschonend verpackt werden.

Wenn das Brecheisen nicht bei der Person gefunden wird, liegt der Schluss nahe, dass es sich noch im Objekt befindet. Damit müsste das Objekt gem. § 103 StPO durchsucht werden und anschließend erfolgt die Sicherstellung des Brecheisens als Tatmittel.

Sollten Personendaten erhoben werden, so sind diese über die Leitstelle in ViVA und EMA zu überprüfen.

Weiterhin ist an dieser Stelle die vorläufige Festnahme der beiden Personen gem. § 127 II StPO iVm §§ 112, 112a StPO kurz zu thematisieren.

Hinweis: Die Sofortmaßnahmen vor Ort sind Unterrichtsinhalte des Grundstudiums. Die Bearbeitung einer Haftsache erfolgt erst im HS 1, deshalb reicht an dieser Stelle eine kurze Begründung der Maßnahmen.

Die Person hat wie beschrieben den Status eines Beschuldigten und ist somit der Tat dringend verdächtig. Eine vorläufige Festnahme darf nur erfolgen, wenn ein Haftgrund vorliegt und die Maßnahme nicht außer Verhältnis steht. Im vorliegenden Sachverhalt handelt es sich um einen Geschäftseinbruch nach §§ 242, 243 StGB, der laut Strafgesetzbuch mit einer Mindeststrafe von drei Monaten bis zu zehn Jahren bestraft wird. Ob es sich bei der festgestellten Tat um einen Teil einer Tatserie handelt steht nicht fest, da der Sachverhalt dazu nichts aussagt. Somit könnte der Haftgrund der Fluchtgefahr vorliegen. Dieser liegt dann vor, wenn die Gefahr besteht, dass sich der Beschuldigte dem Strafverfahren durch Flucht entziehen wird. Zur Gesamtwürdigung des möglichen Haftgrundes müssen jedoch weitere Erkenntnisse über den Beschuldigten eingeholt werden. Dazu zählen Fakten über die sozialen Bindungen, wie Familienstand, Wohnort, Arbeitsstelle, Verbindungen ins Ausland und Ähnliches. Hinzu kommen noch weitere persönliche Erkenntnisse der Historie des Beschuldigten, wie zB strafrechtliche Vorbelastungen, Bewährungsstrafen, offene Strafverfahren und Ähnliches.

Aufgrund der Vorgehensweise des Täters und der Tatzeit lässt sich zum jetzigen Zeitpunkt möglicherweise auch der Haftgrund der Fluchtgefahr begründen und somit ist der Beschuldigte durch Verstärkungskräfte dem Polizeigewahrsam zuzuführen.

Hinweis: Aufgrund der ungeklärten Sachlage und mangels weiterer Informationen im Sachverhalt ist es eher rechtlich zulässig, wenn durch die Studierenden die Festnahme zur Identitätsfeststellung begründet wird.

Variante 2: Flucht des Einbrechers

Bei dieser Variante entfallen die Maßnahmen gegen den Beschuldigten. Es ist aber unerlässlich, wenn jetzt umgehend Kontakt mit der Leitstelle aufgenommen wird, um eine Fahndung nach dem flüchtigen Täter einzuleiten. An dieser Stelle bietet sich eine Tatortbereichsfahndung an, da die Flucht des Täters erst unmittelbar vor Eintreffen der Polizeieinsatzkräfte erfolgt sein kann. Die weiteren Daten ergeben sich aus der Aufnahme des subjektiven Befundes.

Die Weiterführung der Aufnahme des objektiven Befundes gilt für beide Varianten:

Nach der erfolglosen Durchsuchung ist das Tatobjekt mit Flatterband abzusperren, um den Zutritt unberechtigter Personen zu verhindern. Im vorliegenden Sachverhalt werden der Zugang zum Reifenhandel und der Bereich vor der Eingangstür mit Absperrband abgesperrt. Dies erfolgt, damit sich auch die Spuren an der aufgehebelten Eingangstür innerhalb der Absperrung befinden.

Vor Beginn weiterer Maßnahmen werden erste Übersichtsaufnahmen vom Tatort gefertigt, um die Antreffsituation fotografisch festzuhalten.

Anschließend erfolgt eine systematische Suche nach offensichtlichen Spuren. Hierbei werden gegebenenfalls folgende Spuren gefunden: aufgehebelte Eingangstür, Situationsspuren von der Suche des Täters nach Beute und eventuell das zurückgelassene Brecheisen. Weitere Spuren gehen aus dem Sachverhalt nicht hervor. Die Kräfte des Sicherungsangriffs müssen jedoch noch den möglichen Annäherungs- und Fluchtweg nach weiteren zu erwartenden Spuren absuchen. Dies könnten Schuhspuren oder weggeworfene/verlorene Beutestücke sein.

Alle gefundenen Spuren sind zu kennzeichnen und anschließend mit angelegtem Maßstab in Übersichts- und Detailaufnahmen zu fotografieren.

! **Hinweis:** Es kann an dieser Stelle auch begründet werden, dass im vorliegenden Sachverhalt der Tatort abgesperrt wird und die Bewegungen und Handlungen im Objekt auf ein Mindestmaß beschränkt werden. Dann werden die Spuren nur gekennzeichnet und das Fotografieren im Detail wird den Kräften des Auswertungsangriffs überlassen. Diese Lösung sollte jedoch bezeichnet werden.

Eine Notsicherung oder ein Spurenschutz ist nicht erforderlich, da es nicht regnet und auch nicht mit Regen zu rechnen ist (laut Sachverhalt 10 °C, trocken und wolkenlos). Somit sind keine äußeren Einflüsse durch unbeteiligte Personen oder durch Witterungseinflüsse zu erwarten und die Spuren befinden sich fast ausschließlich im Innenraum. Gegebenenfalls muss die Absperrung bei vorhandenen oder zu erwartenden Spuren im Außenbereich noch erweitert werden.

Die von den Beamten oder den Zeugen vorgenommenen Veränderungen sind zu kennzeichnen und zu dokumentieren.

Der Auswertungsangriff ist über die Leitstelle anzufordern, soweit dies nicht bereits erfolgt ist.

4. Aufnahme des subjektiven Befundes

Als Zeuge steht zunächst der Anruferin Herr Weinburger zur Verfügung, der am vereinbarten Wartepunkt aufgesucht wird. Zeugen sind Personen, die sachdienliche Hinweise zu einem strafrechtlich relevanten Ereignis mitteilen können, ohne dass sich das Verfahren gegen sie richtet. Im vorliegenden Sachverhalt hat Herr Weinburger die vermutliche Tatausführung und den mutmaßlichen Täter gesehen. Somit kann er Angaben zum Tatverlauf und zum Täter geben und ist daher Zeuge im Strafverfahren. Von ihm werden vor einer Befragung/Vernehmung zunächst die Personalien und seine Erreichbarkeit festgestellt, um ihn anschließend als Zeugen gem. § 163 III StPO iVm §§ 52, 55 und 57 StPO zu belehren. Die aufgeführten Paragraphen enthalten Hinweise auf das Zeugnisverweigerungsrecht, das Auskunftsverweigerungsrecht und die Ermahnung zur Wahrheitspflicht. Zeugen müssen also nicht aussagen, wenn sie dadurch nahe Angehörige oder sich selbst der Gefahr einer Strafverfolgung aussetzen würden. Sie sind auf die möglichen Folgen einer nicht wahrheitsgemäßen Aussage in Bezug auf falsche Verdächtigungen und Vortäuschen einer Straftat hinzuweisen. Es kann davon ausgegangen werden, dass Herr Weinburger umfangreich aussagen und keines dieser Verweigerungsrechte für sich in Anspruch nehmen wird. Eine erneute Vernehmung vor Ort ist deshalb an dieser Stelle erforderlich, da in einem persönlichen Gespräch eher umfangreichere Informationen erlangt werden können als in einem Telefongespräch mit der Leitstelle. Außerdem ist die Nervosität des Zeugen zu diesem Zeitpunkt bereits abgeklungen. Aus diesem Grund sind die Fragen der Leitstelle zu wiederholen und zu intensivieren.

Besonderes Augenmerk sollte auf die genaue Schilderung seiner Beobachtungen in Bezug auf den Tathergang und die genaue Beschreibung des Täters und seiner mitgeführten Gegenstände gelegt werden. Eine genaue Personenbeschreibung umfasst hierbei auch Besonderheiten, zB Gang, Tätowierungen, Piercings, Beschädigungen an der Kleidung. Wichtig ist auch zu erfahren, ob der Zeuge die Personen wiedererkennen würden.

Variante 1: Antreffen des Einbrechers

Hinweis: Die Sofortmaßnahmen vor Ort sind Unterrichtsinhalte des Grundstudiums. Die Bearbeitung einer Haft-sache erfolgt erst im HS 1, deshalb reicht an dieser Stelle eine kurze Begründung der Vernehmung an Ort und Stelle.

Bei der angetroffenen Person handelt es sich um einen Beschuldigten, da er gerade bei einem Einbruchsdiebstahl angetroffen wird und somit der begründete Verdacht besteht, dass er gerade eine Straftat gem. §§ 242 und 243 StGB begeht. Aus dem Sachverhalt geht nicht hervor, um wen es sich handelt. Deshalb gehe ich davon aus, dass diese Person nicht unter dem Einfluss von Alkohol oder Drogen steht und die deutsche Sprache beherrscht.

Die angetroffene Person ist vor der Vernehmung gem. § 163a IV StPO iVm § 136 StPO zu belehren. Ihm muss die zur Last gelegte Tat genannt werden. Er ist über sein umfassendes Aussageverweigerungsrecht, die Möglichkeit jederzeit einen Verteidiger zu konsultieren und über die Möglichkeit Beweisanträge zu seiner Entlastung zu stellen, zu belehren. Wichtig ist, dass der Beschuldigte diese Belehrung auch verstanden hat, um seine Aussage auch verwerten zu können. Die Vernehmung vor Ort dient hauptsächlich zur Feststellung, ob es weitere Täter gibt, über die erste Erkenntnisse erlangt werden können. Außerdem ist es wichtig zu erfahren, wie die Person zum Tatort gelangt ist, wo das Fluchtfahrzeug abgestellt ist und welche Tatmittel verwendet wurden.

Hinweis: Eine intensive und umfassende Vernehmung wird durch die Kräfte des Auswertungsangriffs durchgeführt und muss deshalb an dieser Stelle nicht noch ausführlicher beschrieben werden.

Variante 2: Flucht des Einbrechers

Hier sind weitere zwingende Fragen zur möglichen Flucht des Einbrechers zu stellen. Hierbei ist auf die genaue Beschreibung und Besonderheiten des Fluchtmittels und der Fluchtrichtung einzugehen. Sollten sich aus der Vernehmung fahndungsrelevante Informationen ergeben, sind diese sofort der Leitstelle zur Einleitung oder Ergänzung der einzuleitenden Fahndung mitzuteilen.

Gleichzeitig ist über die Leitstelle die K-Wache zur Spurensicherung anzufordern.

Im Anschluss an die Vernehmung des Herrn Weinburger sind mögliche weitere Zeugen zu suchen und zu vernehmen. Dies könnten im Sachverhalt zufällig anwesende Passanten, zB Hundehalter oder Jogger, sein. Hierzu sind diese Personen durch die Beamten des Sicherungsangriffs zu kontaktieren. Sollte sich ergeben, dass diese Personen Hinweise geben können, so sind von diesen Zeugen die Personalien und die Erreichbarkeiten festzustellen. Anschließend müssen sie genau wie Herr Weinburger belehrt und gegebenenfalls vor einer Befragung getrennt werden, um eine gegenseitige Beeinflussung zu verhindern. Bei der zeugenschaftlichen Vernehmung geht es hauptsächlich um mögliche Tatverdächtige, deren Fluchtrichtung und Fluchtmittel, verdächtige Beobachtungen im Tatzeitraum und rund um das Tatobjekt beziehen. Ziel ist es, Informationen zu dem Tatverdächtigen zu erhalten. Auch hier müssen fahndungsrelevante Informationen unverzüglich an die Leitstelle gemeldet werden.

5. Übergabephase

Die Beamten verbleiben bis zum Eintreffen der Kräfte des Auswertungsangriffs vor Ort und sichern somit weiter den Tatort. Mit dem Leiter des Auswertungsangriffs erfolgt eine Tatortbegehung, bei der die Kräfte des Sicherungsangriffs eine Tathypothese aufstellen und Informationen über Zeugen und deren Aussagen, Spuren und deren Kennzeichnung, vorgenommene Veränderungen, durchgeführte und eingeleitete Maßnahmen, machen. Hierzu gehören auch die Maßnahmen bezüglich des Beschuldigten, sollte dieser angetroffen worden sein bzw. eingeleitete und ergänzende Fahndungsmaßnahmen.

Sie bieten ihre Hilfe für noch ausstehende Maßnahmen an, wie zB Unterstützung bei weiteren Absperrmaßnahmen oder weiteren Zeugenvernehmungen. Wenn sie vor Ort nicht mehr benötigt werden, geben sie eine Abschlussmeldung an die Leitstelle ab und melden sich wieder einsatzbereit.

Zum Abschluss des Sicherungsangriffs müssen noch die erforderlichen schriftlichen Arbeiten gefertigt werden. Hierzu zählen das Fertigen einer Strafanzeige, gegebenenfalls Berichte über die Zeugenbefragungen und die Festnahme und das Erstellen einer Lichtbildmappe.

D. Klausuren im GS 5

Die bisherigen Fragen zu den vorangestellten Sachverhalten wurden alle mit einer Gewichtung versehen, die sich realistisch an den bisherigen Klausuren orientiert. Um den Studierenden mögliche Themenzusammensetzungen, den Umfang von Klausuren im Grundstudium und mögliche konkrete Fragestellungen zu verdeutlichen, werden nachfolgend Klausuren abgedruckt, die im Grundstudium genauso geschrieben wurden.

Eine Gesamtauswertung der Klausuren des GS 5 zeigt, dass in aller Regel drei Themenbereiche in einer Klausur mit unterschiedlichen Fragen und unterschiedlicher Gewichtung zu bearbeiten sind. Die Gewichtung orientiert sich hierbei an der möglichen Schreibleistung und an der Schwierigkeit des fachlichen Themas.

Die Bearbeitungszeit der folgenden Klausuren betrug jeweils drei Zeitstunden, woran sich in der Zukunft voraussichtlich auch nichts ändern wird. Die Besonderheit bei den Klausuren im Grundstudium Kriminalistik/Kriminaltechnik liegt darin, dass keinerlei Hilfsmittel zugelassen sind. Alle zutreffenden Paragrafen, Verordnungen und sonstige Vorschriften müssen somit von den Studierenden gelernt werden. Dies wurde so beschlossen, weil das erlernte Wissen in den Kriminalwissenschaften auf Sachverhalte anzuwenden ist. Weiterhin orientiert sich die Kriminalistik an der Praxis, bei der Polizeibeamte vor Ort auch ohne Gesetzestexte agieren müssen.

Die Lösungen zu den Klausursachverhalten fehlen, da sich die Lösungen der einzelnen Aufgaben aus den bisherigen Sachverhalten zu den einzelnen Themenkomplexen ergeben und eine Veröffentlichung durch das Prüfungsamt der Fachhochschule untersagt ist.

Am Ende jeder Klausur nimmt der Verfasser jedoch allgemein zu den Fragen Stellung und weist auf Probleme und Lösungsanforderungen hin.

Die aufgeführten Klausuren eignen sich jedoch hervorragend für eine Selbst-Übung unter Klausur-/Echtbedingungen, wobei ich eine Zeitmessung empfehle.

1. KLAUSUR: Versuchter Wohnungseinbruchsdiebstahl – Klausur des Einstellungsjahrgangs 2015

LAGE

Allgemeine Lage: Der Wohnungseinbruch ist in Nordrhein-Westfalen ein Deliktsbereich mit steigenden Fallzahlen und niedriger Aufklärungsquote. Aus diesem Grund erfolgt die Bekämpfung des Kriminalitätsphänomens mit hoher Priorität. Bei der Analyse des Wohnungseinbruchs wird deutlich, dass überörtliche Tätergruppierungen für einen Großteil der Fälle verantwortlich sind. Weiterhin konnte aber festgestellt werden, dass auch örtliche Täter Wohnungseinbrüche begehen. In diesen Fällen ist der Wert der Beute in der Regel jedoch geringer.

Besondere Lage: Nach dem Hauptschulabschluss ist es beiden befreundeten Jugendlichen Manuel Kollwitz, 17 Jahre, und Raphael Lotze, 16 Jahre, nicht gelungen, eine Lehre zu beginnen. Um ihr Taschengeld aufzubessern, begingen beide gemeinsam in der Vergangenheit Ladendiebstähle. Sie haben aber bemerkt, dass sie mit den erbeuteten Waren keinen großen Gewinn erzielen konnten. Deshalb überlegten sie bereits, was sie noch machen könnten, um an mehr Geld zu kommen.

Als sie nun von einem nicht aufgeklärten Wohnungseinbruch bei Manuels Tante erfahren, beschließen beide, dies auch einmal auszuprobieren. Die Tante berichtete in einem Gespräch noch, dass die Polizisten nur oberflächlich in ihrer Wohnung gearbeitet und ihr keinerlei Hoffnungen auf die Aufklärung der Straftat gemacht hätten.

Die Planung der Jugendlichen führte schnell zu dem Ergebnis, dass sie in ein Haus in der Nachbarschaft einbrechen wollen, da sie vermuten, dass dort einiges an Geld und Wertgegenständen zu holen sei und die Eigentümer sicher zur Tatzeit arbeiten und die Kinder zur Schule gehen würden. Als mögliche Tatörtlichkeit haben sie sich die nahegelegene Einfamilienhaussiedlung ausgesucht. Die dortige Bebauung besteht aus Reiheneinfamilienhäusern und Doppelhäusern. Die Grundstücke sind nur teilweise einsehbar, da einige niedrige Bäume und Sträucher den Blick von der Straße einschränken.

Nachdem die beiden am Donnerstag, dem 16.1.2014, gegen 11.30 Uhr, ausgeschlafen haben, beschließen sie, die Planung in die Tat umzusetzen.

Manuel sucht im Keller seiner Familie nach einem geeigneten Werkzeug und findet ein Brecheisen. Gemeinsam begehen beide zu Fuß die XY-Straße und suchen nach einem geeigneten Objekt. Hierbei ist für sie wichtig, dass das Haus unbewohnt und nicht leicht einsehbar ist. Beim Haus Nr. 23 glauben beide, dass es das geeignete Objekt ist. Der Carport und die Stellfläche vor dem Haus sind nicht besetzt. Zur Sicherheit begibt sich Raphael zum Haus und klingelt an der Tür. Als niemand öffnet, entschließen sich beide in das Haus einzubrechen. An der Seite der Doppelhaushälfte befindet sich ca. ein Meter über dem geharkten Blumenbeet ein Kunststofffenster. Zunächst versuchen die beiden das Fenster mit ihren Händen aufzudrücken. Als dies nicht gelingt, drückt Raphael mit einer Hand den Fensterflügel im unteren Bereich etwas auf und Manuel kann das Brecheisen ansetzen. Er braucht trotzdem mehrere Versuche bis das Fenster nach innen aufspringt. Im gleichen Moment nehmen unsere beiden Einbrecher eine Sirene wahr, die einen lauten Signalton periodisch abgibt. Beide geraten in Panik. Manuel lässt das Brecheisen fallen und beide flüchten zu Fuß auf die Straße, um nach Hause zu laufen.

Durch den Sirenenton aufgeschreckt, eilt Frau Neumann zum Fenster und kann von dort beobachten, wie zwei junge Männer im Laufschritt gerade das Grundstück ihrer Nachbarn Familie Schwarz von gegenüber, XY-Straße 23, verlassen. Sie weiß, dass die Familie Schwarz zu dieser Zeit nicht zu Hause ist und erst vor kurzer Zeit eine Alarmanlage installiert hat. Sie denkt sofort an einen möglichen Einbruch und wählt umgehend den polizeilichen Notruf.

Bemerkungen zur Lage: Witterung: 4 °C, trocken, leicht bewölkt

Aufgaben:

1. Erläutern Sie anhand des vorliegenden Sachverhalts den juristischen und den kriminalistischen Tatortbegriff.
   (Gewichtung: 10 %)
2. Begründen Sie, welche Maßnahmen im Rahmen des Sicherungsangriffs durchzuführen sind.
   (Gewichtung: 50 %)
3. Analysieren Sie den Sachbeweis (Ziffer 3.2 der Kriminalistischen Fallanalyse).
   (Gewichtung: 40 %)

ANMERKUNGEN DES VERFASSERS ZUR KLAUSURLÖSUNG

Die **Aufgabe 1** wurde von den meisten Studierenden fachlich korrekt gelöst, wobei in einigen Fällen der § 9 I StGB nicht explizit genannt wurde. Die problemlose Bearbeitung ergab sich aus dem Umstand, dass viele Informationen zur Vortat- und zur Haupttatphase vorlagen. Die Nachtatphase wurde von einigen Studierenden nicht erwähnt, da dazu keine weiteren Informationen mehr vorlagen. Hier ist es jedoch wichtig, dass dieser Teil dann mit dem theoretischen Wissen ausgefüllt wird und gesagt werden sollte, wie sich die Nachtatphase aller Wahrscheinlichkeit nach abspielt.

Bei der **Aufgabe 2** hatten einige Studierende das Problem, dass der Sachverhalt mehr Informationen bereitstellt, als zum Zeitpunkt des Anrufes auf der Leitstelle bekannt waren. Hier war von den Studierenden gefordert, dass sie sich in die Lage der Polizeibeamten versetzen mussten, die jeweils gerade tätig wurden. Somit waren ihnen auch nur die Informationen bekannt, die sie selbst erlangten oder erfragten. Ein weiteres Problem bestand darin, dass von einigen Studierenden die benannte Familie Schwarz im Rahmen der Aufnahme des subjektiven Befundes nicht bearbeitet wurde.

Die **Aufgabe 3** war eine offene und somit umfassende Fragestellung zum Sachbeweis der kriminalistischen Fallanalyse. Von den Studierenden wurde hier gefordert, dass sie alle vorhandenen und alle zu erwartenden Spuren erkannten und anhand des Schemas des Sachbeweises bearbeiten. Aufgrund der Fülle der Spuren, kamen einige Studierende mit der vorhandenen Zeit nicht aus. Wichtig bei dieser Aufgabe war ein geeignetes System zur Zusammenfassung einiger Spuren zu finden, mit dem somit Bearbeitungszeit eingespart werden konnte. Wenn sich zB Fingerspuren, die Schuhspuren bzw. DNA-Spuren an verschiedenen Spurenträgern wiederholen, ist es mit Verweisen bei der Beweiskraft nur erforderlich, eine geeignete Differenzierung beim Beweiswert darzustellen.

Ein weiteres Problem entstand dadurch, dass die Situationsspuren vergessen wurden, somit keine Tathypothese erstellt wurde und dadurch viele Punkte verschenkt wurden.

Hier besteht die Möglichkeit zur Vereinfachung und der Vermeidung des späteren Vergessens, die Situationsspuren zusammenfassend zu Beginn der Spurenbearbeitung darzustellen.

2. KLAUSUR: Laubeneinbruch – Klausur des Einstellungsjahrgangs 2015

LAGE

Allgemeine Lage: Die Eigentumskriminalität hat in den letzten Jahren in Nordrhein-Westfalen stark zugenommen. Die Fallzahlen in Düsseldorf sind bezogen auf die Einwohnerzahl hoch, die Aufklärungsquote war im letzten Jahr rückläufig. Zur Verbesserung der Aufklärungsquote wurden der Erkennungsdienst und das zuständige Kriminalkommissariat personell aufgestockt.

Seit Anfang Januar 2016 haben sich die Einbrüche in Gartenlauben in den nördlichen Stadtteilen gehäuft. Bisher wurden insgesamt 20 Einbrüche angezeigt. Der oder die Täter brechen dabei mit einem Hebelwerkzeug Türen oder Fenster auf und nächtigen, teilweise mehrere Tage, in den Gebäuden. In dieser Zeit essen und trinken der oder die Täter Lebensmittel, die vorgefunden werden. Die Lauben werden nach Bargeld durchsucht und geringe Bargeldbeträge entwendet.

Besondere Lage: Am Freitag, den 12.2.2016, um 17.34 Uhr, geht ein Notruf auf der Leitstelle des PP Düsseldorf ein.

Der Anrufer, Herr Gerd Lager, teilt folgenden Sachverhalt mit:

Er sei am heutigen Tag, gegen 17.15 Uhr, von der Arbeit direkt zu seinem Garten in einer Schrebergartenanlage in Düsseldorf-Nord, X-Straße/Y-Straße, gefahren, um dort nachzusehen, ob alles in Ordnung sei. Dies mache er einmal pro Woche so. Die Tür zu seinem gemauerten Gartenhaus sei nur angelehnt gewesen und wies deutliche Hebelspuren rund um das Schloss auf. Der Innenraum machte einen durchwühlten Eindruck, einige Schubladen des Schrankes standen offen und die Sessel waren verschoben. Bei der ersten Nachschau habe er festgestellt, dass die Spardose seines Enkels fehlt und jemand offensichtlich auf der Couch geschlafen hatte. Weiterhin haben der oder die Täter etwas gegessen, da auf dem Tisch noch ein angebissener Apfel liegt und daneben eine geleerte Cola-Flasche steht. Die Cola-Flasche wurde aus dem Kühlschrank entnommen und der Apfel stammt aus einer Kiste, in der er seine geernteten Äpfel lagert. Sonstige Spuren seien ihm nicht aufgefallen. Sein Garten sei mit einem ca. 1,20m hohen Zaun umschlossen und das Gartentor zu seinem Grundstück habe die gleiche Höhe und sei immer noch verschlossen.

Die Einsatzleitstelle erteilt Ihnen und Ihrem Partner/-in als Düssel 11/31 den Auftrag, zum Einsatzort zu fahren und den Einsatz zu übernehmen.

Bemerkungen zur Lage: Witterung: 1 °C, trocken, wolkenlos

Aufgaben:

1. Bearbeiten Sie im Rahmen der Kriminalistischen Fallanalyse (KFA)
   - die Verdachtslage im Hinblick auf eine Tat (Ziff. 1.1.2)
   - die Verdachtslage im Hinblick auf eine Person (Ziff. 1.1.3)
   - allgemeine Beurteilung (Ziff. 1.2)
   - den Tatort (Ziff. 2.1)
   - den Modus Operandi (Ziff. 2.3)

   (Gewichtung: 40 %)
2. Begründen Sie, welche Maßnahmen im Rahmen des Sicherungsangriffs durchzuführen oder zu veranlassen sind.
   (Gewichtung: 35 %)
3. Bearbeiten Sie im Rahmen des Sachbeweises (Ziff. 3.2 der kriminalistischen Fallanalyse) die Hebelspuren und die Spuren bezüglich der Cola-Flasche (auf die Thematik Gegenstandsspur ist nicht einzugehen).
   (Gewichtung: 25 %)

ANMERKUNGEN DES VERFASSERS ZUR KLAUSURLÖSUNG

Die Aufgabe 1 bezieht sich auf insgesamt fünf Unterpunkte der kriminalistischen Fallanalyse und stellte somit den Schwerpunkt der Klausur dar. Hier war es wichtig, dass die einzelnen Punkte argumentativ teilweise aufeinander aufbauen und dies eine „saubere“ Argumentation in allen Punkten erforderlich machte. Die Verdachtslage im Hinblick auf eine Tat und die Verdachtslage im Hinblick auf eine Person konnten bei der Lösung zusammengefasst werden. Bei der Verdachtslage im Hinblick auf eine Tat war es wichtig, den Serienzusammenhang zu erkennen und zum Schluss zu kommen, dass der aktuelle Täter auch die bisherigen Taten begangen haben könnte. Als Tathandlung sollte auch das Übersteigen des Zaunes herausgearbeitet werden. Der Anfangsverdacht nach § 152 II StPO war zu bejahen.

Zur Person musste die Schlussfolgerung gezogen werden, dass die Tatbegehung für einen örtlichen Täter spricht, der gegebenenfalls aus dem „Nichtsesshaften-Milieu“ stammt. Dies musste mit den Fakten aus dem Sachverhalt begründet werden.

Die Ausführungen zur allgemeinen Beurteilung fielen unterschiedlich aus. Nur wenige Studierende haben bei der Verdachtslage im Hinblick auf eine Tat erkannt, dass ein Einbruchsdiebstahl und kein Wohnungseinbruchsdiebstahl vorliegt. Somit wurde auch das Strafmaß falsch dargestellt. Der Wohnungseinbruchsdiebstahl kann nur dann bejaht werden, wenn die Gartenlaube auch dauerhaft zum Wohnen benutzt wird, was aber aus dem Sachverhalt nicht hervorgeht und in den Satzungen der Kleingartenvereine in aller Regel auch ausgeschlossen wird.

Das öffentliche Interesse an der Berichterstattung/Information durch die Polizei konnte unterschiedlich begründet werden und deshalb gab es kein einheitliches Ergebnis zu diesem Punkt.

Auch bei der Darstellung des Modus Operandi war es wichtig, den aktuellen Fall zu bewerten und dann die Parallelen zu der Tatserie aus der allgemeinen Lage zu ziehen. Hier mussten die Studierenden teilweise ihre Argumentation aus den bisherigen Punkten wiederholen oder entsprechend auf diese Ausführungen verweisen. Ein Weglassen führte zu keinen Punkten unter diesem Teil der KFA.

Bei der Aufgabe 2 gab es keine wesentlichen Probleme. Da es hier keine Fahndungslage gab, wurde die Aufgabe auch nicht wie sonst höher bewertet. Eine Anforderung des Auswertungsangriffs und eine Übergabe sollten stattfinden, auch wenn in der Praxis solche Tatorte oft durch die Kräfte des Wachdienstes abschließend bearbeitet werden.

Die Aufgabe 3 wurde mit einer Beschränkung auf die Hebelspur und die Cola-Flasche versehen. Dies soll den Studierenden Gewissheit darüber geben, dass keine Spuren vergessen werden. Wichtig ist in diesem Zusammenhang jedoch, dass es sich bei der Cola-Flasche um einen Spurenkomplex handelt und somit mehrfach das Schema des Sachbeweises anzuwenden ist. Auch bei den Antworten dieser Frage fiel auf, dass einige Studierende die Situationsspur gar nicht bearbeitet haben oder lediglich die Definition von Situationsspuren dargestellt haben. Hier hätte sich die Tathypothese nur auf die geforderten Spuren beziehen müssen.

3. KLAUSUR: Kindergarteneinbruch – Klausur des Einstellungsjahrgangs 2018

LAGE

Allgemeine Lage: In den letzten zwei Monaten kam es im Bereich der PI Mitte des PP D-Stadt zu vermehrten Einbrüchen in Schulen und Kindergärten. Um Zutritt zu erlangen, schlugen der oder die unbekannten Täter die Scheiben von Türen oder Fenstern im Erdgeschoss ein. In den Räumlichkeiten wurden Sachbeschädigungen begangen und verschiedene Behältnisse aufgebrochen, um an geringe Bargeldbeträge zu gelangen und teilweise neuwertige Gebrauchsgegenstände von Kindern gestohlen. Insgesamt konnten bisher sieben Taten registriert werden. Die Tatzeiten lagen alle in der Zeit von 20.00 Uhr bis 00.00 Uhr, ein Schwerpunkt bezüglich eines Wochentages lässt sich nicht feststellen. An einzelnen Tatorten konnten Schuhspuren, Fingerspuren und Blutspuren gesichert werden, deren Auswertung aber noch kein Ergebnis erbracht hat.

Besondere Lage: Am 4.2.2019, gegen 23.30 Uhr, geht auf der Leitstelle des PP D-Stadt folgender Notruf ein:

„Ist dort die Polizei? Hier spricht Frau Meier. Ich bin gerade mit meinem Dackel noch eine letzte Spazierrunde gegangen und bin dabei auch am örtlichen Kindergarten auf der XY-Straße vorbeigekommen. Als ich mit meinem Hund auf der gegenüberliegenden Straßenseite an den dortigen Büschen stand, konnte ich beobachten, wie zwei junge Männer aus dem Erdgeschossfenster rechts neben der Eingangstür stiegen. Beide haben nicht gesprochen, ich konnte aber ein lauteres Knirschen hören, so als wenn die beiden auf Glasscherben getreten sind. Einer der beiden trug einen rosafarbenen Rucksack mit einem darauf abgebildeten Einhorn. Die beiden Männer haben mich nicht gesehen und sind dann zu Fuß Richtung Innenstadt gegangen. Als ich sie nicht mehr sehen konnte, habe ich beim Kindergarten nachgesehen. Die Scheibe des Fensters ist eingeschlagen, die Scherben liegen innen im Raum und ich kann deutliche Schuhspuren auf dem Boden erkennen. An einer Scherbe im Rahmen klebt noch etwas Blut. Deshalb habe ich sie sofort angerufen. Kommen Sie schnell."

Aufgaben:

1. Bearbeiten Sie im Rahmen der Kriminalistischen Fallanalyse (KFA)
   - die Verdachtslage im Hinblick auf eine Tat (Ziff. 1.1.2) und
   - die allgemeine Beurteilung (Ziff. 1.2)

   (Gewichtung: 10 %)
2. Erläutern und begründen Sie die Maßnahmen, die ab Eingang der Meldung bei der Einsatzleitstelle im Rahmen des Sicherungsangriffs durchzuführen oder zu veranlassen sind.
   (Gewichtung: 35 %)
3. Beurteilen Sie den Sachbeweis (Ziff. 3.2 der kriminalistischen Fallanalyse) in diesem konkreten Fall in Bezug auf die Blutspur und die Schuhspuren.
   (Gewichtung: 25 %)

SACHVERHALTSFORTSCHREIBUNG

Im Rahmen der nach dem Anruf sofort eingeleiteten Maßnahmen beobachtet die Funkstreifenwagenbesatzung D 11/21 bei der Anfahrt aus Richtung Innenstadt zum Tatort zwei junge Männer, die sofort nach Erkennen des Funkstreifenwagens losrennen. Der Ort ist lediglich ca. 500 Meter vom Kindergarten entfernt und es ist 23.38 Uhr. Einer der beiden Männer trägt einen rosafarbenen Rucksack mit einem Einhorn. Eine Verfolgung der beiden Männer führt dazu, dass der Mann mit dem Rucksack angehalten werden kann, dem zweiten Mann gelingt die Flucht. An der Unterseite des rechten Handgelenkes blutet der Mann leicht, da er diese Stelle mit einem Tempotaschentuch immer wieder abwischt.

Aufgabe

4. Begründen Sie, welche Maßnahmen Sie vor Ort bezüglich des angehaltenen Mannes treffen.
   (Gewichtung: 30 %)

ANMERKUNGEN DES VERFASSERS ZUR KLAUSURLÖSUNG

Die Aufgabe 1 bezieht sich auf insgesamt zwei Unterpunkte der kriminalistischen Fallanalyse und ist mit lediglich 10 % gewichtet. Somit darf für die Beantwortung nicht zu viel Zeit investiert werden. Bei der Verdachtslage im Hinblick auf eine Tat war es wichtig, den Serienzusammenhang zu erkennen und zum Schluss zu kommen, dass die aktuellen Täter auch die bisherigen Taten begangen haben könnten. Der Anfangsverdacht nach § 152 II StPO war zu bejahen.

Die Ausführungen zur allgemeinen Beurteilung sollten sich auf den aktuellen Fall und die Tatserie beziehen. Das öffentliche Interesse an der Berichterstattung/Information durch die Polizei konnte unterschiedlich begründet werden und deshalb gab es kein einheitliches Ergebnis zu diesem Punkt.

Die Aufgabe 2 bezieht sich auf die Maßnahmen des Sicherungsangriffs in allen Phasen. Wichtig im Rahmen der Anlaufphase war auf die Einleitung einer Tatortbereichsfahndung einzugehen, da die Täter zu Fuß flüchtig waren. Diese Maßnahme musste begründet werden, wobei auf die Weg-Zeit-Berechnung einzugehen war. Außerdem musste die Anfahrt zum Tatort durch die Leitstelle koordiniert werden.

Die Aufgabe 3 wurde mit einer Beschränkung auf die Blutspur und die Schuhspur versehen. Dies soll den Studierenden Gewissheit darüber geben, dass keine Spuren vergessen werden. Auch bei den Antworten dieser Frage fiel auf, dass einige Studierende die Situationsspur gar nicht bearbeitet haben oder lediglich die Definition von Situationsspuren dargestellt haben. Hier hätte sich die Tathypothese nur auf die geforderten Spuren beziehen müssen.

Die Aufgabe 4 bezieht sich auf Sofortmaßnahmen der Kräfte des Sicherungsangriffs bei Antreffen einer verdächtigen Person. Die Maßnahmen wurden bereits im Rahmen des Falls 14 umfassend angesprochen.

Diese Fragestellung ist in den letzten Klausuren des GS 5 immer wieder vorgekommen und es ist sicher davon auszugehen, dass dies weiterhin zu einer Standardfrage werden wird.

2. KAPITEL
Hauptstudium 1.2

Das HS 1.2 ist mit dem Leitthema „Bekämpfung der einfachen und mittleren Kriminalität" überschrieben.

Das Modul umfasst die Teilmodule

- HS 1.2.1 Sachbearbeitung der einfachen und mittleren Kriminalität
- HS 1.2.2 Spurensuche, -schutz und -sicherung
- HS 1.2.3 Einsatzbewältigung im täglichen Dienst

Insgesamt umfasst das Modul 120 LVS im Präsenzstudium, die wie folgt auf die Teilmodule verteilt sind:

- HS 1.2.1 45 LVS
- HS 1.2.2 30 LVS
- HS 1.2.3 45 LVS

Die Struktur der einzelnen Module im Hauptstudium ist thematisch angeordnet und die rein fächerbezogene Ausrichtung wird somit aufgegeben. Dies führt zu dem Ergebnis, dass sich die Prüfungsleistungen jetzt auf die gesamten Inhalte des Moduls und somit auch auf seine Teilmodule beziehen.

Die fachliche Ausrichtung der Teilmodule ist wie folgt geregelt:

- HS 1.2.1 Kriminalistik
- HS 1.2.2 Kriminaltechnik
- HS 1.2.3 Einsatzlehre

Als Prüfungsform ist eine Klausur von vier Zeitstunden vorgeschrieben.[13]

Aufgrund der Zusammensetzung der einzelnen Fächer in diesem Modul und der Länge der Klausur kann davon ausgegangen werden, dass es sich bei der Prüfungsform um eine Kombi-Klausur handeln wird. Dies bedeutet, dass in dieser Klausur sowohl fachliche Inhalte aus dem Bereich Kriminalistik/Kriminaltechnik als auch aus dem Bereich Einsatzlehre gefordert werden.

Der Bachelorstudiengang Polizei wurde mit dem Einstellungsjahrgang 2012 umfassend umstrukturiert und das Modul HS 1.2 wurde in der auch heute noch gültigen Fächerzusammensetzung konzipiert. Von diesem Zeitpunkt an war die Prüfungsleistung immer eine vierstündige Klausur. Auch mit dem Einstellungsjahrgang 2016 hat sich an dieser Gesamtkonzeption nichts geändert. Ab dem Einstellungsjahrgang 2012 wurden immer Kombi-Klausuren mit der Zusammensetzung Einsatzlehre und Kriminalistik/Kriminaltechnik und einer prozentualen Verteilung von 50:50 geschrieben. Die Klausursachverhalte beziehen sich grundsätzlich am Anfang auf den Bereich der Einsatzlehre und werden nach den Fragen der Einsatzlehre durch Sachverhaltsfortschreibungen oder -ergänzungen in den Kriminalistik-Teil überführt. In Einzelfällen besteht aber

13 Modulhandbuch Bachelorstudiengang PVD 2016, Ab dem Einstellungsjahrgang 2020, S. 56.

auch die Möglichkeit, die Kriminalistik-Fragen an den bestehenden Sachverhalt anzuhängen, ohne dass der Sachverhalt erweitert würde.

Wichtig für die Studierenden ist, dass diese Klausur bisher ohne Hilfsmittel geschrieben wurde und sich in Zukunft daran mit allergrößter Wahrscheinlichkeit nichts ändern wird. Dies bedeutet erneut, dass zur Klausur keine Unterlagen, wie zB unkommentierte Gesetzestexte, Polizeidienstvorschriften oder Ähnliches, zugelassen sind. Die notwendigen Inhalte müssen somit von den Studierenden erlernt und in der Klausur reproduziert werden.

!

Hinweis: Wichtig für die Vorbereitung auf Klausuren im HS 1.2 ist es, dass sich die Studierenden nicht nur auf die Inhalte des Moduls vorbereiten, sondern auch Inhalte aus dem Grundstudium GS 5 in das vorliegende Modul transferieren müssen. Aufgrund der Bearbeitung konkreter Fälle in einer Klausur ist es deshalb üblich, auch Fragen zur Kriminalistischen Fallanalyse oder zum Sicherungsangriff zu stellen.

Die Fragen zur Kriminalistischen Fallanalyse sind zur weiteren Bearbeitung des Sachverhaltes und der inhaltlichen Themen des Moduls wichtig, da sich auf deren Beantwortung die Folgemaßnahmen stützen.

Hierbei können grundsätzlich alle Teile der KFA abgefragt werden, Schwerpunkte sind hier nicht eindeutig festzustellen. Da diese Fragen auch entsprechend gewichtet werden, können hier viele Punkte erreicht oder auch verloren werden. Das Versäumnis einer fachlichen Wiederholung dieser Inhalte erhöht daher hier das Risiko eines Scheiterns immens!

Die Schwerpunkte im HS 1.2.1 in der Kriminalistik liegen bei den folgenden Themenbereichen:

- Auswertungsangriff
- Vernehmung
- Haftsachenbearbeitung
- Polizeiliche Konzepte im Zusammenhang mit „Gewalt im sozialen Nahraum“[14]

[14] Ergänzende Hinweise zu den Modulbeschreibungen – HSPV NRW Bachelorstudiengang BA PVD, Stand: 3/2021, S. 119 f.

A. Fälle im Bereich des Auswertungsangriffs

EINFÜHRUNG

Ein Kompetenzziel im Modul HS 1.2.1 liegt darin, dass die Studierenden in der Lage sind,

- kriminalistische Maßnahmen des objektiven und subjektiven Befundes zu beurteilen und Lösungskonzepte für den Auswertungsangriff zu entwickeln.

Dazu passend ist der Lehr-/Lerninhalt

- Maßnahmen des Auswertungsangriffs gem. PDV 100

in der Modulbeschreibung des Studiengangs Polizei vermerkt.[15]

Nach den ergänzenden Hinweisen sind die Studierenden in die Lage zu versetzen, die kriminalistischen Maßnahmen des objektiven und subjektiven Befundes zu beurteilen und Lösungskonzepte für den Auswertungsangriff zu entwickeln. Die Lernzielstufe ist mit „LZ 4" festgelegt und ist damit die höchste der an der Hochschule für Polizei und öffentliche Verwaltung NRW angewendeten Lernzielstufen.

Für die Vermittlung der vorgesehenen Inhalte sind fünf LVS im Präsenzstudium und sechs Stunden Selbststudium vorgesehen.[16]

15 Modulhandbuch Bachelorstudiengang PVD 2016, Ab dem Einstellungsjahrgang 2020, S. 56 f.

16 Ergänzende Hinweise zu den Modulbeschreibungen – HSPV NRW Bachelorstudiengang BA PVD, Stand: 3/2021, S. 117.

FALL 15: Einbruch in eine Lagerhalle

Schwerpunkt: Auswertungsangriff

LAGE

Am Samstag, dem 20.6.2020, um 01.37 Uhr, teilt Herr Wagner über den polizeilichen Notruf Folgendes mit: Er sei Mitarbeiter des privaten Wachdienstes „Sicherheit für alle“ und befinde sich gerade auf seiner Tour durch das Industriegebiet „Weststadt“ und wollte dort die Lagerhalle der Elektronikfirma „Elko“, D-Stadt, Luisenstraße 7, kontrollieren. Dabei sei ihm aufgefallen, dass ein Rolltor aufgeschoben war und vor dem Rolltor ein Hubwagen stand, der eigentlich in der Halle zum Transport von Paletten mit Ware benutzt wird. Er habe die Halle kontrolliert und keine Person mehr angetroffen. Das Rolltor wies in Höhe des Schlosses mehrere Hebelspuren auf und die sonst zur zusätzlichen Sicherung angebrachte Stahlkette liege durchtrennt auf dem Boden.

Auf Nachfrage konnte Herr Wagner noch angeben, dass er die Halle letztmalig am Freitag, gegen 22.45 Uhr, kontrolliert habe. Er kann keine Angaben zur möglichen Beute und zum Transportmittel machen. Das Rolltor der Lagerhalle sei über eine geteerte Einfahrt von der Straße her leicht zu erreichen. Die Zufahrt zur Lagerhalle ist nicht zusätzlich gesichert.

Maßnahmen: Durch die Leitstelle wurde der „Düssel 11/22“ zum Tatort entsandt, der den Auswertungsangriff über die LSt angefordert hat. Die LSt fordert die Kriminalwache auf, ein Team zum Tatort zu entsenden. Sie werden durch den DGL der Kriminalwache gemeinsam mit KOK Raumer mit diesem Auftrag betraut.

Anmerkung zur Lage: Witterung: 12 °C, trocken, wolkenlos

Aufgabe: Begründen Sie die Maßnahmen, die im Rahmen des Auswertungsangriffs, ab dem Eintreffen am Tatort, zu treffen bzw. zu veranlassen sind.

(Gewichtung: 30 %)

LÖSUNGSVORSCHLAG

Hinweis: Im Kreis der Korrektoren und auch bei den Studierenden hat sich auch im Bereich des Auswertungsangriffs eine sinnvolle Lösung in einem Phasenmodell durchgesetzt. Folgende Phasen finden hierbei Berücksichtigung:

- Anlaufphase
  - Einsatzübernahme
  - Übernahmephase
- Aufnahme des subjektiven Befundes
- Aufnahme des objektiven Befundes
- Nachlaufphase

1. Anlaufphase „Übernahmephase"

Hinweis: Der Auswertungsangriff beginnt mit der Einsatzübernahme und gleichzeitig mit der Kenntnisnahme über den vorliegenden Sachverhalt innerhalb der Anlaufphase. Diese Einsatzübernahme erfolgt in der Regel über die LSt oder über den DGL der K-Wache und ist vom Ablauf her mit der Einsatzübernahme im Sicherungsangriff zu vergleichen. Somit sind auch die Maßnahmen bei der Anfahrt die gleichen und werden deshalb regelmäßig in Klausuren im Hauptstudium nicht mehr abgefragt.

Gleichwohl ist wie bei allen Aufgaben immer auf die genaue Fragestellung zu achten.

Deshalb beginnt in den Klausuren hauptsächlich der Auswertungsangriff ab bzw. mit Eintreffen am Tatort. Somit knüpfen die Maßnahmen des Auswertungsangriffs an die Beendigung des Sicherungsangriffs an. Der Sicherungsangriff vor Ort wird mit der Übergabe an den Auswertungsangriff beendet und der Auswertungsangriff beginnt somit mit der entsprechenden Übergabe von den Kräften des Sicherungsangriffs. Somit muss sich der Studierende nun in die Rolle des Auswertungsangriffs begeben.

Die Beamten der K-Wache stellen vor Ort ihren Dienstwagen so ab, dass keine möglichen Spuren vernichtet werden können. Dies beinhaltet die Beachtung der bestehenden Absperrung. Zu den zu beachtenden Spuren zählen im vorliegenden Sachverhalt zB eventuelle Reifenspuren. Das Eintreffen am Tatort melden sie kurz an die Leitstelle, wozu sie auch den Statusgeber mit Status 4 betätigen können. Anschließend haben sie sich einen Überblick über die Situation vor Ort, anwesende Personen und vorhandene und mögliche Spuren zu verschaffen. In diesem Sachverhalt werden Sie auf die Polizeibeamten des „Düssel 11/22" treffen und auf Herrn Wagner vom privaten Wachdienst.

Die Übergabe des Tatortes erfolgt durch eine Tatortbegehung mit dem Leiter des Sicherungsangriffs oder auch mit beiden Kräften des „Düssel 11/22". Hierbei erhalten die Beamten des Auswertungsangriffs Informationen über bereits getroffene Maßnahmen, zB die Absperrung, festgestellte Zeugen, hier mindestens Herrn Wagner, deren Aussagen, bislang getätigte Ermittlungen und Erkenntnisse, hier gegebenenfalls die Ermittlung des Firmeninhabers, über am Tatort vorgenommene Veränderungen. Gleichzeitig teilen die Beamten des Sicherungsangriffs den Beamten des Auswertungsangriffs ihre mögliche Tathypothese mit. Hier könnte sich ein Einbruch so abgespielt haben, dass der oder die unbekannten Täter über die Zufahrt zum Rolltor gelangt sind und dieses mit einem mitgebrachten Hebelwerkzeug aufgehebelt haben. Außerdem wurde die zusätzliche Sicherungskette mit einem Bolzenschneider durchtrennt. Das Rolltor wurde aufgeschoben und der in der Halle befindliche Hubwagen wurde dazu benutzt, Beute aus der Halle zum möglichen Fluchtfahrzeug zu schaffen und dieses zu beladen. Dies lässt vermuten, dass die Täter einen Transporter oder Lkw benutzt haben. Mit dem beladenen Fahrzeug haben sie den Tatort verlassen und den Hubwagen vor der Halle stehen gelassen.

Nach der Übergabe können die Kräfte des Sicherungsangriffs entlassen werden, da eine Aufrechterhaltung der Absperrung der Zufahrt von der Straße aus auch mit dem Zivilfahrzeug der K-Wache möglich ist. Anschließend müssen die Beamten des Auswertungsangriffs prüfen, ob weitere Kräfte benötigt werden und ob Berichtspflichten zu erfüllen sind. Da es sich um einen Firmeneinbruch handelt, ist dies nicht erforderlich. Einer der Hauptbeurteilungspunkte für eine weitere Unterstützung ist die Einschätzung der Aussage von Herrn Wagner und des „Düssel 11/22" hinsichtlich des Aufenthaltes möglicher Täter im Inneren der Firma.

2. Aufnahme des subjektiven Befundes

> **Hinweis:** Die Aufnahme des subjektiven Befundes unterscheidet sich nicht wesentlich von der Aufnahme des subjektiven Befundes im Rahmen des Sicherungsangriffs. An dieser Stelle geht es jedoch eher um die methodische und gründliche Erforschung des Tatbefundes und um die Gewinnung von Anhaltspunkten zur Täterermittlung. Alle subjektiven Ansatzpunkte, die am Tatort möglich erscheinen, sind grundsätzlich umfänglich zu verfolgen. Deshalb zielen die Fragen auch auf diese Bereiche und deshalb sind auch die bereits vom Sicherungsangriff vernommenen Zeugen ergänzend zu befragen.

Im vorliegenden Sachverhalt hält sich noch Herr Wagner, der Mitarbeiter des privaten Wachdienstes, vor Ort auf und steht somit den Kräften des Auswertungsangriffs noch zur Verfügung.

Herr Wagner hat den Einbruch bemerkt und kann Angaben zur Antreffsituation und zu vorangegangenen Kontrollen machen. Er kann somit sachdienliche Hinweise zum Einbruch geben und das Verfahren richtet sich nicht gegen ihn. Er hat somit den Status eines Zeugen. Vor seiner Befragung/Vernehmung werden von Herrn Wagner zunächst die Personalien und seine Erreichbarkeit festgestellt, da dies für die Anzeige und spätere Nachfragen/Ermittlungen wichtig ist. Anschließend wird er als Zeuge gem. § 163 III StPO iVm §§ 52, 55 und 57 StPO belehrt. Die aufgeführten Paragraphen enthalten Hinweise auf das Zeugnisverweigerungsrecht, das Auskunftsverweigerungsrecht und die Ermahnung zur Wahrheitspflicht. Herr Wagner muss nicht aussagen, wenn er dadurch nahe Angehörige oder sich selbst der Gefahr einer Strafverfolgung aussetzen würde. Er ist auf die möglichen Folgen einer nicht wahrheitsgemäßen Aussage in Bezug auf falsche

Verdächtigungen und Vortäuschen einer Straftat hinzuweisen. Es kann davon ausgegangen werden, dass Herr Wagner umfangreich aussagen und keines dieser Rechte für sich in Anspruch nimmt. Durch die Kräfte des Auswertungsangriffs ist vor Ort eine ergänzende Vernehmung erforderlich, um wichtige Informationen zum Tatbefund und zur Täterermittlung zu erhalten. Die Vernehmung baut auf den Fragen der Leitstelle und den Fragen der Kräfte des Sicherungsangriffs auf. Die Informationen dazu wurden bei der Übergabe ausgetauscht.

Hinweis: Da an keiner Stelle dieser Klausur oder der Lösung bisher auf diese Inhalte der Vernehmung eingegangen wurde, bietet es sich an, die Fragen/Inhalte der Vernehmung umfangreich darzustellen, um keine Punkte zu verschenken.

a) Folgende Fragen werden Herrn Wagner gestellt:

- Wie ist der normale Ablauf ihrer Kontrolltätigkeit an diesem Objekt?
- Wie ist der interne Meldeweg, wenn etwas Verdächtiges auftritt?
- Wann sind Sie genau am Tatort eingetroffen?
- Wo haben Sie Ihr Fahrzeug abgestellt?
- Wie war genau Ihr Anfahrtsweg?
- Haben Sie auf Ihrer Anfahrt etwas Verdächtiges bemerkt?
- Was ist Ihnen bei der Ankunft aufgefallen?
- Haben Sie den Hubwagen angefasst, sich reingesetzt oder sonst Veränderungen daran vorgenommen?
- Was genau ist Ihnen am Rolltor und am Schloss aufgefallen?
- Haben Sie die Kette angefasst oder ihre Lage verändert?
- Wie und auf welchem Weg haben Sie die Halle durchsucht?
- Haben Sie dort etwas angefasst oder Veränderungen vorgenommen?
- Können Sie etwas zur möglichen Beute sagen?
- Gibt es Aufzeichnungen über die Kontrollen?
- Wann wurde die letzte Kontrolle durchgeführt?
- Haben Sie dabei etwas bemerkt?
- Wer ist der Firmenverantwortliche?
- Wie können wir diesen erreichen?
- Haben Sie einen Verantwortlichen der Firma oder Ihrer eigenen Firma bereits über den Einbruch informiert?
- Wer kümmert sich um die Sicherung der Lagerhalle nach der Tatortarbeit?

Sollten sich aus der Vernehmung fahndungsrelevante Informationen ergeben, so sind diese der Leitstelle im Rahmen einer Lagemeldung mitzuteilen.

Durch die Antworten des Herrn Wagner ist es möglich, den Geschädigten zu kontaktieren. Beim Firmenverantwortlichen handelt es sich um einen wichtigen Zeugen, da er Angaben zur Beute, zur Versicherung, zu Mitarbeitern der Firma, Lieferanten und sonstigen Informationen zum firmeninternen Ablauf machen kann und sich das Verfahren nicht gegen ihn richtet.

Die Beamten des Auswertungsangriffs nehmen telefonischen Kontakt zu dem Firmeninhaber auf und stellen auch bei diesem zunächst die Personalien und dessen Erreichbarkeit fest (Rechtsgrundlage und Begründung s. Herr Wagner). Anschließend wird er wie Herr Wagner als Zeuge belehrt.

b) Die Fragen an ihn lauten:

- Wer schließt die Firma nach Feierabend ab?
- Wann war dies am Freitag?
- Wer verfügt über Schlüssel zur Lagerhalle?
- Seit wann beschäftigen Sie den privaten Wachdienst?
- Gibt es im Inneren oder im Außenbereich zusätzliche Überwachungstechnik?
- Welche Gegenstände lagern in der Halle?
- Welchen Wert haben die Gegenstände?
- Worauf könnten es die Einbrecher abgesehen haben?
- Haben Sie die Möglichkeit zur Lagerhalle zu kommen, um die Beute zu bezeichnen?
- Welche anderen Zeugen könnte es im Umfeld zu dieser Tatzeit noch geben bzw. wer könnte darüber am besten Auskunft geben?
- Bei welcher Versicherungsgesellschaft sind Sie versichert?
- Gibt es Probleme mit dem Personal; wurde zB in letzter Zeit jemand entlassen oder gab es Streit mit Personen?
- Können Sie sich vorstellen, wer den Einbruch verübt hat?
- Sind Ihnen oder Ihren Mitarbeitern im Vorfeld verdächtige Umstände oder verdächtige Personen aufgefallen?

Nach diesen Vernehmungen sind weitere Zeugen zu suchen und zum Sachverhalt zu vernehmen. Hierzu sind auch die Erkenntnisse des Sicherungsangriffs einzubeziehen. Die Kräfte des Sicherungsangriffs haben im subjektiven Befund vergleichbare Aufgaben und liefern grundsätzlich eine Basis für vertiefende und ergänzende Zeugenbefragungen. Laut Sachverhalt handelt es sich um ein Industriegebiet und die Tat ereignete sich gegen 01.30 Uhr. Zeugen könnten somit nur Spaziergänger oder Mitarbeiter anderer Firmen sein, die zB im Schichtdienst arbeiten. Sollten potenzielle Zeugen gefunden werden, so sind von diesen die Personalien und die Erreichbarkeit festzustellen und sie sind als Zeugen zu belehren. Dies wurde bereits bei Herrn Wagner ausgeführt.

Die möglichen Fragen beziehen sich dann insbesondere auf

- die mögliche Annäherung der Täter an den Tatort,
- das verwendete Fluchtfahrzeug,
- die Anzahl der Täter,
- die genaue Täterbeschreibung: Geschlecht, Kleidung, Größe, Statur, Alter, Besonderheiten, mitgeführte Gegenstände, Sprache,
- die Tathandlung,
- die Dauer der Tat,
- die Tatbeute, soweit ein „Transportgut" zu erkennen war,
- die Fluchtrichtung.

Sollten sich aus der Vernehmung fahndungsrelevante Informationen ergeben, so sind diese der Leitstelle im Rahmen einer Lagemeldung mitzuteilen.

3. Aufnahme des objektiven Befundes:

Hinweis: Die Spurensuche und -sicherung haben bei der Aufnahme des objektiven Befundes Hand in Hand zu erfolgen und es ist nach dem Prinzip: „Auge - Kamera - Hand" vorzugehen. Dies bedeutet, dass zunächst die Spuren gesucht werden, dann fotografiert und zum Schluss gesichert werden.

Zunächst erfolgt eine systematische Spurensuche. Sollten die Beamten des Sicherungsangriffs einen Trampelpfad angelegt haben, so kann dieser benutzt werden. Alle gefundenen Spuren bzw. Spurenträger müssen vor einer möglichen Sicherung gekennzeichnet werden. Hierzu können Spurentafeln verwandt werden. Im vorliegenden Sachverhalt könnte diese Suche zum Auffinden folgender Spuren führen:

- Von den Tätern benutzter Hubwagen
- Hebelspuren am Schloss des Rolltores
- Durchtrennte Sicherungskette
- Mögliche Fingerspuren und DNA-Spuren am Griff des Rolltores durch das Aufziehen
- Schuhabdruckspuren vor der Firma und in der Lagerhalle
- Mögliche Reifenspuren auf der Zufahrt zur Firma und dem möglichen Standort des Fluchtfahrzeuges

Über mögliche weitere Spuren in der Lagerhalle kann keine Aussage getroffen werden, da die Angaben im Sachverhalt dazu nicht ausreichen. Zumindest können die Stellen sichtbar sein, wo vorher die Beute gelagert war. Hierbei dürfte es sich um Situationsspuren handeln.

Als nächster Schritt erfolgt die fotografische Dokumentation der Tatörtlichkeit und aller aufgefundener Spuren. Hierzu werden Übersichts- und Detailaufnahmen nach Anlegen eines Maßstabes gefertigt. Anschließend erfolgt die Beschreibung der Tatörtlichkeit und der aufgefundenen Spuren mit Unterstützung einer eigenen Skizze, in die die Maße der Vermessung eingetragen werden.

Nun erfolgt die Sicherung der beschriebenen Spuren.

Hinweis:

1. Die endgültige Sicherung der Spuren richtet sich jeweils nach der Spurenart, dem Spurenträger, dem Zustand der Spuren und nach den Umständen des Einzelfalls. Die zu beschreibende Sicherung muss sich auf jede genannte Spur beziehen.

2. Wenn die Möglichkeit besteht, sollten Spurenträger im Original sichergestellt werden, um eine Spurensicherung unter Laborbedingungen durch die Fachdienststelle zu ermöglichen. Bei dieser Art der Sicherung handelt es sich rechtlich um eine Sicherstellung/Beschlagnahme und muss deshalb auch rechtlich in der Lösung begründet werden. Zusätzlich muss eine Begründung dieser Maßnahme erfolgen.

Mit hoher Wahrscheinlichkeit wurde der Hubwagen von den Tätern zum Transport der Beute aus der Lagerhalle zum Fluchtfahrzeug benutzt. Hierbei könnte der Benutzer am Griff und den Steuerelementen des Hubwagens Fingerspuren und Epithelzellen hinterlassen haben. Da die Wetterbedingungen trocken sind, bestand auch keine Gefahr für diese Spuren nach der Tatausführung. Grundsätzlich könnte der Hubwagen im Original sichergestellt werden, um ihn durch die KTU unter Laborbedingungen untersuchen zu lassen. Dies würde jedoch bedeuten, dass der Hubwagen mit einem Transportfahrzeug abgeholt werden muss und somit der Firma nicht zur Verfügung steht. Da die Sicherung von Fingerspuren und DNA-Spuren hier auch vor Ort erfolgen kann, werden die Spuren im vorliegenden Sachverhalt vor Ort gesichert.

Die möglichen Fingerspuren müssen zunächst mittels eines Kontrastmittels sichtbar gemacht werden. Anschließend werden sie mithilfe von Spurensicherungsfolie vom Trägermaterial abgenommen. Die Spurensicherungsfolie wird anschließend auf eine vorher beschriftete Spurenkarte geklebt. Die Beschriftung enthält die genaue Lage der Fingerspur, den Ort, den Namen des sicherstellenden Beamten und die Falldaten.

Die Sicherung der möglichen DNA-Spur erfolgt mittels Abrieb der möglichen Stellen unter Verwendung einer sterilen Bakteriette, deren Aufnahmebehälter vorher entsprechend beschriftet wurde.

Die festgestellten Hebelspuren werden anhand von Abformmasse gesichert. Die ausgehärtete Masse wird durch eine Spurenkarte ergänzt und zusammen asserviert.

Die durchtrennte Sicherungskette ist Spurenträger, da die Beschädigung vermutlich mit einem Bolzenschneider durchgeführt wurde. Die Schnittfläche lässt Rückschlüsse auf das verwendete Werkzeug zu und kann mit der Werkzeugspurensammlung des LKA NRW verglichen werden. Ferner ist ein Vergleich mit einem gegebenenfalls später sichergestellten potenziellen Tatwerkzeug möglich. Die Sicherstellung erfolgt nach §§ 94, 98 StPO als Spurenträger in einer Papiertüte, die vorher wie die Spurenkarte beschriftet wird.

Sollten bei der Spurensuche Reifenabdruckspuren oder Schuhabdruckspuren gefunden werden, so sind diese mittels Gelfolie zu sichern und mit Spurensicherungskarten zu asservieren.

Abschließend muss noch der vermutliche Annäherungs- und Fluchtweg nach weiteren Spuren abgesucht werden. Die gefundenen Spuren sind entsprechend der oben beschriebenen Systematik zu sichern.

4. Nachlaufphase

Der Tatort wird nach Beendigung aller möglichen Maßnahmen vor Ort an Herrn Wagner zur weiteren Eigentumssicherung übergeben. Der Abschluss der Maßnahmen wird der Leitstelle im Rahmen einer Abschlussmeldung mitgeteilt.

Auf der Kriminalwache sind die erforderlichen schriftlichen Arbeiten zu fertigen. Hierzu gehören:

- Tatortbefundbericht
  - mit Feststellungen zum Eintreffen am Tatort, Beschreibung des Tatortes, des Tatobjektes, der Spurensuche und der Spurensicherung (objektiver Befund)

  - mit der Darstellung von Tathergang, Tatumständen aufgrund der Zeugenaussagen (Ergebnis der Aufnahme des subjektiven und objektiven Tatortbefundes)
  - mit eigenen kriminalistischen Schlussfolgerungen
  - mit den getroffenen Maßnahmen
- Anfertigen einer Tatortskizze
- Spurensicherungsbericht
- Bildbericht mit Hochladen der Bilder auf dem Server
- Asservierung der sichergestellten Sicherungskette (NW 10)
- Asservierung der sonstigen gesicherten Spuren
- Berichte über die Zeugenbefragungen

Hinweis: Im Rahmen der Nachlaufphase muss der Tatortbefundbericht nicht detaillierter beschrieben werden, wie es in den Lösungsbemerkungen aufgeführt ist. Sollte jedoch die Fragestellung dies ausdrücklich fordern, so müssen die einzelnen Gliederungspunkte ausführlicher beschrieben werden.

FALL 16: Wohnungseinbruchsdiebstahl mit Fluchtsicherung

Schwerpunkt: Auswertungsangriff

LAGE

Allgemeine Lage: Sie sind seit drei Jahren Angehöriger der Direktion – K – des Polizeipräsidiums Düsseldorf und versehen Ihren Dienst auf der Kriminalwache. Heute versehen Sie Spätdienst.

In den letzten zwei Wochen kam es zu einer auffälligen Häufung von Wohnungseinbrüchen mit besonderem Modus Operandi im westlichen Stadtgebiet, rund um den Belsenplatz in Oberkassel. Bislang sind elf einschlägige Taten dieser Serie zuzuordnen. Der oder die unbekannten Täter brechen dabei stets zwischen 19.00 und 21.00 Uhr in Ein- oder Zweifamilienhäuser ein. Hierbei werden rückwärtige Fenster oder Terrassentüren aufgehebelt und die Flucht wird durch Einführen von Holzzahnstochern in das Schloss der Haustür gesichert.

Entwendet werden ausschließlich Bargeld und Schmuck.

Besondere Lage: Gegen 19.45 Uhr teilt Ihnen die Leitstelle mit, dass soeben ein Wohnungseinbruch im westlichen Stadtgebiet in das Einfamilienhaus Belsenstraße 7 (zweigt vom Belsenplatz ab) durch die Geschädigten gemeldet wurde. Die Funkstreifenwagenbesatzung „Düssel 13/31" befindet sich auf dem Weg zum Einsatzort.

Gegen 19.55 Uhr treffen Sie vor Ort in einem ruhigen Wohngebiet ein. Dort treffen Sie auf die Eheleute Elfriede und Helmut Becker, sowie die FustKW-Besatzung „Düssel 13/31" an.

Bei der ersten Inaugenscheinnahme des Tatortes werden an der Terrassentüre mehrere, ca. 12–14 mm breite Hebelmarken rund um den Schließmechanismus festgestellt. Das Schloss der Hauseingangstür war von außen mit abgebrochenen Holzzahnstochern verstopft, sodass kein Schlüssel eingeführt werden konnte.

Die im Erdgeschoss befindlichen Räume wurden grob durchsucht. Auf dem Laminatfußboden des Wohnzimmers sind deutliche, erdverschmierte Schuhabdrücke zu erkennen. Auf dem Couchtisch steht eine aufgebrochene Stahlkassette, an der auch Blutverkrustungen festgestellt werden können. Die Badezimmertür steht offen und nach Angaben der Eigentümer fehlt ein Handtuch, welches an einem Haken neben der Tür hing. Auf dem Boden unter dem Haken sind Bluttropfen erkennbar.

Aus der Stahlkassette fehlen nach Angaben der Eigentümer 2.300 EUR, eine Perlenkette mit 70 Perlen und einem mit Diamanten besetzten Verschluss im Wert von ca. 2.500 EUR und eine Herrenuhr Marke Rado Chronograph Hyperchrome im Wert von 4.500 EUR.

Bemerkungen zur Lage: Witterung: 14 °C, trocken, wolkenlos

Erreichbarkeit der Justiz: Bis 23.00 Uhr telefonischer Bereitschaftsdienst von Staatsanwaltschaft und Gericht

Aufgabe: Begründen Sie die Maßnahmen, die im Rahmen des Auswertungsangriffs ab Eintreffen nach der Übergabe des Tatortes durch den „Düssel 13/31" am Tatort zu treffen bzw. zu veranlassen sind.

(Gewichtung: 30 %)

LÖSUNGSVORSCHLAG

> **Hinweis:** Auf die Übernahmephase ist laut Aufgabenstellung nicht einzugehen. Deshalb beginnt die schriftliche Darlegung der Antwort mit der Aufnahme des subjektiven und objektiven Befundes.

1. Aufnahme des subjektiven Befundes

Im vorliegenden Sachverhalt treffen die Kräfte des Auswertungsangriffs auf das Eigentümerpaar Becker, die auch der Leitstelle den Einbruch telefonisch gemeldet haben. Als Geschädigte des Einbruchs und auch als „Erstfeststeller" können beide Personen sachdienliche Hinweise zum Sachverhalt machen, ohne dass sich das Ermittlungs-/Strafverfahren gegen diese Personen richtet. Beide Personen sind somit Zeugen. Von beiden Personen werden vor einer Befragung/Vernehmung zunächst die Personalien und die Erreichbarkeiten festgestellt, da dies für die Anzeige und spätere Nachfragen/Ermittlungen wichtig ist. Die Rechtsgrundlage ergibt sich dabei aus § 163b StPO.

Anschließend werden beide Personen als Zeugen gem. § 163 III StPO iVm §§ 52, 55 und 57 StPO belehrt. Die aufgeführten Paragraphen enthalten Hinweise auf das Zeugnisverweigerungsrecht, das Auskunftsverweigerungsrecht und die Ermahnung zur Wahrheitspflicht. Das Ehepaar muss also nicht aussagen, wenn sie dadurch nahe Angehörige oder sich selbst der Gefahr einer Strafverfolgung aussetzen würden. Sie sind auf die möglichen Folgen einer nicht wahrheitsgemäßen Aussage in Bezug auf falsche Verdächtigungen und Vortäuschen einer Straftat hinzuweisen. Es kann hier davon ausgegangen werden, dass das Ehepaar umfangreich aussagen möchte und keines dieser Rechte für sich in Anspruch nimmt. Das Ehepaar Becker hat den Einbruch gemeldet. Vor der Vernehmung ist es wichtig, dass die beiden Personen getrennt werden und unabhängig voneinander zum Sachverhalt befragt werden. Eine solche Trennung ist vorzunehmen, um eine gegenseitige Beeinflussung zu verhindern.

Die Vernehmung vor Ort durch die Kräfte des Auswertungsangriffs dient in erster Linie dazu, wichtige Informationen zum Tatbefund und zur Täterermittlung zu erhalten. Die Vernehmung der beiden Personen geschieht zwar getrennt voneinander, die Fragen sind jedoch gleich.

a) Folgende Fragen werden gestellt:

- Wann sind Sie genau an Ihrem Wohnort/Tatort eingetroffen?
- Wann haben Sie den Wohnort/Tatort verlassen?
- Wo waren Sie in der Zwischenzeit?
- Waren Sie immer mit Ihrer Frau/Ihrem Mann zusammen?
- Wer wusste von Ihrer Abwesenheit?
- Wie haben Sie die Haustür abgeschlossen und wie Ihr Haus abgesichert?
- Sind Ihnen bei der Anfahrt/Annäherung zum Haus besondere Umstände oder verdächtige Personen aufgefallen?
- Wo haben Sie Ihr Fahrzeug abgestellt?
- Wie haben Sie sich dem Haus genähert?

- Was haben Sie getan, als Sie feststellten, dass das Schloss blockiert ist?
- Haben Sie etwas am Schloss angefasst oder verändert?
- Haben Sie die Blockade beseitigt? Wo sind die möglichen Gegenstände/Zahnstocher jetzt?
- Was haben Sie dann gemacht?
- Wie haben Sie den Einbruch bemerkt?
- Haben Sie Personen an oder hinter dem Haus bemerkt?
- Haben Sie etwas im Haus oder am Haus gehört oder gesehen, als Sie zurückkehrten?
- Wann haben Sie die Polizei angerufen?
- Was haben Sie nach der Entdeckung der Tat gemacht?
- Haben Sie etwas angefasst oder verändert?
- Stammen die Schuhabdrücke von Ihnen?
- Wo stand die Stahlkassette?
- Welche Gegenstände haben sich darin befunden?
- Haben Sie noch Unterlagen, Kaufbelege Bilder oder Ähnliches von den Beutestücken?
- Können Sie das entwendete Handtuch beschreiben, zB: Hersteller, Farbe, Größe, Material, Besonderheiten?
- Wurde sonst etwas entwendet?
- Verwahren Sie an anderen Stellen noch Bargeld oder Schmuck auf?
- Sind Sie gegen Einbruch versichert? Welche Versicherungsgesellschaft betreut Sie?
- Haben Sie in den letzten Tagen verdächtige Beobachtungen gemacht?
- Hat es mögliche Ausforschungen gegeben?
- ...

Sollten sich aus der Vernehmung fahndungsrelevante Informationen ergeben, so sind diese der Leitstelle im Rahmen einer Lagemeldung mitzuteilen.

Nach Abschluss der Maßnahmen im Tatobjekt ist im Rahmen der weiteren Tatortbefundaufnahme eine Nachbarschaftsbefragung durchzuführen, um weitere Erkenntnisse über die Tat und mögliche Täter zu erlangen.

Sollten Personen ausfindig gemacht werden können, die sachdienliche Hinweise geben können, so handelt es sich auch bei diesen Personen um Zeugen im vorliegenden Verfahren. Deshalb sind auch hier die Personalien/Erreichbarkeiten festzustellen und sie sind, wie das Ehepaar Becker, zu belehren. Die Fragen zielen in diesen Fällen darauf, Informationen über die Annäherungs- und Fluchtphase der Täter zu erlangen.

b) Folgende Fragen können gestellt werden:

- Haben Sie gesehen/bemerkt, wann die Familie Becker das Haus verlassen hat?
- Sind Ihnen im Zusammenhang damit Personen oder Fahrzeuge aufgefallen, die Sie nicht kennen oder die sich verdächtig verhalten haben?
- Haben Sie laute/verdächtige Geräusche gehört?
- Wann war das?
- Haben Sie Personen im unmittelbaren oder rückwärtigen Bereich des Hauses der Familie Becker beobachtet?

- Können Sie die Personen beschreiben?
- Haben Sie ein mögliches Fluchtfahrzeug wahrgenommen?
- Ist Ihnen im Vorfeld des Einbruches allgemein bereits etwas Verdächtiges aufgefallen?
- ...

Sollten sich aus der Vernehmung fahndungsrelevante Informationen ergeben, so sind diese der Leitstelle im Rahmen einer Lagemeldung mitzuteilen.

2. Aufnahme des objektiven Befundes

Zunächst erfolgt eine systematische Spurensuche. Sollten die Beamten des Sicherungsangriffs einen Trampelpfad angelegt haben, so kann dieser benutzt werden. Alle gefundenen Spuren müssen vor einer möglichen Sicherung gekennzeichnet werden. Hierzu können Spurentafeln verwendet werden. Im vorliegenden Sachverhalt könnte diese Suche zum Auffinden folgender vorhandenen und zu erwartenden Spuren führen:

- Hebelspuren an der Terrassentür
- Fingerabdrücke an der Terrassentür
- Fingerspuren an der Eingangstür außen, im Bereich des Schlosses
- Schuhabdruckspuren auf dem Laminatfußboden
- Hebelspuren an der Stahlkassette
- Fingerspuren an der Stahlkassette
- DNA-Spuren/Blut an der Stahlkassette
- Blutspuren auf dem Boden des Badezimmers
- Zurückgelassene Zahnstocher

Über mögliche weitere Spuren ist im Sachverhalt nichts ausgesagt. Die intensive Spurensuche wird hauptsächlich im Bereich der Räume stattfinden, die der oder die Täter betreten haben und auch aktiv waren. Bisher sind dies nur die Eingangstür, das Wohnzimmer und das Badezimmer.

Als nächster Schritt erfolgt die fotografische Dokumentation der Tatörtlichkeit und aller aufgefundener Spuren. Hierzu werden nach Anlegen eines Maßstabes Übersichts- und Detailaufnahmen gefertigt. Anschließend erfolgt die Beschreibung der Tatörtlichkeit und der aufgefundenen Spuren mit Unterstützung einer maßstabsgerechten Skizze, in die die Feststellungen eingetragen werden.

Nun erfolgt die Sicherung der beschriebenen Spuren.

> **Hinweis:** Die endgültige Sicherung der Spuren richtet sich jeweils nach der Spurenart, dem Spurenträger, dem Zustand der Spuren und nach den Umständen des Einzelfalls. Die zu beschreibende Sicherung muss sich auf jede genannte Spur beziehen.

Die Hebelspuren an der Terrassentür sind mit Zweikomponentenabformmasse abzuformen und anschließend nach der Austrocknung zu sichern. Die Abformmasse ist in einer vorher mit den Daten des Tatortes, des Sicherungsortes und mit dem Namen des sichernden Polizeibeamten zu beschriftenden Papiertüte zu verpacken.

An der Terrassentür, dem Schlossbereich der Eingangstür und weiteren nicht transportablen Gegenständen wird mittels Kontrastmittel nach daktyloskopischen Spuren gesucht. Nach Kontrastierung der Fingerspuren können diese wie beschrieben fotografisch gesichert werden. Dann werden diese mittels Spurensicherungsfolie abgezogen und auf zuvor beschrifteten Spurenkarten aufgebracht. Auf den Karten ist sowohl der Spurensicherungsort als auch die konkrete Fundposition und Lage der Spur sowie der sichernde Beamte zu vermerken.

Die Schuhabdruckspuren auf dem Laminatfußboden sind mittels Gel-Folie abzuziehen und zweifelsfrei zu beschriften.

Die aufgefundene Stahlkassette wurde vermutlich von einem Täter mit einem noch unbekannten Hebelwerkzeug aufgehebelt und anschließend wurde die im Sachverhalt aufgeführte Beute entnommen. Vermutlich hat sich der Täter bei seiner Tätigkeit verletzt, da Blutverkrustungen an der Kassette festgestellt wurden. Die genannten Spuren können unter Laborbedingungen in der KTU-Stelle besser gesichert werden. Aus diesem Grund ist die Stahlkassette im Original, in einer vorher beschrifteten Papiertüte, sicherzustellen.

Die Blutspuren im Badezimmer auf dem Boden dürften mittlerweile auch getrocknet sein. Deshalb müssen sie mit einer mit destilliertem Wasser angefeuchteten Bakteriette verflüssigt werden, um sie anschließend mit einer Bakteriette aufnehmen zu können. Die Verschlusskappe der Bakteriette ist vorher, wie bereits mehrfach beschrieben, zu beschriften.

Die am Tatort zurückgelassenen Zahnstocher oder Zahnstocher-Teile könnten auch Spurenträger von DNA-Spuren sein. Deshalb müssen sie nach §§ 94, 94 StPO als Beweismittel und Spurenträger sichergestellt werden, um sie später in der KTU untersuchen zu können. Dazu müssen sie einzeln in kleine Pergamin-Tüten verpackt werden.

Abschließend muss noch der vermutliche Annäherungs- und Fluchtweg nach weiteren Spuren oder eventuell verlorenen oder weggeworfenen Beutestücken/Tatmitteln abgesucht werden. Die gefundenen Spuren sind entsprechend der oben beschriebenen Systematik zunächst fotografisch zu sichern. Im vorliegenden Sachverhalt könnten dabei **Schuheindruckspuren** gefunden werden, da auch im Haus erdverschmierte Schuhspuren gefunden wurden, die den Schluss zulassen, dass der Spurenverursacher bei seiner Annäherung zum Haus in erdähnliches Material getreten ist.

Die Schuheindruckspuren im rückwärtigen Teil des Gartens werden mit Dentalgips ausgegossen. Die entsprechenden Abdrücke werden nach Trocknung entnommen und entsprechend beschriftet.

3. Nachlaufphase

Der Tatort wird nach Beendigung der Maßnahmen vor Ort freigegeben und an Familie Becker zur weiteren Eigentumssicherung übergeben. Der Abschluss der Maßnahmen wird der Leitstelle im Rahmen einer Abschlussmeldung mitgeteilt.

Auf der Kriminalwache sind die erforderlichen schriftlichen Arbeiten zu fertigen. Hierzu gehören:

- Tatortbefundbericht
  - mit Feststellungen zum Eintreffen am Tatort, Beschreibung des Tatortes, des Tatobjektes, der Spurensuche und der Spurensicherung (objektiver Befund)
  - mit der Darstellung von Tathergang, Tatumständen aufgrund der Zeugenaussagen (Ergebnis der Aufnahme des subjektiven und objektiven Tatortbefundes)
  - mit eigenen kriminalistischen Schlussfolgerungen
  - mit den getroffenen Maßnahmen
- Anfertigen einer Tatortskizze
- Spurensicherungsbericht
- Bildbericht mit Hochladen der Bilder auf dem Server
- Asservierung der sichergestellten Stahlkassette und der Zahnstocher (NW 10)
- Asservierung der sonstigen gesicherten Spuren
- Berichte über die Zeugenbefragungen

Außerdem ist die gestohlene Herrenarmbanduhr Rado in der Sachfahndung in ViVA auszuschreiben, wenn Herr oder Frau Becker anhand ihrer Unterlagen oder dem Rechnungsbeleg die Individualnummer feststellen konnte.

B. Fälle im Bereich der Vernehmung

EINFÜHRUNG

Ein Kompetenzziel im Modul HS 1.2.1 liegt darin, dass die Studierenden in der Lage sind,

- den Status von (Opfer-)Zeugen und Beschuldigten zu differenzieren
- Grundsätze der strukturierten Beschuldigten- und Zeugenvernehmungen unter besonderer Berücksichtigung möglicher Beweis- und Beweisverwertungsverbote sowie bestehender Opferrechte zu beurteilen
- die Rolle des Polizeibeamten im Strafverfahren einzuordnen.

Hierzu sind folgende Lehr-/Lerninhalte festgeschrieben:

- Belehrungspflichten bei Zeugen, Tatverdächtigen und Beschuldigten, Beweisverwertungsverbote, Opferrechte
- Vorbereitung, Durchführung und Dokumentation polizeilicher Vernehmungen[17]

Nach den ergänzenden Hinweisen sind die Studierenden in die Lage,

- den Status von (Opfer-)Zeugen und Beschuldigten zu differenzieren (LZ 4)
- Grundsätze der strukturierten Beschuldigten- und Zeugenvernehmung unter besonderer Berücksichtigung möglicher Beweis- und Beweisverwertungsverbote sowie bestehender Opferrechte zu beurteilen (LZ 4)
- die Rolle des Polizeibeamten im Strafverfahren einzuordnen (LZ 2)

Für die fachliche Vermittlung dieser Inhalte sind 20 LVS im Präsenzstudium und 20 Stunden Selbststudium vorgesehen.[18] Somit stellt der Bereich der „Vernehmung“ den zeitlichen und fachlichen Schwerpunkt im Teilmodul HS 1.2.1 dar.

17 Modulhandbuch Bachelorstudiengang PVD 2016, Ab dem Einstellungsjahrgang 2020, S. 56 f.

18 Ergänzende Hinweise zu den Modulbeschreibungen – HSPV NRW Bachelorstudiengang BA PVD, Stand: 3/2021, S. 118.

FALL 17: Handtaschenraub nach Besuch eines Jugendzentrums

Schwerpunkt: Vernehmung

Allgemeine Lage: Aufgrund der Kriminalität durch Jugendliche hat die Kreispolizeibehörde D-Stadt das bestehende Konzept zur Bekämpfung von jugendlichen Intensivtätern erweitert. In dieser Erweiterung geht es um eine frühzeitige Abschreckung durch eine konsequente Strafverfolgung und die Erhöhung des Entdeckungsrisikos. Hierzu zählen auch Präsenzstreifen an Orten, die von der Zielgruppe bevorzugt aufgesucht werden.

Besondere Lage: Nach erfolgreichem Abschluss des Bachelorstudienganges versehen Sie als PKin/PK Wachdienst in der Polizeiinspektion Nord, Polizeiwache Mörsenbroich, des PP D-Stadt. Am heutigen Tag haben Sie Nachtdienst (Nacht von Freitag auf Samstag) und nehmen als Fußstreife mit Ihrem Kollegen POK Bogen einen Nahstreifenauftrag Ihres DGL im Bereich der Derfflinger Straße wahr. Die Straße wird von Jugendlichen genutzt, die vom und zum nahegelegenen Jugendzentrum zu Fuß unterwegs sind. Am letzten Wochenende, gegen Mitternacht, haben zwei Raubüberfälle auf weibliche Jugendliche stattgefunden, die nach Abendveranstaltungen auf dem Heimweg waren. In beiden Fällen wurden den Opfern von zwei südländisch aussehenden jungen Männern die Tasche mit Geldbörse und Handy weggenommen.

Als Sie gegen 23:25 Uhr von der Derfflinger Straße nach rechts in die Selbecker Straße einbiegen, sehen sie auf dem Gehweg eine junge Frau, die gerade von zwei Männern umringt und bedrängt wird. Von einem der Männer erhält die Frau einen Faustschlag ins Gesicht, fällt hin und beide dunkel gekleideten Männer flüchten im Laufschritt in die angrenzende Parkanlage, bevor Sie eingreifen können. Bei Ihrem Eintreffen blutet die Frau stark aus der Nase, die vermutlich gebrochen ist. Die Frau kann auf ihre sofortige Nachfrage, nach zeugenschaftlicher Belehrung, angeben, dass die beiden Männer ihr ihren Stoffbeutel mit Smartphone und Schlüsselbund entrissen haben. Einer der Männer trug ein auffälliges T-Shirt mit einem Löwenkopf auf der Brust. Weitere Angaben konnte sie aufgrund ihrer Verletzung und ihrer emotionalen Erregung nicht tätigen.

Bei dem Opfer handelt es sich um die 16-jährige Carmen Holbein, die nach einer Comedy-Veranstaltung auf dem Weg zu Ihrer Wohnanschrift, Arcadiastraße 5, Düsseldorf-Rath, war. Die Wohnung bewohnt sie gemeinsam mit ihrer Mutter.

Das Opfer wird, nach kurzer Behandlung vor Ort, durch einen Krankenwagen ins nahegelegene evangelische Krankenhaus transportiert.

Sie erhalten den Folgeauftrag, das Krankenhaus aufzusuchen, um die Vernehmung des Opfers durchzuführen.

Aufgabe: Analysieren Sie den Ablauf ihrer geplanten Vernehmung der Carmen Holbein im Krankenhaus unter Berücksichtigung der rechtlichen und kriminaltaktischen Aspekte.

(Gewichtung 20 %)

LÖSUNGSVORSCHLAG

Hinweis: Die Frage zielt darauf ab, dass die Studierenden den genauen Ablauf der Vernehmung des Opfers chronologisch und fachlich fundiert schildern.

Die Schwierigkeit liegt auch darin, dass die Vernehmung nicht in einem Vernehmungsraum der Polizeidienststelle, sondern in einem Krankenhaus stattfindet. Auf die damit verbundenen Schwierigkeiten muss in der Lösung eingegangen werden.

Außerdem muss erkannt werden, dass es sich beim Opfer um eine Minderjährige handelt und somit die Erziehungsberechtigten ein Anwesenheitsrecht haben.

Beim Eintreffen im Krankenhaus sollten die Beamten zunächst Rücksprache mit dem behandelnden Arzt nehmen. Dieses Gespräch zielt darauf ab, festzustellen, ob das Opfer vernehmungsfähig ist oder die Vernehmung zu einem späteren Zeitpunkt durchzuführen ist. Weiterhin sollte festgestellt werden, ob Frau Holbein Medikamente bekommen hat, die möglicherweise ihre Willensentscheidung und -bildung beeinträchtigen. Dies ist deshalb wichtig, weil Frau Holbein durch mindestens einen der beiden Täter im Gesicht verletzt wurde und somit vielleicht Schmerzmittel verabreicht bekommen hat. Erst wenn die Vernehmungsfähigkeit bescheinigt wird, kann die Vernehmung durchgeführt werden.

Parallel dazu ist Kontakt zur Mutter, der Erziehungsberechtigten von Frau Holbein, aufzunehmen, da bei der Vernehmung von Minderjährigen die Erziehungsberechtigten nach § 67 JGG ein Anwesenheitsrecht haben. Diese Kontaktaufnahme sollte telefonisch erfolgen. Der Mutter sollte der Grund des Anrufs mitgeteilt werden und ihr sollte Gelegenheit gegeben werden, zum Krankenhaus zu kommen.

Als nächstes ist zu klären, auf welcher Station und auf welchem Zimmer Frau Holbein untergebracht wurde. Für eine Vernehmung ist es erforderlich, dass diese in einem Zimmer durchgeführt werden kann, in dem Frau Holbein alleine liegt. Außerdem sollte versucht werden, Störungen während der Vernehmung zu vermeiden. Sollte Frau Holbein nicht in einem Einzelzimmer liegen, so ist auf eine Verlegung oder eine Verlegung der anderen Zimmerbewohner hinzuwirken. Wenn diese Voraussetzungen geschaffen sind, nehmen die Beamten Kontakt zum Opfer auf. Hierbei ist die mögliche psychische Belastung des Opfers zu beachten. Aufgrund dieser Ausnahmesituation sollte sich die Vernehmung unmittelbar nach dem Tatgeschehen auf grundsätzliche Angaben zum Tatgeschehen, zur Beute und zu den Tätern beschränken. Eine ausführliche Vernehmung kann später nachgeholt werden. Auf eine sofortige Vernehmung kann jedoch nicht verzichtet werden, da das Tatgeschehen aufgeklärt werden muss und durch die Vernehmung wichtige Hinweise zu den Tätern und zur Beute erlangt werden können. Dies ist für die Fahndung und die mögliche Identifizierung von festgestellten Tatverdächtigen wichtig.

Hinweis: An dieser Stelle ist auf den genauen Vernehmungsablauf einzugehen. Die einzelnen Phasen sind zu beschreiben und mit konkreten Bezügen zum vorliegenden Sachverhalt zu untermauern. Die bisherigen Überlegungen können auch unter dem Stichwort „Vernehmungsvorbereitung“ erfolgen.

Zunächst sollten sich die beiden Beamten vorstellen und sich nach dem Zustand des Opfers erkundigen. Dann sollten sie den Grund ihrer Anwesenheit – Vernehmung des Opfers – mitteilen. Dies zählt bereits zur „Kontaktphase". Es sollte versucht werden, eine für das Opfer angenehme Vernehmungsatmosphäre zu schaffen.

Bevor Frau Holbein Angaben zum Sachverhalt macht, muss ihr Status festgestellt werden. Frau Holbein wurde durch die Täter körperlich angegangen, verletzt und beraubt. Sie kann Hinweise zu den beiden Personen und ihrer Beute machen. Das Verfahren wegen Raubes richtet sich gegen die beiden unbekannten Männer und nicht gegen Frau Holbein. Somit ist Frau Holbein Zeugin im Strafverfahren.

Gleichzeitig ist sie auch Opfer des Raubes. Für die Strafanzeige und mögliche weitere Fragen/Vernehmungen oder gerichtliche Vorladungen werden die Personalien und die Erreichbarkeiten von Frau Holbein benötigt. Diese werden nach § 163b StPO durch die beiden Beamten festgestellt. Dies erfolgt durch die Vorlage eines amtlichen Ausweispapieres oder in diesem Fall auch mündlich. Die Daten werden dann durch die Beamten über die LSt in polizeilich zugänglichen Informationssystemen überprüft.

Vor der Vernehmung wird die Zeugin gem. § 163 III StPO iVm §§ 52, 55 und 57 StPO belehrt. Die aufgeführten Paragraphen enthalten Hinweise auf das Zeugnisverweigerungsrecht, das Auskunftsverweigerungsrecht und die Ermahnung zur Wahrheitspflicht. Frau Holbein muss also nicht aussagen, wenn sie dadurch nahe Angehörige oder sich selbst der Gefahr einer Strafverfolgung aussetzen würde. Sie ist auf die möglichen Folgen einer nicht wahrheitsgemäßen Aussage in Bezug auf falsche Verdächtigungen und Vortäuschen einer Straftat hinzuweisen. Es kann davon ausgegangen werden, dass Frau Holbein umfangreich aussagen und keines dieser Rechte für sich in Anspruch nimmt.

Da Frau Holbein laut Sachverhalt 16 Jahre alt ist, muss geprüft werden, ob sie in der Lage ist, den Inhalt der Belehrung zu verstehen. Gemäß § 52 II StPO müssen Minderjährige für den Anwendungsfall des § 52 StPO die nötige Verstandesreife haben, um über ihre Rechte selbst zu entscheiden. Hier ist aber ein solcher Anwendungsfall nicht erkennbar. Aber aus dem Sachverhalt geht auch hervor, dass sie gegen 23.45 Uhr alleine auf dem Heimweg war und vorher eine Veranstaltung im Jugendzentrum besucht hat. Dies spricht dafür, dass sie dazu in der Lage wäre und keine Hilfe benötigte. Dies wird durch die allgemeine Lebenserfahrung bei einer 16-Jährigen untermauert. Für gegebenenfalls später auftretende Anwendungsfälle des § 52 StPO läge die notwendige Verstandesreife wohl auch vor, was bedeutet, dass sie selbst über die Inanspruchnahme dieser Rechte entscheiden kann. Daher spielt es in diesem Fall auch keine Rolle, sollte ihre Mutter als Erziehungsberechtigte eine andere Meinung vertreten, wovon aber nicht auszugehen ist.

Nach der Belehrung wird im Rahmen des Kontaktgespräches die Kommunikationsbereitschaft der Zeugin gefördert. Dazu treten die Beamten Frau Holbein unvoreingenommen gegenüber und besprechen mit ihr den Ablauf der nun folgenden Vernehmung. Hierzu ist es auch wichtig ihr mitzuteilen, dass die Beamten auf ihren Gesundheitszustand Rücksicht nehmen und deshalb versuchen werden, die Vernehmung kurz zu halten. Sollte Frau Holbein Pausen benötigen, so sind diese zu gewähren und zu dokumentieren.

Gleichzeitig ist ihr mitzuteilen, dass auch die Vernehmung dokumentiert werden muss. Dies kann im vorliegenden Fall durch handschriftliche Aufzeichnung geschehen oder durch eine Aufnahme der Zeugenvernehmung auf dem dienstlichen Handy, nach Genehmigung durch die Zeugin. Die spätere Protokollierung erfolgt dann später auf der Wache. Bei der Protokollierung ist darauf zu achten, dass die Anfangs- und auch die Beendigungszeit vermerkt werden.

Die Fragen zur Person sollten aufgrund des psychischen Zustandes nur kurz ausfallen und sich auf das Wesentliche beschränken.

Danach beginnt die Vernehmung mit dem „freien Bericht", der sich aus § 69 StPO ergibt. Dazu stellen die Beamten eine offene Frage, zB „Können Sie uns bitte den Überfall auf Sie schildern, wie hat sich der Überfall ereignet oder was wissen Sie noch über den Überfall".

Im Rahmen dieses Berichtes sollte Frau Holbein nicht unterbrochen werden. Die Beamten haben sich mögliche Fragen zu notieren und müssen den Inhalt des Berichtes mit der authentischen Formulierung der Zeugin festhalten.

Im Anschluss an diese Sachverhaltsschilderung beginnt die Befragungsphase, um durch konkrete Nachfragen noch offene Fragen zu klären. Hierzu eignen sich zunächst auch offene Fragen. Grundsätzlich sollten keine Suggestivfragen und keine geschlossenen Fragen gestellt werden.

Im vorliegenden Sachverhalt ist die Klärung folgender Fragen/Tatumstände wichtig:

- Schildern Sie den genauen Tatablauf
- Wie sahen die Täter aus? Beschreiben Sie bitte die Täter (Geschlecht, Alter, Größe, Statur, Haarfarbe, Haarlänge, Bart/Brille, Tätowierungen, Nationalität, Sprache, Bekleidung, mitgeführte Gegenstände)
- Von wo sind die Täter gekommen?
- In welche Richtung sind die Täter geflüchtet?
- Ist Ihnen dabei etwas aufgefallen?
- Würden Sie die Täter oder einen Täter wiedererkennen?
- Beschreiben Sie bitte Ihre Tasche.
- Welche Marke hatte Ihr Smartphone? Modell? Farbe? Pin-Nummer? Bilder? Kontakte? Beschädigungen? Individuelle Merkmale? Hintergrundbild? Provider?
- Welche Sicherungsmaßnahmen haben Sie bezüglich Ihres Handys, der Einstellungen und beim Provider ergriffen?
- Beschreiben Sie bitte Ihren Schlüsselbund. Art der Schlüssel? Anzahl? Schlüsselanhänger? Wiedererkennbarkeit?
- Ist Ihnen vor der Tat etwas Verdächtiges aufgefallen?
- Haben Sie die beiden Täter vorher bereits gesehen?
- Wenn dies noch nicht geschehen ist, können Sie eine Sperrung ihres Handys herbeiführen?

Auch bei den Fragen und Antworten sollte probiert werden, diese in der Originalformulierung zu protokollieren.

Nach dieser Befragungsphase beginnt bereits die Schlussphase. Grundsätzlich ist der Zeugin darin die Gelegenheit zu bieten, die Dokumentation ihrer Vernehmung in aller Ruhe durchzulesen bzw. sich noch einmal anzuhören. Änderungen sollten dabei von ihr handschriftlich vorgenommen oder ergänzend eingesprochen werden. Bei der schriftlichen Änderung ist dies mit ihrem Namenskürzel zu versehen. Jede Seite ist zu unterschreiben. Sollte die Mutter anwesend gewesen sein, so werden auch von ihr die Personalien festgestellt und auch sie unterzeichnet die Vernehmung. Dies kann im vorliegenden Fall nur erfolgen, indem die Beamten die Vernehmung handschriftlich, zB auf einem Schreibblock, dokumentieren. Sollte die Vernehmung aufgenommen oder nur mit Notizen mitgeschrieben worden sein, so erfolgt die Niederschrift erst später auf der Wache.

Im Anschluss ist Frau Holbein der weitere Ablauf des Verfahrens zu erläutern. Dabei ist auch darauf einzugehen, dass zu einem späteren Zeitpunkt eine ausführlichere Vernehmung zur Sache stattfinden wird. In diesem Zusammenhang sind auch Hinweise zum Opferschutz zu machen und entsprechendes Informationsmaterial ist auszuhändigen.

Wenn Frau Holbein keine weiteren Fragen mehr hat, verabschieden sich die beiden Beamten und die Vernehmung im Krankenhaus ist beendet.

Im Nachgang zur Vernehmung einer Minderjährigen ist es wichtig einen Eindrucksvermerk zur Vernehmung zu fertigen. Darin sind nicht die Fakten bzw. der Inhalt der Vernehmung, sondern die Umstände und „Eindrücke“ der Vernehmungsbeamten schriftlich festzuhalten, damit diese Eindrücke für eine mögliche spätere Gerichtsverhandlung nicht verloren gehen.

FALL 18: Vernehmung eines Festgenommenen

Schwerpunkt: Beweisverbot/-verwertungsverbot

! **Hinweis:** Das Thema Beweisverbote/-verwertungsverbote wird innerhalb der kriminalistischen Sachverhalte immer wieder abgefragt. Die Fragestellungen dazu variieren stark, meistens wird die Auseinandersetzung mit diesem Thema in den Fragen zum Personalbeweis oder zum Auswertungsangriff gefordert. Die Schwierigkeit liegt für die Studierenden in der Regel darin, ein solches Beweisverbot überhaupt zu erkennen und dazu die erforderlichen rechtlichen Schlüsse daraus zu ziehen.

Deshalb folgen zwei Sachverhalte, die sich mit den verschiedenen Fragestellungen auseinandersetzen. Wegen der Komplexität des Themas kann dies nur einen beispielhaften Charakter haben.

LAGE

Am Donnerstag, dem 5.11.2020, 00.40 Uhr, erhält die Funkstreifenwagenbesatzung „Düssel 11/21", POK Raumer und PK Bogner, den Auftrag „Täter am Ort", Leipnitzstraße 7, dortiger Kiosk. Anruferin sei Frau Luchs, Leipnitzstraße 10, die durch ein lautes Knacken wach geworden war und aus dem Schlafzimmerfenster auf die Straße gesehen habe. Hierbei habe sie in dem Kiosk auf der anderen Straßenseite eine dunkle Silhouette und den Schein einer Taschenlampe gesehen. Die Zeugin würde den Kiosk weiterhin beobachten.

Auf dem Weg zum Tatort erhält die eingesetzte Besatzung die Information, dass soeben ein Mann den Kiosk verlassen hätte und zu Fuß Richtung Klarastraße gehen würde. Die Person kann wie folgt beschrieben werden: männlich, ca. 170 cm, schlank, dunkle Kleidung, helle Schuhe und trägt eine dunkle Sporttasche.

Die Funkstreifenwagenbesatzung befindet sich in unmittelbarer Nähe des Kiosks und sie können einen Mann auf der Leipnitzstraße in Höhe Haus Nr. 15 feststellen, auf den die Beschreibung passt. Die beiden Beamten verlassen den Fustkw, um den Mann anzuhalten und zu überprüfen. Der Mann bleibt stehen, als er die Beamten erkennt, dreht sich zu den beiden Beamten um und ruft Ihnen entgegen: „Scheiße, jetzt habt ihr mich erwischt."

Als die Beamten bei dem Mann eintreffen fragt POK Raumer sofort nach, wobei die Polizei ihn erwischt hätte und was sich in seiner Sporttasche befinden würde. Der Mann räumt sofort den Einbruch in den Kiosk auf der Leipnitzstraße ein und teilt mit, dass er in der Sporttasche die Beute transportieren würde. POK Raumer fragt dann nach den Tatmitteln, unter anderem der Taschenlampe und möglichen Mittätern. Auch hierzu gibt der Mann die Auskunft, das Brecheisen und die Taschenlampe seien auch in der Sporttasche und es gäbe keine Mittäter.

Der Mann kann sich als Frank Stein ausweisen. Er wird durchsucht, festgenommen und zur Polizeihauptwache transportiert.

Aufgabe: Bewerten Sie die beim Antreffen gemachten Aussagen des Herrn Stein hinsichtlich ihrer rechtlichen Bedeutung und der Verwertbarkeit im Verfahren.

(Gewichtung: 15 %)

LÖSUNGSVORSCHLAG

Im vorliegenden Sachverhalt verlassen die beiden eingesetzten Polizeibeamten gerade ihren FustKW, um den Mann anzuhalten und zu überprüfen. Als sie sich auf dem Weg zu ihm befinden, ruft dieser ihnen entgegen: „Scheiße, jetzt habt ihr mich erwischt.“ Diese Äußerung des Mannes erfolgt ungefragt und ohne Aufforderung seitens der beiden Polizeibeamten. Die gemachte Äußerung bezieht sich auf den vorliegenden Sachverhalt und der Mann räumt damit quasi seine Täterschaft und die Tat ein.

Den Beamten war es vor der Äußerung nicht möglich, eine Belehrung auszusprechen oder Fragen zu stellen. Somit könnte es sich bei der Äußerung um eine Spontanäußerung handeln. Eine Spontanäußerung liegt immer dann vor, wenn sich der zu Vernehmende aus freien Stücken, also spontan und ungefragt zu einem Sachverhalt äußert. Die Polizeibeamten dürfen also nicht die Möglichkeit haben, Fragen zu stellen oder die Person zu belehren. Diese Voraussetzungen treffen im Sachverhalt zu, die Beamten waren als Polizeibeamte für den Mann auch eindeutig zu erkennen. Die im Rahmen einer Spontanäußerung gemachten Angaben unterliegen keinem Verwertungsverbot und können somit in das Strafverfahren eingebracht und dort verwertet werden.

Nach dieser Äußerung schweigt der Mann und POK Raumer fragt sofort nach. Fraglich ist, wie diese weitere Befragung rechtlich einzuordnen ist. Die Spontanäußerung ist mit dem Schweigen des Mannes beendet und POK Raumer fragt gezielt nach der Tat. Hierbei könnte es sich bereits um eine Vernehmung handeln. Eine Vernehmung liegt rechtlich vor, wenn eine unter rechtlichen und kriminalistischen Gesichtspunkten geführte Anhörung oder Befragung einer Person zu einem rechtlich und/oder kriminalistisch relevanten Sachverhalt stattfindet. Kurz gesagt ist dies jede gezielte Nachfrage zu einem strafrechtlich relevanten Sachverhalt. Da POK Raumer gezielt nachfragt, wobei der Mann erwischt worden sei und was er in seiner mitgeführten Sporttasche transportieren würde, bezieht sich dies auf die Aufklärung des Einbruchs in den Kiosk. Somit handelt es sich bei diesen Fragen zum Sachverhalt um eine Vernehmung. Jede Vernehmung setzt eine Belehrung voraus. Hierzu ist es elementar, dass der Status der zu vernehmenden Person vorher festgelegt wird, da sich daraus der Inhalt der Belehrung ergibt.

Im vorliegenden Sachverhalt wird Herr Stein in unmittelbarer Tatortnähe, unmittelbar nach der Information, dass der vermeintliche Täter den Kiosk verlassen hat, angetroffen. Dabei handelt es sich um einen räumlichen und zeitlichen Tatzusammenhang. Die durch die Zeugin gegebene Täterbeschreibung passt auf den Mann und deshalb wollten die Polizeibeamten den Mann anhalten und überprüfen. Durch den Inhalt seiner Spontanäußerung bestätigt der Mann den Verdacht, dass es sich um den Täter handeln könnte. Er räumt den Einbruch quasi ein. Somit hat Herr Stein den Status eines Beschuldigten im Strafverfahren und ist vor der Vernehmung gem. § 163a IV StPO iVm § 136 StPO zu belehren. Ihm muss die zur Last gelegte Tat genannt werden. Er ist über sein umfassendes Aussageverweigerungsrecht, die Möglichkeit jederzeit einen Verteidiger zu konsultieren und über die Möglichkeit Beweisanträge zu seiner Entlastung zu stellen, zu belehren. Wichtig ist, dass der Beschuldigte diese Belehrung auch verstanden hat, um seine Aussage auch verwerten zu können. Aus dem vorliegenden Sachverhalt geht hervor, dass POK Raumer sofort, also ohne ihn vorher zu belehren, nachfragt. Auch nach der erhaltenen Information stellt er weiter Fragen zu Tatmitteln, unter anderem zur Taschenlampe und zu möglichen Mittätern. Dies sind eindeutig Fragen zum Sachverhalt und somit liegt eine Vernehmung vor. POK Raumer belehrt den Beschuldigten zu keinem Zeitpunkt, obwohl dies möglich gewesen wäre. Die Vernehmung eines Beschuldigten unterliegt jedoch einem Belehrungsvorbehalt aus § 163a IV StPO iVm § 136 StPO. Da POK Raumer diese Vorschrift nicht beachtet, liegt hier ein Beweiserhebungsverbot in Form eines (Beweis-)Mittelverbotes vor. Dieses Beweiserhebungsverbot könnte im Verfahren auch zu einem Beweisverwertungsverbot führen. Hier könnte ein relatives Beweisverwertungsverbot vorliegen, da hier im Einzelfall zu entscheiden ist, ob die nach den Fragen gemachten Äußerungen des Herrn Stein verwertet werden können oder nicht. Wenn der Polizeibeamte Herrn Stein ordnungsgemäß als Beschuldigten belehrt hätte, so hätte er von seinen Rechten erfahren und diese für sich in Anspruch nehmen können. Das „Nichtwissen" der Inhalte haben den Beschuldigten somit stark in seinen Verfahrensrechten beeinträchtigt. Dies führt in der Regel dazu, dass die gemachten Aussagen nach den gezielten Fragen nicht verwertet werden. Es liegt somit ein Beweisverwertungsverbot vor.

Wichtig für die weiteren Vernehmungen des Herrn Stein durch die K-Wache oder durch die Sachbearbeitung ist, dass die Beantwortung der Fragen einem Geständnis gleichgestellt wird. Alle weiteren Vernehmungen und Antworten würden auf diesem Ergebnis aufbauen und würden somit auch einem Beweisverwertungsverbot unterliegen. Diese Wirkung hält auch dann vor, wenn Herr Stein vor einer weiteren Vernehmung als Beschuldigter, wie oben geschildert, belehrt werden würde. Eine Verwertbarkeit der weiteren Aussagen kann nur dadurch erreicht werden, dass Herr Stein vor einer weiteren Vernehmung qualifiziert belehrt wird. Eine qualifizierte Belehrung liegt dann vor, wenn ihm vor Beginn der Belehrung als Beschuldigter und vor einer möglichen Aussage gesagt wird, dass alle seine Angaben nach den bisherigen polizeilich veranlassten Fragen nicht verwertet werden dürfen. Sie sind also als nicht gesagt zu betrachten oder drastischer, sie gelten als null und nichtig. Dies gilt nicht für die Ausnahme der Spontanäußerung. Wenn Herr Stein dies verstanden hat, kann er als Beschuldigter wie beschrieben belehrt werden und kann jetzt „neu" entscheiden, ob er aussagen will oder nicht.

Hinweis: Es gilt hier zu erkennen, dass der weitere Verlauf der Vernehmung nicht Teil der Frage und deshalb an dieser Stelle nicht zu erörtern ist. Dies würde zu unnötigem Zeitverlust führen.

FALL 19: Befragung im FustKW

Schwerpunkt: Beweisverbot/-verwertungsverbot

LAGE

Am Donnerstag, dem 5.11.2020, 00.40 Uhr, erhält die Funkstreifenwagenbesatzung „Düssel 11/21", POK Raumer und PK Bogner, den Auftrag „Täter am Ort", Leipnitzstraße 7, dortiger Kiosk. Anruferin sei Frau Luchs, Leipnitzstraße 10, die durch ein lautes Knacken wach geworden war und aus dem Schlafzimmerfenster auf die Straße gesehen habe. Hierbei habe sie in dem Kiosk auf der anderen Straßenseite eine dunkle Silhouette und den Schein einer Taschenlampe gesehen. Im Bereich der Eingangstür würde sich noch eine zweite Person befinden, die sich aber im Schatten aufhält und nur als männlich beschrieben werden kann. Die Zeugin würde den Kiosk weiterhin beobachten.

Auf dem Weg zum Tatort erhält die eingesetzte Besatzung die Information, dass soeben ein Mann den Kiosk verlassen hätte und zu Fuß in Richtung Klarastraße gehen würde. Die Person kann wie folgt beschrieben werden: Mann, ca. 170 cm, schlank, dunkle Kleidung, helle Schuhe und trägt dunkle Sporttasche. Über den Verbleib der zweiten Person könne die Zeugin keine Angaben machen.

Die Funkstreifenwagenbesatzung befindet sich in unmittelbarer Nähe des Kiosks und sie können einen Mann auf der Leipnitzstraße in Höhe Haus Nr. 15 feststellen, auf den die Beschreibung passt. Die beiden Beamten verlassen den FustKW, um den Mann anzuhalten und zu überprüfen.

Bei der Durchsuchung der mitgeführten Tasche finden die Beamten ein Brecheisen, eine Taschenlampe, mehrere Zigarettenschachteln verschiedener Hersteller, Aufladekarten verschiedener Firmen und Geldscheine in verschiedener Stückelung und nicht bekanntem Gesamtwert.

Aufgrund der Fahndungslage wird die Person zunächst ohne weitere Maßnahmen gefesselt und PK Bogner setzt sich gemeinsam mit dem Mann auf die Rücksitzbank des FustKW.

POK Raumer bleibt am Fahrzeug stehen und beobachtet das Umfeld, um eventuell weitere Hinweise zur zweiten Person zu erlangen.

PK Bogner redet im FustKW auf den Mann ein und macht dem Mann klar, dass er nur dann nicht in Untersuchungshaft muss, wenn er den Kiosk-Einbruch zugibt und seinen Mittäter benennt. PK Bogner macht deutlich, dass es ohne ein Geständnis keine Milde geben wird und er für lange Zeit ins Gefängnis muss. Dann fordert er den Mann auf, endlich zu reden und sich zur Tat zu bekennen.

Daraufhin gibt der Mann an, er würde Frank Stein heißen und in Düsseldorf, Fleerstraße 7, wohnen. Er räumt auch den gerade stattgefundenen Einbruch ein und teilt mit, dass die gesamte Beute in der Sporttasche verstaut war. Bei seinem Mittäter würde es sich um den Siegbert Kunst handelt, der bei ihm wohnen würde.

Aufgabe: Bewerten Sie die beim Antreffen gemachten Aussagen des Herrn Stein gegenüber PK Bogner hinsichtlich ihrer rechtlichen Bedeutung und Verwertbarkeit im Verfahren.

(Gewichtung: 15 %)

LÖSUNGSVORSCHLAG

PK Bogner redet im FustKW auf den Mann ein und fordert ihn auf, endlich zu reden und die Tat einzugestehen. Fraglich ist, wie dieses Gespräch rechtlich zu bewerten ist. Die Aufforderung und die gemachten Vorhaltungen zielen darauf ab, die gerade stattgefundene Tat aufzuklären und Hinweise auf einen möglichen Mittäter zu erlangen. Die Aufforderung darüber zu reden, ist mit entsprechenden Aufforderungen/Fragen gleichzusetzen. Somit zielt diese Aufforderung darauf ab, den strafrechtlich relevanten Sachverhalt aufzuklären. Somit handelt es sich bei der Aufforderung zu reden, eindeutig um eine Vernehmung. Jede Vernehmung setzt eine Belehrung voraus. Hierzu ist es elementar, dass der Status der zu vernehmenden Person vorher festgelegt wird, da sich daraus der Inhalt der Belehrung ergibt.

Im vorliegenden Sachverhalt wird Herr Stein in unmittelbarer Tatortnähe und unmittelbar nach der Information, dass einer der vermeintlichen Täter den Kiosk verlassen hat, angetroffen. Damit besteht ein räumlicher und zeitlicher Zusammenhang zur Tat. Die durch die Zeugin gegebene Täterbeschreibung passt auf den Mann und deshalb halten die Polizeibeamten den Mann an und überprüfen ihn. Bei der Durchsuchung der mitgeführten Sporttasche werden mögliche Tatmittel, unter anderem Brecheisen und Taschenlampe, weiterhin Gegenstände gefunden, bei denen es sich mit allergrößter Wahrscheinlichkeit um die Beute handelt. Diese Vermutung ist gegeben, weil die Gegenstände typische Beutestücke aus einem Kiosk sind und es nicht der Lebenserfahrung entspricht, dass eine Person einen solchen Inhalt ohne ersichtlichen Grund transportiert. Herr Stein könnte somit für die Straftat als Täter in Betracht kommen und den Status eines Beschuldigten haben. Beschuldigter ist eine Person dann, wenn gegen ihn mit dem Ziel der Anzeigenerstattung ermittelt wird. Außerdem müssen mehr Fakten für seine Täterschaft als gegen eine Täterschaft vorliegen. Herr Stein wird von den Beamten gefesselt und muss sich auf die Rückbank des FustKW setzen. Dies zeigt, dass die Beamten davon überzeugt sind, dass es sich bei Herrn Stein um einen der beiden flüchtigen Täter handeln könnte. Durch die Beobachtung der Beamten ist von einem Kioskeinbruch nach §§ 242, 243 StGB auszugehen. Das Verfahren richtet sich gegen die beiden flüchtigen Männer. Im Rahmen der Fahndung gelingt es, Herrn Stein in unmittelbarer Tatort- und Tatzeitnähe zu stellen. Die Täterbeschreibung passt auf ihn, er versucht vor der Polizei zu fliehen und in der mitgeführten Sporttasche werden vermeintliche Tatmittel und die Tatbeute gefunden. Alle Hinweise/Tatsachen sprechen für die Täterschaft des Herrn Stein, entlastende Umstände sind nicht erkennbar. Somit hat Herr Stein den Status eines Beschuldigten im Strafverfahren und ist vor der Vernehmung gem. § 163a IV StPO iVm § 136 StPO zu belehren. Ihm muss die zur Last gelegte Tat genannt werden. Er ist über sein umfassendes Aussageverweigerungsrecht, sein Recht, jederzeit einen Verteidiger zu konsultieren und über das Recht, Beweisanträge zu seiner Entlastung zu stellen, zu belehren. Wichtig ist, dass der Beschuldigte diese Belehrung auch verstanden hat, um seine Aussage auch zu verwerten. Aus dem vorliegenden Sachverhalt geht hervor, dass PK Bogner im Pkw auf den Beschuldigten einredet. Somit ist hier davon auszugehen, dass er den Beschuldigten vorher nicht belehrt hat. Die Vorhaltungen und die Aufforderung beziehen sich eindeutig auf den Sachverhalt und sind somit als Vernehmung einzustufen. PK Bogner belehrt den Beschuldigten zu keinem Zeitpunkt. Die Vernehmung eines Beschuldigten unterliegt jedoch einem Belehrungsvorbehalt aus § 163a IV StPO iVm § 136 StPO. Da PK Bogner diese Vorschrift absolut nicht beachtet, liegt hier ein Beweiserhebungsverbot in Form eines Mittelverbotes vorliegen. Dieses Beweiserhebungsverbot könnte im Verfahren auch zu einem Beweisverwertungsverbot führen. Hier könnte ein relatives Beweisverwertungsverbot vorliegen, da hier im Einzelfall zu entscheiden ist, ob die nach der Aufforderung zum Reden gemachten Äußerungen des Herrn Stein verwertet werden können oder nicht. Wenn der Polizeibeamte Herrn Stein ordnungsgemäß als Beschuldigten belehrt hätte, so hätte er von seinen Rechten erfahren und diese für sich in Anspruch nehmen können. Das „Nichtwissen" der Inhalte hat die Rechte des Beschuldigten somit stark beeinträchtigt. Dies führt in der Regel dazu, dass die gemachten Aussagen nach den gezielten Fragen, hier also auch nach den Aufforderungen, nicht verwertet werden können. Es liegt somit ein Beweisverwertungsverbot vor.

In seinen Vorhaltungen spricht PK Bogner davon, dass der Beschuldigte nicht in Untersuchungshaft müsse, wenn er den Einbruch gestehen und seinen Mittäter benennen würde. Ohne ein Geständnis würde es keine Milde für Herrn Stein geben und er müsse lange Zeit ins Gefängnis.

Hier könnte eine verbotene Vernehmungsmethode gem. § 136a StPO angewandt worden sein. Hiernach ist das Versprechen eines gesetzlich nicht vorgesehenen Vorteils verboten. PK Bogner verspricht dem Beschuldigten, dass dieser nicht in Untersuchungshaft müsse, wenn er die Tat einräumt und seinen Mittäter benennt. Über die Anordnung der Untersuchungshaft entscheidet der Richter, nachdem die Staatsanwaltschaft einen entsprechenden Antrag gestellt hat. Gemäß § 114 StPO wird die Untersuchungshaft durch einen schriftlichen Haftbefehl des Richters angeordnet. Da es sich bei PK Bogner um einen Polizeibeamten handelt, entscheidet dieser hier auch nicht über die mögliche Untersuchungshaft. Im Gesetz ist auch an keiner Stelle vermerkt, dass aufgrund eines Geständnisses von der Untersuchungshaft abgesehen werden muss. Somit verspricht PK Bogner dem Beschuldigten einen rechtlichen Vorteil, der nicht in seiner Entscheidungsgewalt steht. Damit liegt ein Verstoß gegen § 136a StPO vor. Es handelt sich dabei um ein Beweismittelverbot, da unerlaubte Mittel zur Erlangung von Beweisen eingesetzt wurden.

§ 136a III StPO sagt aus, dass Aussagen, die unter Verletzung dieses Verbots zustande gekommen sind, auch dann nicht verwertet werden dürfen, wenn der Beschuldigte der Verwertung zustimmt. Somit besteht hier ein absolutes Beweisverwertungsverbot.

Wichtig für weitere Vernehmungen des Herrn Stein durch die K-Wache oder durch die Sachbearbeitung ist, dass die gemachten Aussagen im FustKW einem Geständnis gleichgestellt werden. Alle weiteren Vernehmungen und Antworten würden auf diesem Ergebnis aufbauen und somit auch einem Beweisverwertungsverbot unterliegen. Dies gilt auch dann, wenn Herr Stein vor einer weiteren Vernehmung als Beschuldigter, wie oben geschildert, belehrt werden würde. Eine Verwertbarkeit der Aussage kann nur dadurch erreicht werden, dass Herr

Stein vor einer weiteren Vernehmung qualifiziert belehrt wird. Eine qualifizierte Belehrung liegt dann vor, wenn ihm vor Beginn der Belehrung als Beschuldigter und vor einer möglichen Aussage gesagt wird, dass alle seine Angaben auf die Fragen im FustKW nicht verwertet werden dürfen. Sie sind als nicht gesagt zu betrachten oder drastischer als null und nichtig zu bezeichnen. Wenn Herr Stein dies verstanden hat, dann kann er als Beschuldigter wie beschrieben belehrt werden und kann jetzt „neu" entscheiden, ob er aussagen will oder nicht. Erst dann beginnt die Vernehmung quasi von vorne.

C. Fall im Bereich Haftsachenbearbeitung

EINFÜHRUNG

Ein Kompetenzziel im Modul HS 1.2.1 liegt darin, dass die Studierenden in der Lage sind,

- sachgerechte Ermittlungsmaßnahmen im Rahmen einer Haftsachenbearbeitung bis zur Abgabe an die Staatsanwaltschaft unter Anwendung bekannter polizeilicher Dateien, Informationssysteme und Akten zu identifizieren und die Bedeutung der Dokumentation zu erläutern.

Hierzu sind folgende Lehr-/Lerninhalte festgeschrieben:

- Sachbearbeitung und Haftsachenbearbeitung
- Grundsätze der Aktenführung[19]

Nach den ergänzenden Hinweisen das beschriebene Kompetenzziel in der Lernzielstufe 3 verankert und es sind folgende Lehr-/Lerninhalte vorgesehen:

- Haftsachenbearbeitung, unter anderem mit folgenden Standardmaßnahmen:
  - Aktenaufbau einer Haftsache
  - Durchsuchung
  - Beschlagnahme
  - Festnahme
  - KpS/KA
  - ED-Behandlung
  - DNA
  - Vorführung

Für die fachliche Vermittlung dieser Inhalte sind zwölf LVS im Präsenzstudium und dreizehn Stunden Selbststudium vorgesehen.[20]

Hinweis: Die Auseinandersetzung mit der Haftsachenbearbeitung stellt eine große Herausforderung für die Studierenden dar. Sie müssen sich in die Sachbearbeitung hineinversetzen und Maßnahmen darstellen und begründen, die sie in der Praxis so noch nicht erlebt haben. Weiterhin gibt es einige fachliche Überschneidungen zum Fach Eingriffsrecht, die dargestellten Standardmaßnahmen innerhalb der Klausur auch rechtlich einzuordnen und zu begründen. Der

[19] Modulhandbuch Bachelorstudiengang PVD 2016, Ab dem Einstellungsjahrgang 2020, S. 56f.

[20] Ergänzende Hinweise zu den Modulbeschreibungen – HSPV NRW Bachelorstudiengang BA PVD, Stand: 3/2021, S. 119.

Schwerpunkt der Maßnahmen liegt innerhalb der Kriminalistik sicherlich bei der Begründung der kriminalistischen Notwendigkeit und der Durchführung. Ohne rechtliche Reflexion in Form einer Begründung ist eine ausreichende Benotung schwer zu erreichen und die Gefahr der Auswahl einer rechtswidrigen Maßnahme würde bestehen.

FALL 20: Handtaschenraub nach Besuch eines Jugendzentrums

Schwerpunkt: Haftsache

LAGE

Allgemeine Lage: Aufgrund der Kriminalitätslage von jugendlichen Tätern hat die Kreispolizeibehörde D-Stadt das bestehende Konzept zur Bekämpfung von jugendlichen Intensivtätern erweitert. In dieser Erweiterung geht es um frühzeitige Abschreckung und konsequente Strafverfolgung durch Erhöhung des Entdeckungsrisikos. Hierzu zählen auch Präsenzstreifen an Orten, die von der Zielgruppe bevorzugt aufgesucht werden.

Besondere Lage: Nach erfolgreichem Abschluss des Bachelorstudienganges versehen Sie als PK'in/PK Wachdienst in der Polizeiinspektion Nord, Polizeiwache Mörsenbroich, des PP D-Stadt. Am heutigen Tag haben Sie Nachtdienst (Nacht von Freitag auf Samstag) und nehmen als Fußstreife mit Ihrem Kollegen POK Bogen einen Nahstreifenauftrag Ihres DGL im Bereich der Derfflinger Straße wahr. Die Straße wird von Jugendlichen benutzt, die vom und zum nahegelegenen Jugendzentrum zu Fuß unterwegs sind. Am letzten Wochenende, gegen Mitternacht, haben zwei Raubüberfälle auf weibliche Jugendliche stattgefunden, die nach Abendveranstaltungen auf dem Heimweg waren. In beiden Fällen wurden den Opfern die Tasche mit Geldbörse und Handy von zwei südländisch aussehenden jungen Männern weggenommen.

Als Sie gegen 23:25 Uhr von der Derfflinger Straße nach rechts in die Selbecker Straße einbiegen, sehen sie auf dem Gehweg eine junge Frau, die gerade von zwei Männern umringt und bedrängt wird. Von einem der Männer erhält die Frau **plötzlich** einen Faustschlag ins Gesicht und fällt hin. Bevor sie eingreifen können, flüchten beide dunkel gekleidete Männer im Laufschritt in die angrenzende Parkanlage. Bei Ihrem Eintreffen blutet die Frau stark aus der Nase, die vermutlich gebrochen ist. Nach zeugenschaftlicher Belehrung kann die Frau, auf ihre sofortige Nachfrage hin, angeben, dass die beiden Männer ihr ihren Stoffbeutel mit Smartphone und Schlüsselbund entrissen haben. Einer der Männer trug ein auffälliges T-Shirt mit einem Löwenkopf auf der Brust. Weitere Angaben konnte sie aufgrund ihrer Verletzung nicht tätigen.

Bei dem Opfer handelt es sich um die 16-jährige Carmen Holbein, die nach einer Comedy-Veranstaltung auf dem Weg zu Ihrer Wohnanschrift, Arcadiastraße 5, Düsseldorf-Rath, war. Die Wohnung bewohnt sie gemeinsam mit ihrer Mutter.

Das Opfer wird nach kurzer Behandlung vor Ort durch einen Krankenwagen ins nahegelegene evangelische Krankenhaus transportiert.

Fast zeitgleich mit dem Transport des Opfers in das Krankenhaus meldet der „Düssel 12/21" über Funk, dass er eine männliche Person gestellt habe, auf die die erste flüchtige Personenbeschreibung zutreffen würde. Zwei Personen seien im Laufschritt aus dem Park an der Derfflinger Straße gekommen und eine Person habe dabei einen Stoffbeutel getragen. Der Streifenwagenbesatzung sei es gelungen, die Person mit dem Stoffbeutel festzuhalten, die andere Person sei geflüchtet. Im Stoffbeutel liegen ein Handy und ein Schlüsselbund. Die festgehaltene Person trägt ein T-Shirt mit einem Löwenkopf. Die Person könne sich nicht ausweisen, ist aber den Einsatzkräften aus vorherigen Einsätzen im Rahmen der Intensivtäterbekämpfung bekannt.

Es handelt sich um

Mohammed, 19 Jahre, Drogenkonsument von Cannabisprodukten, mehrere Verfahren der Eigentumskriminalität und des Drogenhandels mit Kleinstmengen, zur Finanzierung seines Konsums, sind den Polizeibeamten bekannt.

Mohammed wird durch die Einsatzkräfte vor Ort vorläufig festgenommen und zur Polizeiwache transportiert.

Aufgabe: Begründen Sie, welche Maßnahmen die K-Wache oder das zuständige Fachkommissariat in Bezug auf Mohammed bis zu einer möglichen Vorführung vor den Haftrichter oder bis zur Entlassung aus dem Polizeigewahrsam durchzuführen oder zu veranlassen hat.

(Gewichtung 20 %)

LÖSUNGSVORSCHLAG

!

Hinweis: Wichtig ist es, dass sich die zu begründenden Maßnahmen gegen den festgenommenen Mohammed richten. Auf den flüchtigen Mittäter ist hier nicht einzugehen, da er in der Fragestellung nicht genannt wird. Somit müssen auch keine Maßnahmen zur Ergreifung des flüchtigen Mittäters beschrieben werden.

Die einzelnen Maßnahmen kann man katalogmäßig lernen und in einer Klausur reflektieren, da sich diese bei fast allen Haftsachen gleichen, jedoch immer auf den konkreten Sachverhalt bezogen werden müssen. Dieser geforderte Sachverhaltsbezug ist neben dem Umfang einer Prüfung das entscheidende Kriterium, um eine bessere Benotung zu erzielen.

Die Festnahme des Mohammed erfolgt vermutlich am Freitag vor 00.00 Uhr und somit muss eine Vorführung bis zum Ende des darauffolgenden Tages vor einen Richter erfolgen. Dies ist im Sachverhalt der Samstag. Aufgrund der Festnahmeanzeige ist davon auszugehen, dass die Haftsache durch die K-Wache bearbeitet wird.

Da Mohammed zur Polizeiwache transportiert wurde, kann davon ausgegangen werden, dass er vorher zur Eigensicherung nach §39 PolG NRW und nach Beweismitteln durchsucht wurde. Hierbei sollte die Beute als Beweismittel bereits durch die eingesetzten Polizeibeamten nach §§94, 98 StPO sichergestellt/beschlagnahmt worden sein. Eine Nachfrage bei den Polizeibeamten ist durchaus angemessen.

Da Mohammed von den Beamten vor Ort festgenommen wurde, hat er den Status eines Beschuldigten.

1. Personalienfeststellung

Der Festgenommene ist den Beamten aus vorherigen Einsätzen namentlich als Mohammed bekannt, weitere Personalien liegen zurzeit nicht vor. Den festnehmenden Beamten ist jedoch noch in Erinnerung, dass Mohammed bereits mehrfach wegen Eigentumsdelikten und Drogenhandels kriminalpolizeilich in Erscheinung getreten ist. Somit dürften seine Personalien im Fahndungssystem gespeichert sein.

Die erste Maßnahme ist somit die Identitätsfeststellung gem. § 163b StPO. Hierzu können die Polizeibeamten die erforderlichen Maßnahmen treffen. Grundsätzlich erfolgt die IDF durch die Einsichtnahme in einen amtlichen Lichtbildausweis, zB Bundespersonalausweis bzw. Pass. Da die Beamten Mohammed bereits kennen und mit diesem auch persönlich zu tun hatten, reichen auch mündliche Angaben zur Bestätigung, wenn er keinerlei Ausweispapiere mitführen würde. Zur Identitätsfeststellung kann Mohammed auch durchsucht werden, wenn er diese Angaben nicht freiwillig machen sollte. Sollte dies auch nicht zum Erfolg führen, kann auch eine ED-Behandlung zur IDF durchgeführt werden. Dies sollte im vorliegenden Sachverhalt aber nicht notwendig sein. Die festgestellten Personalien müssen nun in den durch die Polizei zugänglichen Datensystemen überprüft werden. Dazu zählen Abfragen in VIVA, EMA, IGVP und Cebius/eCebius.

Da sicher davon ausgegangen werden kann, dass über Mohammed eine Kriminalakte angelegt wurde, muss diese vor weiteren Maßnahmen, wie zB der Vernehmung, ausgewertet werden. Die Auswertung hat zum Ziel, Informationen über sein Verhalten bei vorangegangenen Vernehmungen zu bekommen, Hinweise auf seinen Mittäter zu erlangen, Anhaltspunkte für Beuteverstecke oder Ähnliches zu erlangen.

2. Vernehmung

Als nächste Maßnahme erfolgt die Vernehmung des Mohammed. Im Vorfeld ist es wichtig, dass sich die Beamten darauf vorbereiten, indem die bisherigen Erkenntnisse über den Beschuldigten ausgewertet und die Details des Sachverhalts, so weit wie bisher bekannt, zur Kenntnis genommen werden.

Als Beschuldigter ist er vor jeder Vernehmung gem. § 163a IV StPO iVm § 136 StPO zu belehren. Hiernach ist ihm die zur Last gelegte Tat zu nennen. Er ist über sein umfassendes Aussageverweigerungsrecht, das Recht jederzeit einen Verteidiger konsultieren zu können und über das Recht die Beweisanträge zur Entlastung zu stellen zu können, zu belehren. Außerdem ist der Beschuldigte gem. § 140 StPO iVm § 141 StPO über sein Recht zur sofortigen Hinzuziehung eines Pflichtverteidigers auf ausdrücklichen Antrag zu belehren, da ihm ein Verbrechen zur Last gelegt wird. Wichtig ist, dass der Inhalt der Belehrung von Mohammed verstanden werden muss. Wahrscheinlich handelt es sich beim Beschuldigten um eine Person mit Migrationshintergrund, dessen Staatsangehörigkeit aus dem Sachverhalt nicht ersichtlich ist. Weiterhin ist nicht vermerkt, ob und wie gut Mohammed die deutsche Sprache versteht und spricht. Sollte es sprachliche Probleme geben, so muss die Vernehmung mit einem Dolmetscher durchgeführt werden. Da aus dem Sachverhalt nichts Gegenteiliges hervorgeht, kann davon ausgegangen werden, dass Mohammed die Belehrung versteht und der Vernehmung folgen kann.

Eine weitere Schwierigkeit könnte darin liegen, dass aus dem Sachverhalt bekannt ist, dass Mohammed als Drogenkonsument und Kleinstdealer bekannt ist. Er soll lt. Sachverhalt Cannabisprodukte konsumieren, sodass in aller Regel keine Entzugserscheinungen auftreten und er deshalb auch die Belehrung verstehen und der Vernehmung bis zum Ende konzentriert folgen kann. Auf mögliche aktuelle Anzeichen auf andauernde Wirkungen eines Drogenkonsums ist aber dennoch zu achten. Sollten jedoch Entzugserscheinungen erkennbar sein, die die Auffassungsgabe und Konzentrationsfähigkeit beeinträchtigen, dann kann davon ausgegangen werden, dass Mohammed die Belehrung nicht versteht und deshalb darf die Vernehmung erst durchgeführt werden, wenn sein Zustand sich gebessert hat. Bei Unsicherheit über die Vernehmungsfähigkeit ist ein Arzt hinzuzuziehen, der diese bescheinigen oder ablehnen kann.

! **Hinweis:** Wichtig an dieser Stelle ist, dass die Studierenden die Problematik erkennen und herausstellen, dass die Belehrung verstanden werden muss, da der Inhalt sonst einem Beweisverwertungsverbot unterliegen könnte.

Die Probleme bei einem Drogenkonsumenten könnten darin liegen, dass aufgrund einer möglichen Drogensucht Entzugserscheinungen auftreten könnten und er somit nicht mehr in der Lage ist, der Vernehmung zu folgen. Auch dann könnte der Inhalt einer weiteren Befragung einem Beweisverwertungsverbot unterliegen.

Sollte Mohammed nicht von seinem Schweigerecht Gebrauch machen, so muss er zu seiner Person und zum Sachverhalt vernommen werden.

Hinweis: Die Fragestellung zielt hier auf die Bearbeitung einer Haftsache und nicht auf den Ablauf einer Vernehmung in allen Einzelheiten. Deshalb reicht es an dieser Stelle aus, die wesentlichen Grundzüge der Vernehmung aufzuzeigen.

Nach einem freien Bericht sind gezielte Fragen zur Sachverhaltsaufklärung zu stellen. Diese könnten sein:

- Haben Sie gerade die Frau überfallen?
- Wer hat die Tat geplant?
- Wie hat sich die Tat abgespielt?
- Wer hat das Opfer geschlagen?
- War das Schlagen Teil eines Planes?
- Was haben Sie erbeutet?
- Wie ist Ihre Flucht abgelaufen?
- Wer ist Ihr Mittäter?
- Wo wohnt Ihr Mittäter?
- Wo könnte er sich aufhalten?
- Wie kann er telefonisch erreicht werden?
- Wann und was haben Sie an Drogen vor der Tat konsumiert?
- Wer ist Ihr Dealer?
- Welche Taten haben Sie vor dieser Tat begangen?
- Wo verstecken Sie oder ihr Mittäter die Beute?
- An wen verkaufen Sie Ihre Beute oder Teile daraus?
- Haben Sie ein Fahrzeug und wo steht es? Haben Sie ein Fahrzeug in Benutzung? Wem gehört das Fahrzeug?
- Gehen Sie einer geregelten Arbeit nach oder beziehen Sie Arbeitslosengeld/ -hilfe?
- Haben Sie Schulden? Wie hoch sind diese?
- Haben Sie Kontakte ins Ausland?
- ...

Hinweis: Aus den Fragen sollte die Intention der Vernehmung hervorgehen. Es geht zum einen um die Aufklärung der aktuellen Tat und um die Identifizierung des flüchtigen Mittäters. Außerdem können zurückliegende Straftaten aufgeklärt oder Informationen dazu erlangt werden, was auch für mögliche Hehler gilt. Weiterhin sind bereits während der Vernehmung Anhaltspunkte für mögliche Haftgründe zu erörtern. Da der Tatverdächtige bereits bekannt ist, besteht eine hohe Wahrscheinlichkeit, dass er wieder Straftaten begehen wird. Dabei können die erlangten Angaben gegebenenfalls hilfreich sein.

3. Sicherstellung der Kleidung

Im Rahmen der körperlichen Auseinandersetzung, dh während der Tatausführung, wurde das Opfer von einem der beiden Täter ins Gesicht geschlagen. Beim Eintreffen der beobachtenden Polizeibeamten stellen diese fest, dass das Opfer stark aus der Nase blutet. Somit kann davon ausgegangen werden, dass sich Blut des Opfers auch auf der Kleidung der Täter befinden könnte. Aus diesem Grund ist die Bekleidung des Mohammed als Beweismittel und Spurenträger gem. §§ 94, 98 StPO sicherzustellen oder zu beschlagnahmen. Eine kriminaltechnische Untersuchung erfolgt zu einem späteren Zeitpunkt. Mohammed erhält von der Polizei Ersatzkleidung gestellt. Die sichergestellten Kleidungsstücke sind getrennt und in Papiertüten zu asservieren.

4. ED-Behandlung

Die erkennungsdienstliche Behandlung nach § 81b StPO ist die nun folgende Maßnahme. Im Sachverhalt agieren die Täter unmaskiert und könnten somit vom Opfer wiedererkannt werden. Dies trifft auch auf die beobachtenden Polizeibeamten zu. Außerdem ist Mohammed als Intensivtäter bekannt und deshalb kann davon ausgegangen werden, dass er auch in Zukunft gleichgelagerte Straftaten begehen könnte.

Um ein Wiedererkennen durch das Opfer und die Zeugen zu ermöglichen, ist eine Anordnung nach § 81b Alt. 1 StPO – zur Durchführung des Strafverfahrens – möglich. Diese ED-Behandlung dient dazu, die Lichtbilder des Beschuldigten den verletzten Opfern und auch den zuerst am Tatort tätigen Polizeibeamten als Zeugen zur Wiedererkennung vorzulegen und somit das Strafverfahren beweissicher durchführen zu können.

Eine Anordnung nach § 81b Alt. 1 StPO – für die Zwecke des Erkennungsdienstes – ist hier auch möglich, da davon auszugehen ist, dass der Beschuldigte auch in Zukunft gleichgelagerte Taten begehen und dabei seine Fingerabdrücke hinterlassen oder von Zeugen bei der Tatausführung beobachtet werden könnte. Die Anordnung erfolgt durch die Polizeibeamten. Die Auswahl und das Zutreffen der Rechtsgrundlage haben später vor allem Einfluss auf die Löschungsfristen des gefertigten ED-Materials.

Hinweis: Im Sachverhalt steht, dass Mohammed bereits kriminalpolizeilich in Erscheinung getreten ist und somit ist auch davon auszugehen, dass er im Zusammenhang mit diesen Taten bereits erkennungsdienstlich behandelt wurde. Auch wenn dies von den Studierenden bejaht wird, so entfällt die Maßnahme an dieser Stelle nicht, da auch das Anfertigen aktueller Lichtbilder, die für das Wiedererkennungsverfahren benötigt werden, bereits eine erkennungsdienstliche Behandlung darstellt. Eine Ausnahme, dh der Verzicht auf neue Lichtbilder, kann gegebenenfalls greifen, wenn die vorherige ED-Behandlung zeitlich nicht weit zurück liegt und das Aussehen des Beschuldigten sich nicht verändert hat.

5. DNA-Entnahme

Da das Opfer von einem der beiden Täter ins Gesicht geschlagen wurde und es zu einem Handgemenge gekommen ist, könnten die Täter dabei auch DNA-Spuren am Opfer hinterlassen haben. Deshalb ist an dieser Stelle die DNA-Probe als weitere Maßnahme zu erörtern. Diese kann durch einen Innenwangenabrieb mit steriler Bakteriette freiwillig geschehen oder durch eine Blutprobe nach § 81a StPO. Die Blutprobe ist durch einen Richter anzuordnen, bei Gefährdung des Untersuchungserfolges auch durch die Staatsanwaltschaft und ihre Ermittlungspersonen. Der weitere Umgang mit der DNA-Probe richtet sich nach §§ 81e und 81f StPO und erfolgt nach Abwägung der Sachbearbeitung zu einem späteren Zeitpunkt. Wichtig zu diesem Zeitpunkt ist es, eine entsprechende Probe zu sichern.

6. Wohnungsdurchsuchung

Als nächstes ist eine Wohnungsdurchsuchung gem. § 102 StPO zu prüfen. Im vorliegenden Fall wurde einer der beiden Täter, Mohammed, mit der Beute in unmittelbarer Nähe des Tatortes angetroffen und vorläufig festgenommen. Der zweite Täter konnte fliehen.

Eine Wohnungsdurchsuchung nach § 102 StPO dient der Auffindung von Beweismitteln, zB Tatmittel, Beute aus den vorangegangenen Taten, Hinweise auf den Verbleib der Beute daraus, Hinweise auf Hehler und Hinweise auf weitere geplante Straftaten. Im vorliegenden Fall stützt sich die Durchsuchung auf das Finden von Hinweisen, insbesondere von Telefonnummern und Anschriften, des flüchtigen Täters. Die Suche nach Beweismitteln aus zurückliegenden Taten ist nur dann möglich, wenn diese als Ergebnis von Ermittlungen benannt werden können oder Mohammed diese selbst in seiner vorangegangenen Vernehmung eingeräumt hat. Die Anordnung dieser Maßnahme obliegt nach § 105 StPO dem Richter, bei Gefahr im Verzug auch der Staatsanwaltschaft und ihren Ermittlungspersonen. Aus dem Sachverhalt geht nicht hervor, ob zu dieser Zeit ein Staatsanwalt und ein Richter erreichbar sind. In der Praxis ist dies in der Regel nach 00.00 Uhr nicht mehr der Fall, wodurch die Durchsuchung durch die Polizeibeamten angeordnet wird. Weiterhin ist die Nachtzeitschranke aus § 104 StPO zu beachten. Da hier jedoch einer der beiden Täter flüchtig ist und dessen Ergreifung auch von Hinweisen aus der Wohnung des Mohammed abhängig sein kann, liegt Gefahr im Verzug vor und somit kann die Wohnung auch zur Nachtzeit durchsucht werden. Bis zum Anbruch der strafprozessualen Tageszeit, könnte bereits auf Beweismittel Einfluss genommen worden sein. Zeugen werden gem. § 105 StPO hinzugezogen.

Die Durchsuchung umfasst die Wohnung, den Keller, sonstige Nebengelasse und auch benutzte Pkw.

7. Sicherstellung von Beweismitteln

Sollten bei der Durchsuchung Beweismittel gefunden werden, so sind diese nach §§ 94 und 98 StPO sicherzustellen/zu beschlagnahmen, im Durchsuchungs- und Sicherstellungsprotokoll aufzulisten und entsprechend zu asservieren.

8. Haftgründe

Nach Abschluss der Standardmaßnahmen ist zu prüfen, ob Mohammed weiterhin vorläufig festgenommen bleibt, dem Haftrichter vorzuführt wird oder zu entlassen ist.

Gemäß § 112 StPO darf die Untersuchungshaft gegen einen Beschuldigten nur angeordnet werden, wenn er der Tat dringend verdächtig ist und ein Haftgrund besteht. Der dringende Tatverdacht kann unter anderem bejaht werden, da Mohammed von den Polizeibeamten bei der Tat beobachtet wird und mit hoher Wahrscheinlichkeit durch das Opfer und gegebenenfalls auch durch die Beamten auf Lichtbildern wiedererkannt werden kann.

! **Hinweis:** Das Wiedererkennungsverfahren ist an dieser Stelle nicht als Standardmaßnahme zu behandeln, da die rechtlichen Voraussetzungen und das taktische Vorgehen erst Unterrichtsstoff im HS 2 sind.

Weiterhin wird Mohammed in zeitlicher und örtlicher Nähe zum Tatort mit der Tatbeute in der Hand angetroffen. Die Übereinstimmung der aufgefundenen Gegenstände als tatsächliche Tatbeute kann durch eine Vorlage bei der Geschädigten belegt werden.

Vor dem Antreffen hat er versucht vor der Polizei zu flüchten, was aber nur seiner Begleitung gelang, aber auch für ihn belastend ist. Somit liegt der dringende Tatverdacht vor.

Im vorliegenden Fall könnte der Haftgrund der Fluchtgefahr vorliegen. Fluchtgefahr ist dann gegeben, wenn die Gefahr größer ist, dass sich der Beschuldigte dem Strafverfahren durch Flucht entzieht, als dass er sich dem Verfahren stellt. Hierbei hat eine Abwägung der Argumente für oder gegen diese Annahme stattzufinden. Zu den sozialen Gegebenheiten von Mohammed sagt der Sachverhalt nichts aus, diese müssen sich aus der Vernehmung oder durch die durchgeführten Ermittlungen ergeben. Mohammed ist 19 Jahre alt und wird somit grundsätzlich nach dem „Erwachsenenstrafrecht“ und nicht nach dem Jugendstrafrecht bestraft. Hinweise auf mögliche Ausnahmen sind aus dem Sachverhalt nicht erkennbar. Sollte er ein Geständnis während seiner Vernehmung abgelegt haben, so ist dies durch den Richter zu berücksichtigen. Für eine Flucht sprechen die kriminalpolizeilichen Vorerkenntnisse wegen Eigentumsdelikten und Drogenhandels und die Tatsache der Bekanntheit als eingestufter Intensivtäter. Außerdem haben die beiden Täter einen Raub nach § 249 StGB begangen. Hierbei handelt es sich um ein Verbrechen, mit einer Mindestfreiheitsstrafe von nicht unter einem Jahr. Sollte der Faustschlag zu einer schweren Gesundheitsschädigung führen, so erhöht sich die Mindestfreiheitsstrafe auf nicht unter drei Jahren (schwerer Raub nach § 250 StGB). Für diese Annahme reichen aber die Fakten im Sachverhalt noch nicht aus. Sollte Mohammed bereits in der Vergangenheit verurteilt worden sein, so spricht dies ebenfalls für eine zu erwartende empfindliche Freiheitsstrafe. Somit liegt der Haftgrund der Fluchtgefahr vor. Fakten, die gegen eine Fluchtgefahr des Festgenommenen sprechen, sind aus dem Sachverhalt nicht erkennbar.

Hinweis: Viele Studierende möchten an dieser Stelle zusätzlich noch den Haftgrund der Verdunkelungsgefahr nach § 112 StPO begründen. Dies liegt nahe, da der Mittäter flüchtig ist und dieser somit gemeinsam mit Mohammed die Tat verdunkeln könnte. Aus dem Sachverhalt ergeben sich jedoch keine Hinweise darauf, dass sich Mohammed aktiv an solchen Handlungen beteiligen will. Es wäre bei den wenigen Angaben des Sachverhalts nur zu vermuten. Weiterhin sind die Spuren, die Beute und die Aussagen bereits gesichert und Maßnahmen wie die Wohnungsdurchsuchung bereits durchgeführt. Somit gibt es keine nachvollziehbare Begründung für eine tatsächliche Verdunkelung und damit für den Haftgrund der Verdunkelungsgefahr.

Es wäre im Rahmen einer Negativabgrenzung möglich, diesen Haftgrund kurz abzuhandeln, um dafür eventuell Zusatzpunkte zu erlangen.

Als weiterer Haftgrund könnte hier noch der subsidiäre Haftgrund der Wiederholungsgefahr nach § 112a StPO vorliegen. Die beiden Täter begingen hier einen Raub nach § 249 StGB und von Mohammed ist bekannt, dass er ein Intensivtäter ist. Der Einsatz der Polizeibeamten fand zielgerichtet an diesem Ort und zu dieser Zeit statt, da es am vorherigen Wochenende bereits zu zwei Raubüberfällen auf junge Frauen gekommen ist, die vom Jugendzentrum auf dem Weg nach Hause waren. Auch in diesen beiden Fällen handelte es sich bei den Tätern um zwei Personen mit südländischem Aussehen, die den Opfern die Geldbörsen und Handys raubten. Aufgrund des übereinstimmenden Modus Operandi kann vermutet werden, dass alle drei Taten von den gleichen Tätern verübt wurden. Sollte sich dieser Serienzusammenhang bestätigen, lässt dies auch den Schluss zu, dass mit weiteren Taten in Zukunft zu rechnen ist, wenn die Täter nicht festgenommen und in Untersuchungshaft genommen werden. Aufgrund seines Drogenkonsums ist zur Finanzierung der notwendigen Drogen mit weiteren Straftaten des Mohammed zu rechnen. Ob Mohammed bereits wegen gleichgelagerter Straftaten verurteilt wurde, steht nicht im Sachverhalt. Dennoch dürfte auch der Haftgrund der Wiederholungsgefahr vorliegen.

9. Vorführung

Im Laufe des Morgens ist der Sachverhalt mit der sachbearbeitenden Staatsanwaltschaft zu besprechen, um eine Entscheidung darüber zu erlangen, wie mit dem Beschuldigten weiter verfahren werden soll. Eine solche Entscheidung hängt aber vor allem von den Ergebnissen der durchgeführten Maßnahmen ab, die aber aus dem Sachverhalt nicht ersichtlich sind. Sollte Mohammed ein Geständnis abgelegt haben und/oder weitere Beute gefunden werden, so bestärkt dies sicherlich das Vorliegen der beschriebenen Haftgründe. Der Staatsanwalt entscheidet darüber, ob er einen Antrag auf das Erlassen eines Untersuchungshaftbefehls beim zuständigen Haftrichter stellt. In diesem Fall muss durch die

Sachbearbeitung ein Vorführbericht gefertigt werden und die Ermittlungsakte muss entsprechend aufgebaut/zusammengestellt werden. Die Ermittlungsakte hat alle schriftlichen Arbeiten zu enthalten, durch die die durchgeführten Ermittlungsschritte dokumentiert sind.

Die Ermittlungsakte wird dann in zweifacher Ausführung an die Staatsanwaltschaft übermittelt, um den Antrag auf Erlass eines Haftbefehls zu ermöglichen. Anschließend ist der Beschuldigte dem Amtsgericht zu überstellen. Der Haftrichter entscheidet dann über den Erlass eines Haftbefehls oder über die mögliche Freilassung.

D. Fälle im Bereich Polizeiliche Konzepte im Zusammenhang mit „Gewalt im sozialen Nahraum"

EINFÜHRUNG

Ein Kompetenzziel im Modul HS 1.2.1 liegt darin, dass die Studierenden in der Lage sind,

- polizeiliche Konzepte im Zusammenhang mit „Gewalt im Sozialen Nahraum" auf konkrete Sachverhalte unter besonderer Berücksichtigung des Opferschutzes zu übertragen;
- Gefährdungsbeurteilungen in Fällen der „Gewalt im sozialen Nahraum" zu erstellen und die erforderlichen Maßnahmen abzuleiten.

Hierzu ist folgender Lehr-/Lerninhalt festgeschrieben:

- Besonderheiten bei der Erhebung des Tatbefundes und Sachbearbeitung von Fällen der häuslichen Gewalt und Gewalt im sozialen Nahraum, Beurteilung der Gefährdungslage.[21]

Nach den ergänzenden Hinweisen sind die beschriebenen Kompetenzziele in der Lernzielstufe 3 verankert und es sind folgende Lehr-/Lerninhalte vorgesehen:

- Phänomenologie der häuslichen Gewalt
- Darstellung typischer Verletzungsbilder
- Besonderheiten bei der Erhebung des Tatbefundes und der Sachbearbeitung in Fällen der häuslichen Gewalt und im sozialen Nahraum
- Gefährdungsbeurteilung (PDV 129 VS-NfD-) und Nutzung spezifischer polizeilicher Datensysteme in Fällen der häuslichen Gewalt

Für die fachliche Vermittlung dieser Inhalte sind acht LVS im Präsenzstudium und sechs Stunden Selbststudium vorgesehen.[22]

Hinweis: Fälle der häuslichen Gewalt oder im sozialen Nahraum werden in den Kombiklausuren des HS 1 häufig als Sachverhalt ausgewählt, um an solchen Fällen die Fragen der Einsatzlehre und der Kriminalistik anzuknüpfen. Es ist damit zu rechnen, dass die Sachverhalte „häusliche Gewalt" somit mit Fragestellungen zur kriminalistischen Fallanalyse aus dem Grundstudium, zum Auswertungsangriff und auch zur Vernehmung kombiniert werden.

[21] Modulhandbuch Bachelorstudiengang PVD 2016, Ab dem Einstellungsjahrgang 2020, S. 56 f.

[22] Ergänzende Hinweise zu den Modulbeschreibungen – HSPV NRW Bachelorstudiengang BA PVD, Stand: 3/2021, S. 119.

FALL 21: Häusliche Gewalt bei Familie Bergmann

Schwerpunkt: Personalbeweis

LAGE

Nach erfolgreichem Abschluss Ihres Bachelorstudienganges versehen Sie als PK'in/PK Wachdienst in der Polizeiinspektion Nord des PP Düsseldorf. Heute, Freitag, dem 17.7.2020, haben Sie Nachtdienst und befinden sich zusammen mit Ihrem Kollegen POK Holte auf Funkwagenstreife im Bereich Ihrer Polizeiinspektion. Gegen 22.50 Uhr erhalten Sie von der Leitstelle folgenden Einsatz:

„D 12/31 fahren Sie Dreherstraße 47 bei Riemer/Bergmann, dort Hinweis auf eine Körperverletzung. Die 15-jährige Anruferin Frau Lisa Lotz wartet vor dem Haus auf Ihr Eintreffen.

Frau Lotz ist eine Freundin der 13-jährigen Nathalie Bergmann. Beide waren heute zusammen im Kino. Nathalie sollte spätestens um 22.30 Uhr zu Hause sein. Weil sie noch ein paar Freunde aus der Schule getroffen haben, hätten sie sich etwas verspätet. Nathalie wäre ziemlich ängstlich gewesen, da der jetzige Freund ihrer Mutter sie häufiger schlagen würde. Hierzu benutze der Freund auch häufig einen Gürtel. Der Freund, Herr Klaus Riemer, sei vor ca. fünf Monaten in die Wohnung eingezogen. Dies war der Grund, warum sie Nathalie bis zur Tür begleitet habe. Herr Riemer hätte schon in der geöffneten Wohnungstür gewartet und Nathalie als Schlampe bezeichnet. Hierbei konnte Frau Lotz deutlichen Alkoholgeruch wahrnehmen. Gleichzeitig ohrfeigte er Nathalie mit der rechten Hand und zog sie am Arm in die Wohnung. Die Tür wurde durch Herrn Riemer zugeworfen und von innen konnte die Anruferin lautes Geschrei hören.

Da sie nun Angst um ihre Freundin habe, habe sie den Notruf betätigt."

Angaben zu den gemeldeten Personen:

1. **Klaus Riemer**
   Klaus Riemer ist 45 Jahre und geschieden. Nach der Scheidung, die vor drei Jahren vollzogen wurde, verlor Herr Riemer im letzten Jahr seinen Arbeitsplatz als Maurer bei einer ortsansässigen Firma. Seit dieser Zeit konsumiert er regelmäßig größere Mengen Alkohol.
   Im letzten Jahr wurde gegen Herrn Riemer zweimal wegen einfacher Körperverletzung, jeweils nach Kneipenbesuchen, ermittelt. Es kam jedoch zu keiner Verurteilung.

2. Nicole Bergmann

Nicole Bergmann ist 39 Jahre und verwitwet. Ihr Mann starb bei einem Autounfall vor sieben Jahren. Seit dieser Zeit zieht sie Nathalie alleine groß. Herrn Riemer kennt sie seit zwei Jahren. Vor dem Einzug des Herrn Riemer in ihre Wohnung haben sich die beiden verlobt. Frau Bergmann arbeitet als angestellte Reinigungskraft in einer Gebäudereinigungsfirma. Frau Bergmann ist bisher noch nicht kriminalpolizeilich in Erscheinung getreten.

3. Nathalie Bergmann

Nathalie Bergmann ist 13 Jahre alt und die einzige Tochter ihrer Mutter. Sie bewohnt in der Wohnung ein eigenes Zimmer und geht auf die nahegelegene Gesamtschule.

Eintreffen: Bei Ihrem Eintreffen öffnet Ihnen Herr Riemer die Wohnungstür und hält dabei einen zusammengerollten Herrengürtel, der um die rechte Hand geschlungen ist, fest umklammert. Die Gürtelschnalle hängt ca. 40 cm frei nach unten. Sie nehmen bei Herrn Riemer einen deutlichen Alkoholgeruch wahr. Es gelingt Ihnen kommunikativ, Herrn Riemer dazu zu bringen, den Gürtel aus der Hand zu legen. Anschließend gehen sie gemeinsam ins Wohnzimmer. Auf dem dortigen Tisch steht eine halbvolle Wodkaflasche und zwei leere Flaschen Bier. Insgesamt macht die Wohnung einen unaufgeräumten und dreckigen Eindruck.

Frau Bergmann liegt noch wach, mit einem Nachthemd bekleidet, im Bett im Schlafzimmer. Mehrere aufgeschlagene Zeitschriften liegen neben ihr. Vermutlich hat Frau Bergmann im Bett gelesen. Sie stellen sich zunächst als Polizeibeamte vor und fragen Frau Bergmann direkt, was gerade passiert sei. Frau Bergmann äußert darauf, dass ihr Verlobter Nathalie wieder einmal geschlagen haben muss, da sie Schmerzensschreie gehört habe. Sie könne dagegen aber nichts unternehmen, da sie Angst davor habe, er könne sie dann auch schlagen.

Im Kinderzimmer finden Sie Nathalie, die auf dem Teppich vor ihrem Bett sitzt und verweinte Augen hat. Ihre linke Wange ist deutlich gerötet und am linken Oberarm sind deutliche parallele Striemen zu erkennen. Die Haut ist in diesem Bereich angeschwollen. Auf Ihre Frage hin, was passiert sei, antwortet Nathalie mit verweinter Stimme, dass Klaus sie zweimal geohrfeigt und sie dann mit seinem Gürtel auf den Arm geschlagen habe. Dies passiere immer, wenn er betrunken sei.

Aufgabe: Beurteilen Sie den Personalbeweis (Ziff. 3.1 der Kriminalistischen Fallanalyse) bezogen auf Herrn Klaus Riemer, Frau Nicole Bergmann und Nathalie Bergmann.

(Gewichtung 25 %)

LÖSUNGSVORSCHLAG

Hinweis: Innerhalb der Klausuren im Modul HS 1.2 werden vermehrt Fragen zum Personalbeweis der Kriminalistischen Fallanalyse gestellt. Die Inhalte beziehen sich dabei auch auf die Punkte, die im Grundstudium zu diesem Thema vermittelt wurden. In diesem Studienabschnitt ist jedoch zu beachten, dass der Punkt „Beweisverwertungsverbote" bearbeitet werden muss, da dies fachlicher Gegenstand des HS 1.2 ist.

Sollte es zu diesem Thema im Sachverhalt Anhaltspunkte geben, so kann dies im Schema des Personalbeweises an zwei verschiedenen Stellen angesprochen werden. Hierbei handelt es sich um die Punkte „Belehrung" und „Beweisverwertungsverbote". Grundsätzlich spielt es für die Bewertung keine Rolle, wo diese Problematik bearbeitet wird. Wichtig ist nur, dass dies geschieht.

1. Herr Klaus Riemer

Die Personalien und die Erreichbarkeiten von Herrn Riemer werden gem. § 163b I StPO festgestellt. Hierzu reicht in aller Regel die Vorlage eines Bundespersonalausweises aus. Da Herr Riemer sich in seiner Wohnung aufhält, ist davon auszugehen, dass er seine Ausweispapiere auch dort aufbewahrt.

Bei Herrn Riemer könnte es sich um einen Beschuldigten handeln. Beschuldigter ist eine Person, gegen die sich das Verfahren richtet und gegen die mit dem Ziel der Anklageerhebung ermittelt wird. Im vorliegenden Fall wurde durch die Anruferin Frau Lotz durch ihren Notruf eine Körperverletzung zum Nachteil von Frau Nathalie Bergmann durch Herrn Riemer bei der Polizei angezeigt. Nathalie hat gesehen, wie Herr Riemer ihre Freundin geohrfeigt und dann in die Wohnung gezogen hat. Somit wurde Nathalie an ihrer Gesundheit gefährdet oder geschädigt und es liegen bereits die Tatbestandsmerkmale der Körperverletzung nach § 223 StGB vor. Weiterhin bezeichnete Herr Riemer Nathalie noch als „Schlampe", dies könnte eine Beleidigung nach § 185 StGB darstellen. Die Strafanzeige richtet sich gegen Herrn Riemer, der von Frau Lutz bei der Anzeigenerstattung explizit als handelnde Person und Verursacher genannt wird. Die Angaben von Frau Lutz werden durch die Beobachtungen der eingesetzten Polizeibeamten verstärkt, die Herrn Riemer in der Wohnung mit einem Gürtel um die Hand antreffen, dessen Schnalle nach unten hängt. Nathalie wird auf dem Teppich vor ihrem Bett sitzend angetroffen und ihre linke Wange ist deutlich gerötet. Das kommt als Folge der Ohrfeige in Betracht. Außerdem weist sie am Oberarm deutliche parallele Striemen auf. Diese Verletzungen könnten von dem Gürtel stammen, den Herr Riemer anfangs in der Hand hielt. Somit würde auch der Verdacht einer gefährlichen Körperverletzung gem. § 224 StGB gegeben sein, weil der Gürtel als gefährliches Werkzeug einer Körperverletzung benutzt worden sein könnte. Dies wird auch durch die Aussage von Frau Nicole Bergmann verstärkt, die laute Schmerzensschreie gehört hat. Nathalie Bergmann bestätigt die Vermutung der Polizeibeamten auf Nachfrage. Somit besteht der dringende Verdacht, dass Herr Riemer seine Tochter geschlagen hat und von den Beamten wird zielgerichtet gegen ihn ermittelt. Somit hat er den Status eines Beschuldigten.

Die Belehrung eines Beschuldigten ergibt sich aus § 136 StPO iVm § 163a StPO. Diese Paragraphen beinhalten Folgendes:

- Mitteilung vor Beginn der Vernehmung, welche Tat/Taten ihm zur Last gelegt wird
- Umfassendes Aussageverweigerungsrecht
- Jederzeitige Hinzuziehung eines Rechtsanwaltes
- Stellung von Beweisanträgen zu seiner Entlastung

Dies bedeutet, dass Herrn Riemer gesagt werden muss, dass er beschuldigt wird, Nathalie Bergmann beleidigt und geschlagen zu haben. Hierzu habe er möglicherweise auch seinen Gürtel als gefährliches Werkzeug benutzt.

Wichtig ist, dass die Belehrung inhaltlich verstanden wird. Aus dem Sachverhalt geht hervor, dass bereits die Anruferin bei Herrn Riemer deutlichen Alkoholgeruch wahrgenommen hat. Beim Eintreffen der Polizeibeamten werden die gleichen Feststellungen gemacht. Außerdem stehen auf dem Wohnzimmertisch eine halbvolle Flasche Wodka und zwei leere Bierflaschen. Aus den Erkenntnissen über die Bewohner der Wohnung ist bekannt, dass Herr Riemer regelmäßig größere Mengen Alkohol zu sich nimmt, seit er seine Arbeitsstelle verloren hat. Deshalb ist es möglich, dass Herr Riemer vor dem Antreffen die zwei Flaschen Bier und eine halbe Flasche Wodka getrunken hat. Diese Annahme wird dadurch verstärkt, dass Frau Bergmann in ihrem Bett liegt und vermutlich nicht gemeinsam mit Herrn Riemer getrunken hat. Wenn diese Annahme zutrifft, kann davon ausgegangen werden, dass Herr Riemer stark angetrunken oder betrunken ist und er somit die Belehrung vor Ort nicht verstehen kann und wird.

Dies hat zur Konsequenz, dass mit einer verantwortlichen Vernehmung des Beschuldigten gewartet werden muss, bis er ausgenüchtert ist oder in der Lage ist der Belehrung und dann auch der Vernehmung zu folgen.

Dann kann er zusammenhängend in Form eines freien Berichts seine Sicht über den Ablauf des Falles schildern, wenn er nicht von seinem Recht auf umfassendes Aussageverweigerungsrecht Gebrauch macht. Anschließend sind folgende Vertiefungs- oder Verständnisfragen zu stellen:

- Seit wann schlagen Sie Nathalie?
- Wann haben die Taten stattgefunden?
- Wie und womit schlagen Sie zu?
- Welche Verletzungen erlitt Nathalie dadurch?
- Wie und von wem wurden die Verletzungen behandelt?
- Wie hat sich ihre Mutter verhalten?
- Haben Sie die Mutter/ihre Verlobte geschlagen?
- Was und in welcher Zeit haben Sie vor der letzten Tat getrunken?
- Was haben Sie mit Ihrem Gürtel gemacht?
- Was ist der Grund für Ihren Alkoholkonsum?
- Seit wann sind Sie mit Frau Bergmann verlobt?

Die Glaubwürdigkeit der Aussagen von Beschuldigten ist immer zu hinterfragen. In der Regel werden die Aussagen so getätigt, dass der eigene Tatbeitrag so gering wie möglich erscheint. Deshalb ist es notwendig, die Aussage von Herrn

Riemer auf Plausibilität zu prüfen und mit den Aussagen der Zeugen und mit den festgestellten Spuren abzugleichen. Konkreter kann an dieser Stelle auf die Glaubwürdigkeit von Herrn Riemer nicht eingegangen werden, da dazu der Sachverhalt keine Anhaltspunkte liefert, da Herr Riemer noch nicht vernommen wurde.

Sollte Herr Riemer vor Ort von den Beamten trotz seines Alkoholkonsums belehrt und vernommen worden sein, so könnte der Inhalt der Vernehmung einem Beweisverwertungsverbot unterliegen. Da dazu jedoch im Sachverhalt nichts näher ausgeführt ist, kann davon ausgegangen werden, dass dies nicht geschehen ist.

2. Frau Nicole Bergmann

Die Personalien und die Erreichbarkeiten von Frau Nicole Bergmann werden gem. § 163b I StPO festgestellt. Hierzu reicht in aller Regel die Vorlage eines Bundespersonalausweises aus. Da Frau Bergmann sich in ihrer eigenen Wohnung aufhält, ist davon auszugehen, dass sie ihre Ausweispapiere auch dort aufbewahrt.

Fraglich ist, ob Nicole Bergmann Zeugin oder Beschuldigte im vorliegenden Verfahren ist, da sich nach ihrem Status die Belehrung richtet.

Zeuge ist, wer sachdienliche Hinweise zu einem Strafverfahren machen kann und gegen den sich das Verfahren nicht richtet. Im vorliegenden Sachverhalt kann Frau Bergmann Hinweise darauf geben, was sie wann gehört hat. Dies bezieht sich auf die Körperverletzung zum Nachteil ihrer Tochter. Das Verfahren wegen Körperverletzung richtet sich bisher nur gegen ihren Verlobten Herrn Riemer. Somit wäre Nicole Bergmann in diesem Verfahren Zeugin.

Aus dem Sachverhalt geht hervor, dass Frau Bergmann auf Nachfrage antwortet, dass Herr Riemer wieder ihre Tochter geschlagen haben muss, da sie Schmerzensschreie wahrgenommen hat. Durch ihre Aussage bestätigt sie außerdem, dass es auch in der Vergangenheit zu Körperverletzungshandlungen seitens ihres Verlobten gekommen ist. Dies wird auch durch die Aussage der Zeugin Lotz bestätigt. Das Verfahren gegen Herrn Riemer bezieht sich somit nicht nur auf die Körperverletzung vom heutigen Abend, sondern auch auf die vergangenen Fälle, die mit einbezogen werden. Weiterhin gibt Frau Bergmann an, dass sie dagegen nichts unternehmen könne, da sie Angst vor Herrn Riemer hätte. Diese Aussage könnte beinhalten, dass sie die Körperverletzungsdelikte mitbekommen hat. Ihre Möglichkeit einzuschreiten, kann nicht aus dem Sachverhalt beurteilt werden, aber sie ist nicht aktiv geworden. Durch das Nichtstun könnte sie ein Unterlassungsdelikt begangen haben. Hier steht die gefährliche Körperverletzung nach §§ 223, 224 StGB iVm § 13 StGB im Raum, da sie als Mutter verpflichtet ist, ihrem leiblichen Kind zu helfen. Hier reicht der Anfangsverdacht einer Straftat nach § 152 II StPO aus, um bei Frau Bergmann den Status einer Beschuldigten festzulegen.

> **Hinweis:** Es ist durchaus denkbar, dass an dieser Stelle die Argumentation vertreten wird, dass es sich um zwei verschiedene Ermittlungsverfahren handelt. Dann wäre Frau Bergmann im Verfahren gegen Herrn Riemer Zeugin und im

Verfahren gegen sich selbst Beschuldigte. Diese Argumentationslinie birgt jedoch die Gefahr, dass innerhalb der gestellten Fragen als Zeugin, auch solche vorhanden sind, die in ihrem Verfahren möglicherweise eine Belastung darstellen. Hier würde ihr Recht aus § 55 StPO greifen. Außerdem ist bei der Belehrung als Zeugin zu beachten, dass ihr als Verlobte von Herrn Riemer das Zeugnisverweigerungsrecht nach § 52 StPO zusteht.

Die Belehrung eines Beschuldigten ergibt sich aus § 136 StPO iVm § 163a StPO. Diese Paragraphen beinhalten Folgendes:

- Mitteilung vor Beginn der Vernehmung, welche Tat/Taten ihr zur Last gelegt wird/werden
- Umfassendes Aussageverweigerungsrecht
- Jederzeitige Hinzuziehung eines Rechtsanwaltes
- Stellung von Beweisanträgen zu ihrer Entlastung

Dies bedeutet, dass ihr gesagt werden muss, dass sie sich eines Unterlassungsdeliktes – hier gefährliche Körperverletzung durch Unterlassen – strafbar gemacht haben könnte.

Die Belehrung muss von Frau Bergmann verstanden werden, bevor sie zum Sachverhalt vernommen werden kann.

Aus dem Sachverhalt ist ersichtlich, dass die Beamten Frau Bergmann im Schlafzimmer auf dem Bett liegend antreffen. Frau Bergmann ist wach und nimmt die beiden Polizeibeamten sicher auch als solche zur Kenntnis. Die Beamten fragen sie direkt, was gerade passiert sei. Diese Frage bezieht sich auf den gerade stattgefundenen Sachverhalt der Körperverletzung und stellt somit bereits eine Vernehmung dar. Zum Zeitpunkt der Frage war den Beamten lediglich bekannt, dass Herr Riemer vermutlich Nathalie geschlagen hat und gegebenenfalls weitere gleichgelagerte Handlungen in der Wohnung folgten. Von einer möglichen Strafbarkeit von Nicole Bergmann war zu diesem Zeitpunkt nicht auszugehen. Somit konnte sie von den Beamten als Zeugin im Verfahren angesehen werden. Sie hätte vor der Frage ordnungsgemäß als Zeugin gem. §§ 52, 55 und 57 StPO belehrt werden müssen. Die aufgeführten Paragraphen enthalten Hinweise auf das Zeugnisverweigerungsrecht, das Auskunftsverweigerungsrecht und die Ermahnung zur Wahrheitspflicht. Frau Bergmann muss also nicht aussagen, wenn sie dadurch nahe Angehörige oder sich selbst der Gefahr einer Strafverfolgung aussetzen würden. Sie ist auf die möglichen Folgen einer nicht wahrheitsgemäßen Aussage in Bezug auf falsche Verdächtigungen und Vortäuschen einer Straftat hinzuweisen. Da es sich bei Herrn Riemer um ihren Verlobten handelt, kann sie von ihrem Zeugnisverweigerungsrecht Gebrauch machen und muss ihn somit nicht belasten. Das mögliche Unterlassungsdelikt wurde bereits dargestellt.

Durch die unterbliebene Belehrung waren ihr diese Rechte nicht bewusst. Durch ihre Antwort belastet sie ihren Verlobten und sich selbst, wodurch sich unter anderem ihr Status ändert. Hätte Frau Bergmann ihre Rechte vorgetragen und erklärt bekommen, so hätte sie auf diese Frage ihre Aussage verweigern können. Da die Beamten Frau Bergmann vor der Fragestellung nicht belehren, liegt hier ein Beweiserhebungsverbot in Form eines (Beweis-)Mittelverbotes vor. Dieses

Beweiserhebungsverbot könnte im Verfahren auch zu einem Beweisverwertungsverbot führen. Hier könnte ein relatives Beweisverwertungsverbot vorliegen, da im Einzelfall zu entscheiden ist, ob die nach der Frage gemachten Äußerungen der Nicole Bergmann verwertet werden dürfen oder nicht. Wenn die Polizeibeamten Frau Bergmann ordnungsgemäß über ihre Rechte belehrt hätten, so hätte sie von ihren Rechten erfahren und diese für sich in Anspruch nehmen können. Das „Nichtwissen“ der Inhalte ihrer Rechte hat Frau Bergmann somit stark beeinträchtigt. Dies führt in der Regel dazu, dass die gemachten Aussagen nach der gezielten Frage nicht verwertet werden. Es liegt somit ein Beweisverwertungsverbot vor.

Wichtig für weitere Vernehmungen von Nicole Bergmann durch Polizeibeamte ist, dass die Beantwortung der Frage einem Geständnis gleichgestellt wird. Alle weiteren Vernehmungen und Antworten würden auf diesem Ergebnis aufbauen und würden somit auch einem Beweisverwertungsverbot unterliegen. Dies gilt auch dann, wenn Frau Bergmann vor einer weiteren Vernehmung als Beschuldigte, wie oben geschildert, ordnungsgemäß belehrt werden würde. Eine Verwertbarkeit der Aussage kann nur dadurch erreicht werden, dass Frau Bergmann vor einer weiteren Vernehmung qualifiziert belehrt werden muss. Eine qualifizierte Belehrung liegt dann vor, wenn ihr vor Beginn der Belehrung als Beschuldigte, wie auch für den Fall vor Beginn der Belehrung einer weiteren Zeugenaussage, vor der möglichen Aussage gesagt wird, dass alle ihre Angaben nach der Frage im Schlafzimmer nicht verwertet werden dürfen. Sie sind als nicht gesagt zu betrachten oder drastischer als null und nichtig zu bezeichnen. Wenn Frau Bergmann dies verstanden hat, dann kann sie umfänglich belehrt werden und kann jetzt „neu“ entscheiden, ob sie aussagen will oder nicht. Diese Nichtverwertung setzt Frau Bergmann also wieder in den gleichen Stand, wie vor ihrer ersten Aussage. Bei einer Zeugenbelehrung wäre sie somit als Zeugin zu belehren, wobei sie besonders auf ihr Zeugnisverweigerungsrecht gegenüber ihres Verlobten hinzuweisen ist. Eine Belehrung als Beschuldigte käme hier nur dann in Betracht, wenn sich in der Zwischenzeit Anhaltspunkte, zB durch die Aussage des Herrn Riemer, für das im Raume stehende Unterlassungsdelikt ergeben hätten.

Nach der qualifizierten Belehrung kann Nicole Bergmann zusammenhängend in Form eines freien Berichts ihre Sicht des Falles/der Fälle schildern. Anschließend sind folgende Vertiefungs- oder Verständnisfragen zu stellen:

- Seit wann schlägt der Lebensgefährte/Verlobte Nathalie?
- Wann, womit und wie schlägt er zu?
- Hat Ihr Verlobter auch Sie geschlagen?
- Hat Nathalie Verletzungen von den Schlägen erlitten?
- Waren Sie mit ihr deswegen bei einem Arzt? Bei welchem?
- Was und wieviel hat Klaus vor den Taten getrunken?
- Konnte er sich noch unterhalten, zB dem Fernsehen folgen oder lesen?
- Seit wann sind Sie mit Herrn Riemer verlobt?
- Wie haben Sie sich bei den Körperverletzungen verhalten?
- Wo haben Sie sich dabei aufgehalten?
- Was haben Sie ganz konkret in diesen Situationen gesehen oder gehört?

- Wurden Sie von Herrn Riemer bedroht? Wie?
- Warum haben Sie keine Hilfe geholt oder die Polizei angerufen?

Die Glaubwürdigkeit der Aussage von Nicole Bergmann ist zu hinterfragen. Sie ist die Verlobte des Herrn Riemer, der vermutlich bereits seit mehreren Monaten ihre Tochter schlägt und dabei auch seinen Gürtel als gefährliches Werkzeug benutzt. Bisher hat sie nicht versucht, Herrn Riemer von den Taten abzuhalten. Der Grund liegt angeblich nur darin, dass sie selbst Angst vor ihm hätte. Vermutlich ist sie eingeschüchtert und will Herrn Riemer nicht gegen sich aufbringen. Dies könnte dazu führen, dass sie ihre Aussage so gestaltet, dass sie versuchen wird, die Schuld nicht ihm zuzusprechen oder seine Tathandlungen herunterzuspielen.

Die Frage nach einem möglichen Beweisverwertungsverbot wurde bereits bei der Belehrung umfangreich erörtert.

3. Nathalie Bergmann

Die Personalien und die Erreichbarkeiten von Frau Nathalie Bergmann werden gem. § 163b I StPO festgestellt. Hierzu reicht in aller Regel die Vorlage eines Bundespersonalausweises oder eines Lichtbildausweises aus. Da Nathalie sich in der gemeinsamen Wohnung aufhält, ist davon auszugehen, dass ihre Mutter ihre Ausweispapiere auch dort aufbewahrt und den Beamten aushändigt.

Laut Sachverhalt wird Nathalie von Herrn Riemer seit Monaten geschlagen. Die letzte Tat hat am Abend des Einsatzes stattgefunden. Sie ist somit Opfer der Körperverletzung und kann das Tatgeschehen schildern. Folglich ist Nathalie Zeuge eines Strafverfahrens, da sie sachdienliche Hinweise zu einem Strafverfahren machen kann und sich das Verfahren nicht gegen sie richtet.

Sie ist somit vor einer Vernehmung ordnungsgemäß als Zeugin gem. §§ 52, 55 und 57 StPO zu belehren. Die aufgeführten Paragraphen enthalten Hinweise auf das Zeugnisverweigerungsrecht, das Auskunftsverweigerungsrecht und die Ermahnung zur Wahrheitspflicht. Nathalie muss also nicht aussagen, wenn sie durch die Aussage nahe Angehörige oder sich selbst der Gefahr einer Strafverfolgung aussetzen würden. Sie ist auf die möglichen Folgen einer nicht wahrheitsgemäßen Aussage in Bezug auf falsche Verdächtigungen und Vortäuschen einer Straftat hinzuweisen. Da es sich bei Nicole Bergmann um ihre Mutter handelt, ist sie auf das Zeugnisverweigerungsrecht gegenüber ihrer Mutter ausdrücklich hinzuweisen.

Nathalie ist 13 Jahre alt und somit rechtlich ein Kind. Gemäß § 52 II StPO können Minderjährige nur dann selbstständig über das vorliegende Recht entscheiden, wenn sie über die notwendige Verstandesreife verfügen, um die Bedeutung des Zeugnisverweigerungsrechts zu erkennen. Das Gesetz legt keine Altersgrenze für diese Verstandesreife fest. Die Verstandesreife muss individuell in jedem Fall geprüft werden. Nathalie war mit ihrer Freundin alleine ohne Begleitung von Erwachsenen im Kino. Sie hatte Ausgang bis 22.30 Uhr. Dies sind Anhaltspunkte dafür, dass sie eigenständig Entscheidungen treffen kann und sich ohne Probleme in der Öffentlichkeit bewegen kann. Grundsätzlich kann davon ausgegangen werden, dass bei normaler Entwicklung 13-jährige Mädchen über diese Verstandesreife verfügen. Die gemachten Anhaltspunkte sprechen für das Vorliegen der Verstandesreife und aus dem Sachverhalt gehen keine Umstände oder Fakten hervor, die hier gegen eine Verstandesreife sprechen. Somit kann von der notwendigen Verstandesreife ausgegangen werden. Dies bedeutet, dass Nathalie selbst über die mögliche Inanspruchnahme des Zeugnisverweigerungsrechtes entscheiden kann. Dies ist deshalb so wichtig, da ihre Mutter gegebenenfalls Beschuldigte eines möglichen Unterlassungsdeliktes ist.

Nathalie wird von den Beamten weinend vor ihrem Bett auf einem Teppich sitzend angetroffen und gefragt, was passiert sei. Diese Frage bezieht sich auf den gerade stattgefundenen Sachverhalt der Körperverletzung und stellt somit bereits eine Vernehmung dar, da jede Frage zum strafrechtlich relevanten Sachverhalt bereits eine Vernehmung darstellt. Die Frage diente auch nicht zur Klärung des Status, da dieser durch die Aussage der Zeugin Lotz und die Wahrnehmungen der Beamten zum Zeitpunkt der Frage feststand. Nathalie war das Opfer und somit Zeugin. Sie hätte vor der Frage ordnungsgemäß als Zeugin gem. §§ 52, 55 und 57 StPO belehrt werden müssen. Die Inhalte der Belehrung wurden bereits bei Frau Bergmann ausgeführt.

Das Unterlassen der Belehrung machte es für die Zeugin unmöglich, sich ein Bild über ihre Verweigerungsrechte zu machen. Das Weglassen der Belehrung verstieß gegen die gesetzlichen Vorschriften der Belehrung. Die Antwort unterliegt somit einem Beweiserhebungsverbot. Fraglich ist, ob dieses Beweiserhebungsverbot auch zu einem Beweisverwertungsverbot führt. Die gegebene Antwort bezieht sich lediglich auf das Verhalten von Herrn Riemer und die Tathandlungen. Nathalie erwähnt in ihrer Antwort ihre Mutter nicht. Gegenüber Herrn Riemer steht Nathalie das Zeugnisverweigerungsrecht nicht zu, da sie mit Herrn Riemer nicht verwandt ist. Es handelt sich nicht um ihren sorgeberechtigten Vater, sondern um den Verlobten ihrer Mutter. Wenn Nathalie durch die Beamten vor der Frage ordnungsgemäß belehrt worden wäre, so hätte sie voraussichtlich auf diese Frage genauso geantwortet, wie ohne Belehrung. Sie hätte das Recht auf Zeugnisverweigerung nicht in Anspruch nehmen dürfen. Somit war sie auch ohne ordnungsgemäße Zeugenbelehrung in ihren Rechten nicht beeinträchtigt. Es liegt zwar ein Beweiserhebungsverbot vor, das aber im vorliegenden Fall nicht zu einem Beweisverwertungsverbot führt. Die Antwort darf also im Verfahren verwertet werden.

Nach der zeugenschaftlichen Belehrung kann Nathalie zusammenhängend in Form eines freien Berichts ihre Sicht des Falles/der Fälle schildern. Anschließend sind folgende Vertiefungs- oder Verständnisfragen zu stellen:

- Seit wann schlägt Klaus Sie?
- Wann, womit, wie oft und wie schlägt er zu?
- Hat Klaus auch Ihre Mutter geschlagen?
- Wurden Sie durch die Schläge verletzt?
- Waren Sie deswegen bei einem Arzt? Bei welchem?
- Was und wieviel hat Klaus vor den Taten getrunken?
- Konnte er sich noch unterhalten, dem Fernsehen folgen oder lesen?
- Wie hat sich Ihre Mutter bei den Schlägen verhalten?

- Wo hat sie sich dabei aufgehalten?
- Wurde Ihre Mutter von Herrn Riemer bedroht? Wie?
- Welchen Personen haben Sie von den Taten erzählt?
- Dürfen wir Ihre Verletzungen fotografieren?
- Haben Sie noch ältere Verletzungen, die man sehen kann?

Die Aussage von Nathalie ist glaubwürdig, sollte aber mit der Aussage der Zeugin Lotz verglichen werden. Von einer grundsätzlich wahrheitsgemäßen Aussage ist hier im Sachverhalt auszugehen. Der einzige ersichtliche Grund für eine dramatischere Schilderung der Handlungen könnte darin begründet werden, dass Nathalie möchte, dass sich ihre Mutter von Herrn Riemer wieder trennen sollte. Weiterhin könnte sie gegebenenfalls durch die Schilderung besonderer Umstände die Aussage ihre Mutter schützen. Konkrete Hinweise darauf fehlen hier.

Ein Beweisverwertungsverbot könnte noch zum Tragen kommen, wenn die Beamten nach der ersten Frage weitere Fragen stellen würden, ohne Nathalie zu belehren. Wenn sich diese Fragen auch auf das Strafverfahren der Mutter beziehen, dann würde ihr das Zeugnisverweigerungsrecht zustehen. Wenn ihr dies nicht gesagt wurde, dann ist sie in ihren Rechten stark beeinträchtigt und somit wäre ihre Aussage nicht verwertbar.

FALL 22: Häusliche Gewalt bei Familie Bergmann

!

Hinweis: Es handelt sich um den gleichen Sachverhalt wie bei Fall 21, der an dieser Stelle nur deshalb wiederholt wird, da der Themenbereich des Sachbeweises im HS 2 um den Punkt „Beweisverbote" ergänzt wird und das Lernen mit Sachverhalten einfacher ist, wenn es für die Bereiche Personal- und Sachbeweis eigene Sachverhalte gibt.

Schwerpunkt: Sachbeweis

LAGE

Nach erfolgreichem Abschluss Ihres Bachelorstudienganges versehen Sie als PK'in/PK Wachdienst in der Polizeiinspektion Nord des PP Düsseldorf. Heute, Freitag, dem 17.7.2020, haben Sie Nachtdienst und befinden sich zusammen mit Ihrem Kollegen POK Holte auf Funkwagenstreife im Bereich Ihrer Polizeiinspektion. Gegen 22.50 Uhr erhalten Sie von der Leitstelle folgenden Einsatz:

„D 12/31 fahren Sie Dreherstraße 47 bei Riemer/Bergmann, dort Hinweis auf eine Körperverletzung. Die 15-jährige Anruferin Frau Lisa Lotz wartet vor dem Haus auf Ihr Eintreffen.

Frau Lotz ist eine Freundin der 13-jährigen Nathalie Bergmann. Beide waren heute zusammen im Kino. Nathalie sollte spätestens um 22.30 Uhr zu Hause sein. Weil sie noch ein paar Freunde aus der Schule getroffen haben, hätten sie sich etwas verspätet. Nathalie wäre ziemlich ängstlich gewesen, da der jetzige Freund ihrer Mutter sie häufiger schlagen würde. Hierzu benutze der Freund auch häufig einen Gürtel. Der Freund, Herr Klaus Riemer, sei vor ca. fünf Monaten in die Wohnung eingezogen. Dies war der Grund, warum sie Nathalie bis zur Tür begleitet habe. Herr Riemer hätte schon in der geöffneten Wohnungstür gewartet und Nathalie als Schlampe bezeichnet. Hierbei konnte Frau Lotz deutlichen Alkoholgeruch wahrnehmen. Gleichzeitig ohrfeigte er Nathalie mit der rechten Hand und zog sie am Arm in die Wohnung. Die Tür wurde durch Herrn Riemer zugeworfen und von innen konnte die Anruferin lautes Geschrei hören.

Da sie nun Angst um ihre Freundin habe, habe sie den Notruf betätigt."

Angaben zu den gemeldeten Personen:

1. **Klaus Riemer**
   Klaus Riemer ist 45 Jahre und geschieden. Nach der Scheidung, die vor drei Jahren vollzogen wurde, verlor Herr Riemer im letzten Jahr seinen Arbeits-

platz als Maurer bei einer ortsansässigen Firma. Seit dieser Zeit konsumiert er regelmäßig größere Mengen Alkohol.
Im letzten Jahr wurde gegen Herrn Riemer zweimal wegen einfacher Körperverletzung, jeweils nach Kneipenbesuchen, ermittelt. Es kam jedoch zu keiner Verurteilung.

2. **Nicole Bergmann**
   Nicole Bergmann ist 39 Jahre und verwitwet. Ihr Mann starb bei einem Autounfall vor sieben Jahren. Seit dieser Zeit zieht sie Nathalie alleine groß. Herrn Riemer kennt sie seit zwei Jahren. Vor dem Einzug des Herrn Riemer in ihre Wohnung haben sich die beiden verlobt. Frau Bergmann arbeitet als angestellte Reinigungskraft in einer Gebäudereinigungsfirma. Frau Bergmann ist bisher noch nicht kriminalpolizeilich in Erscheinung getreten.
3. **Nathalie Bergmann**
   Nathalie Bergmann ist 13 Jahre und die einzige Tochter ihrer Mutter. Sie bewohnt in der Wohnung ein eigenes Zimmer und geht auf die nahegelegene Gesamtschule.

Eintreffen: Bei Ihrem Eintreffen öffnet Ihnen Herr Riemer die Wohnungstür und hält dabei einen zusammengerollten Herrengürtel, der um die rechte Hand geschlungen ist, fest umklammert. Die Gürtelschnalle hängt ca. 40 cm frei nach unten. Sie nehmen bei Herrn Riemer einen deutlichen Alkoholgeruch wahr. Es gelingt Ihnen kommunikativ, Herrn Riemer dazu zu bringen, den Gürtel aus der Hand zu legen. Anschließend gehen Sie gemeinsam ins Wohnzimmer. Auf dem dortigen Tisch steht eine halbvolle Wodkaflasche und zwei leere Flaschen Bier. Insgesamt macht die Wohnung einen unaufgeräumten und dreckigen Eindruck.

Frau Bergmann liegt noch wach, mit einem Nachthemd bekleidet, im Bett im Schlafzimmer. Mehrere aufgeschlagene Zeitschriften liegen neben ihr. Vermutlich hat Frau Bergmann im Bett gelesen. Sie stellen sich zunächst als Polizeibeamte vor und fragen Frau Bergmann direkt, was gerade passiert sei. Frau Bergmann äußert darauf, dass ihr Verlobter Nathalie wieder einmal geschlagen haben muss, da sie Schmerzensschreie gehört habe. Sie könne dagegen aber nichts unternehmen, da sie Angst davor habe, er könne sie dann auch schlagen.

Im Kinderzimmer finden Sie Nathalie, die auf dem Teppich vor ihrem Bett sitzt und verweinte Augen hat. Ihre linke Wange ist deutlich gerötet und am linken Oberarm sind deutliche parallele Striemen zu erkennen. Die Haut ist in diesem Bereich angeschwollen. Auf Ihre Frage hin was passiert sei, antwortet Nathalie mit verweinter Stimme, dass Klaus Sie zweimal geohrfeigt und sie dann mit seinem Gürtel auf den Arm geschlagen habe. Dies passiere immer, wenn er betrunken sei.

Aufgabe: Analysieren Sie den Sachbeweis (Ziff. 3.2 der Kriminalistischen Fallanalyse) bezogen auf den Gürtel und die Verletzungen von Nathalie.

(Gewichtung: 25 %)

LÖSUNGSVORSCHLAG

!

Hinweis:

1. Bei der Bearbeitung des Sachbeweises ist im HS 1 noch der Punkt „Beweisverwertungsverbote" hinzugekommen. Somit muss dieser Punkt bei jeder Spur angesprochen werden, auch wenn kein Hinweis auf ein Beweisverwertungsverbot vorliegen sollte. Für die Spuren, bei denen dieser Punkt keine Rolle spielt, ist gegebenenfalls eine zusammenfassende Darstellung ausreichend. Auswirkungen kann ein Beweisverwertungsverbot vor allem bei Spuren am Körper haben, bei denen die Beteiligten zu einem gemeinsamen sozialen Nahraum gehören.

2. Unabhängig vom Beweisverwertungsverbot ist in Fällen der häuslichen Gewalt insbesondere darauf einzugehen, dass die Beteiligten in der Regel in einer häuslichen Gemeinschaft wohnen und dadurch ein Großteil des Spurenaufkommens begründet werden kann. Diese sog. „Berechtigten-Spuren" müssen differenziert betrachtet werden, da der Beweiswert der Spuren eine wichtige Rolle bei der Überführung des Täters spielt.

1. Gürtel als Situationsspur

Jede Spur stellt auch gleichzeitig eine Situationsspur dar. Situationsspuren sind diejenigen Spuren, die sich aus dem Vorhandensein oder Fehlen von Gegenständen und deren besonderer Lage am Ort und zueinander ergeben und die der Rekonstruktion des Geschehens dienen.

Dadurch, dass Herr Riemer beim Eintreffen der Polizeibeamten den Gürtel um seine rechte Hand gewickelt trägt, kann dies aussagen, dass er den Gürtel wie ein Schlagwerkzeug hält. Die Gürtelschnalle hängt ca. 40 cm nach unten, was diese Annahme bekräftigt. Es gibt keine sonstige logische Erklärung, warum ein Gürtel in dieser Situation sonst so getragen werden sollte. Da Herr Riemer den Gürtel um die rechte Hand trägt, lässt dies vermuten, dass er Rechtshänder ist und mit dieser Hand auch zuschlägt.

2. Gürtel als Gegenstandsspur

Bei dem Gürtel könnte es sich um eine Gegenstandsspur handeln. Als Gegenstandsspuren werden Gegenstände bezeichnet, die am Tatort aufgefunden werden und eine beweiserhebliche Bedeutung haben. Im vorliegenden Sachverhalt hält Herr Riemer den Gürtel in der Hand und die Schnalle hängt ca. 40 cm nach unten. Somit könnte der Gürtel als Schlagwerkzeug benutzt worden sein, was eine beweiserhebliche Bedeutung darstellt. Somit ist der Gürtel eine Gegenstandsspur.

!

Hinweis: Da Herr Riemer beim Eintreffen der Polizeibeamten den Gürtel in der Hand hält, ist dieser ihm zweifelsfrei zuzuordnen und deshalb kann die Prüfung der Gegenstandsspur kurz ausfallen.

Als Gruppenbeweis lässt sich feststellen, um welche Art von Gürtel es sich handelt. Außerdem können das Material, die Breite, Abnutzungserscheinungen und die Gürtelschnalle bestimmt werden. Somit kann der Gürtel einer bestimmten Gruppe zugeordnet werden. Ein Individualbeweis ist nicht möglich, da es sich bei dem Herrengürtel um ein Massenprodukt handelt.

Im vorliegenden Fall liegt der Beweiswert darin, dass Herr Riemer den Gürtel um seine rechte Hand geschlungen trägt und der Gürtel ihm somit zuzurechnen ist.

Ein Sammlungsvergleich ist nicht möglich.

Beweisverwertungsverbote liegen nicht vor. Jedoch ist zu beachten, dass die Aussagekraft des Gürtels sich nur in Zusammenhang mit der Formspur am Körper des Mädchens ergibt. Auf ihr mögliches Untersuchungsverweigerungsrecht wird bei ihrer Verletzung eingegangen.

3. Gürtel als Spurenträger von DNA

Sollte der Gürtel tatsächlich als Schlagwerkzeug benutzt worden sein, so ist zu vermuten, dass sich Hautschuppen/Epithelzellen des Opfers am Gürtel abgelagert haben. Sollte das Opfer durch die Schläge mit dem Gürtel offene und blutende Wunden erlitten haben, so könnte sich auch Blut am Gürtel befinden. Zum jetzigen Zeitpunkt gibt es dazu keine Anhaltpunkte aus dem Sachverhalt. Bei diesen Epithelzellen könnte es sich um Materialspuren handeln. Materialspuren sind Substanzen (fest, flüssig oder gasförmig), deren stoffliche Eigenschaften und Zusammensetzungen kriminalistische Schlüsse zulassen. Die Epithelzellen dürften in fester Form vorliegen und kriminalistische Schlüsse zulassen, die näher beim Beweiswert erläutert werden. Epithelzellen werden auch als serologische Materialspur bezeichnet.

Im Rahmen des Gruppenbeweises kann ermittelt werden, ob es sich um menschliche oder tierische Epithelzellen/Hautschuppen handelt.

Die Epithelzellen enthalten DNA, was aufgrund der Einmaligkeit (außer bei eineiigen Mehrlingen) einer bestimmten Person sicher zugeordnet werden kann. Somit kann bis auf die bezeichnete Ausnahme von der Einmaligkeit der DNA gesprochen werden.

Bewiesen wird lediglich, dass der Gürtel mit der DNA von Nathalie in Berührung gekommen ist, wann und wo dies geschah, lässt sich zweifelsfrei nicht feststellen. Ob diese DNA-Übertragung nur durch die möglichen Schläge begründet werden kann, kann nicht gesagt werden. Ob es sich beim Spurenverursacher der DNA tatsächlich um das Opfer handelt, kann erst nach einem Vergleich gesagt werden.

Der zentrale Sammlungsvergleich für DNA-Spuren ist die DAD (DNA-Analyse-Datei). Hier kann verglichen werden, ob die vorgefundene Spur einer Person zugeordnet werden kann oder einer anderen an einem Tatort vorgefundenen Spur. Dieser Abgleich ist im vorliegenden Fall jedoch nicht notwendig, da es sich um ein Delikt im sozialen Nahraum handelt und konkret überprüft werden muss, ob die DNA von Nathalie stammt. Ein Abgleich mit der DNA von Nicole Bergmann ist sinnvoll, wenn die Ermittlungen zu Anhaltspunkten führen, dass Herr Riemer auch sie geschlagen hat.

Hinweis: Da die Sicherungsmethode nicht Teil des Sachbeweises ist, muss darauf an dieser Stelle auch nicht eingegangen werden. Dabei handelt es sich um einen häufigen Fehler von Studierenden, der im Einzelfall viel unnötige Bearbeitungszeit kostet. Die Sicherung von Vergleichsmaterial erfolgt im Rahmen des Auswertungsangriffs und muss dort auch rechtlich begründet werden.

4. Verletzungen von Nathalie

Aus dem Sachverhalt geht hervor, dass Nathalie eine deutlich gerötete linke Wange aufweist und auf dem linken Oberarm sind deutliche parallele Striemen zu erkennen.

Bei den Verletzungsspuren könnte es sich um Formspuren handeln. Formspuren sind die durch Einwirkung eines Spurenverursachers entstandenen Formveränderungen an einem Objekt. Aus der formmäßigen Beschaffenheit der Spur sind kriminalistische Schlüsse zu ziehen. Formspuren kommen in der Regel als Abdruck- oder Eindruckspuren vor. Eine Abdruckspur entsteht durch eine Substanzübertragung und eine Eindruckspur durch eine Substanzverdrängung. Hier dürfte es sich um eine Eindrucksspur handeln, da zunächst die Haut durch das „Schlagwerkzeug“ verdrängt wurde und erst danach angeschwollen ist.

Im Rahmen des Gruppenbeweises lässt sich lediglich feststellen, dass es zu einer Schädigung der Hautoberfläche gekommen ist und Hinweise dazu erlangt werden können, durch welches Werkzeug diese Verletzungen entstanden sein könnten. Bei den Striemen auf dem Oberarm kann die genaue Breite des Schlagwerkzeugs festgestellt werden. Bei der geröteten Wange lässt sich eventuell ermitteln, ob die Verletzung mit der flachen Hand, der Faust oder einem Gegenstand verursacht wurden. Sollten sich die Finger abbilden, kann auch gesagt werden, ob die Verletzung mit der linken oder rechten Hand verursacht wurde und ob es sich um einen Erwachsenen oder ein Kind gehandelt hat.

Ein Individualbeweis ist nicht möglich, da es keine individuellen Verletzungsspuren gibt.

Der Beweiswert der Verletzungen besagt, dass Nathalie kurz vor dem Eintreffen der Polizeibeamten geschlagen wurde. Wann genau der Zeitpunkt war, lässt sich nicht genau sagen. Anhand der Striemen kann vermutet werden, dass diese Verletzungen durch einen parallelen Gegenstand verursacht wurden und nicht mit der flachen Hand oder der Faust entstanden sind.

Die festgestellten Spuren haben aufgrund des räumlichen und zeitlichen Zusammenhangs dennoch einen großen Einfluss auf den Beweiswert. Allerdings müssen die Feststellungen dann auch von einem erfahrenen Mediziner bzw. Rechtsmediziner zeitnah begutachtet werden.

Fraglich könnte hier auch sein, ob der Körper von Nathalie nicht noch mehr Spuren aufweist. Aufgrund des fehlenden Zeugnisverweigerungsrechts gegenüber Klaus, muss hier das Untersuchungsverweigerungsrecht nicht geprüft werden. Eine körperliche Untersuchung von Nathalie ist daher zur Feststellung der Spuren am Körper anzustreben.

Ein Vergleich ist hier mit dem Gürtel möglich, um festzustellen, ob die Breite des Gürtels mit dem Abstand der Striemen übereinstimmt. Somit kann der Gürtel als mögliches Tatwerkzeug ausgeschlossen oder eingeschlossen werden. Ein eindeutiger Beweis liegt nicht vor.

5. Verletzungen von Nathalie als Situationsspuren

Auch diese Spuren stellen Situationsspuren dar, die bereits oben beim Gürtel definiert wurden.

Die Lage der Verletzung lässt vermuten, dass es sich beim Schläger um einen Rechtshänder handelt, da sich die Verletzung auf der linken Wange befindet. Wenn der Täter beim Schlag gegenüber von Nathalie gestanden hat, dann schlägt ein Rechtshänder seinem Gegenüber auf die linke Körperseite, hier das Gesicht. Im Rahmen der Situationsspur kann auch gesagt werden, wo sich genau die Verletzung befindet.

Die Striemen befinden sich am linken Oberarm und lassen einen gleichen Handlungsablauf vermuten, wobei jetzt jedoch mit einem Gegenstand, vermutlich dem Gürtel, zugeschlagen wurde. Die Anzahl der Striemen lässt Rückschlüsse zu, wie oft Nathalie mit dem Gürtel geschlagen wurde.

Weiterhin lässt sich aussagen, ob es sich um frische oder ältere Verletzungsspuren handelt.

E. Klausuren im HS 1.2

Die bisherigen Fragen zu den vorangestellten Sachverhalten wurden alle mit einer Gewichtung versehen, die sich realistisch an der derzeitigen Praxis der Klausuren orientiert. Um den Studierenden mögliche Themenzusammensetzungen, den Umfang von Klausuren im HS 1.2 und um mögliche konkrete Fragestellungen zu verdeutlichen, werden nachfolgend Klausuren abgedruckt, die im Studienabschnitt genauso geschrieben wurden. Aus Lizenzgründen wurden jedoch die Kartenausschnitte entfernt, da diese für den Kriminalistik/Kriminaltechnik-Teil nicht benötigt werden. In allen Klausuren wurden die kriminalwissenschaftlichen Anteile mit 50 % gewichtet. Eine Gesamtsicht auf die bisherigen Klausuren im HS 1.2 zeigt, dass in aller Regel zwei bis drei verschiedene Fragen in einer Klausur mit unterschiedlicher Gewichtung zu bearbeiten sind. Die Gewichtung orientiert sich an der möglichen Schreibleistung und an der Schwierigkeit des fachlichen Themas.

Die Bearbeitungszeit der folgenden Klausuren betrug insgesamt vier Zeitstunden, woran sich voraussichtlich in nächster Zukunft auch nichts ändern wird. Die Besonderheit bei diesen Kombiklausuren im HS 1.2 liegt darin, dass keinerlei Hilfsmittel zugelassen sind. Alle gesetzlichen Bestimmungen und sonstige Verordnungen/Vorschriften müssen somit von den Studierenden gelernt werden. Dies wurde beschlossen, weil das erlernte Wissen in den Kriminalwissenschaften und im Bereich der Einsatzlehre auf Sachverhalte anzuwenden ist. Weiterhin orientiert sich die Kriminalistik an der Praxis, in der Polizeibeamte spontan vor Ort auch ohne Gesetzestexte agieren müssen.

Die Lösungen zu den Klausursachverhalten fehlen, da sich die Lösungen der einzelnen Aufgaben aus den bisherigen Sachverhalten zu den einzelnen Themenkomplexen ergeben und eine Veröffentlichung durch das Prüfungsamt der Fachhochschule untersagt ist.

Am Ende jeder Klausur nimmt der Verfasser jedoch allgemein zu den Fragen Stellung und weist auf Probleme und Lösungsanforderungen hin.

Die aufgeführten Klausuren eignen sich damit hervorragend für eine Selbst-Übung unter Klausurbedingungen.

1. KLAUSUR: Häusliche Gewalt – Klausur des Einstellungsjahrgangs 2014[23]

LAGE

Allgemeine Lage: Verschiedene Studienergebnisse lassen den Schluss zu, dass trotz eines gesetzlichen Verbotes ca. 10–15 % der Eltern schwerwiegendere und häufigere körperliche Bestrafungen anwenden.

Die Polizeiliche Kriminalstatistik (PKS) dokumentiert für das Jahr 2014 3.649 Fälle von Kindesmisshandlung (§ 225 StGB), insgesamt gab es 4.233 Opfer.

Besondere Lage: Nach erfolgreichem Abschluss des Bachelorstudienganges versehen Sie als PK'in/PK Wachdienst in der Polizeiinspektion Nord des PP D-Stadt. Sie versehen Frühdienst und befinden sich zusammen mit Ihrem Kollegen/Ihrer Kollegin auf Funkwagenstreife im zugewiesenen Streifenbezirk. Sie sind Streifenführer/-in des D 12/41.

Gegen 11:30 Uhr erhalten Sie über Funk von der Leitstelle „D-Stadt" folgenden Einsatz:

„D 12/41, fahren Sie Lübecker Straße. Eine Frau Mittermeier, die sich jetzt in ihrer Wohnung Lübecker Str. 12 aufhält, hat soeben einen Mann beobachtet, der in Höhe des Hauses Lübecker Str. 9 auf dem Gehweg mehrfach mit der Hand und der Faust auf ein etwa zehn- bis zwölfjähriges Mädchen eingeschlagen hat. Das Mädchen blutete heftig aus der Nase, trotzdem hat er sie fortgesetzt geohrfeigt, die Kleine geschnappt und in das Haus Nr. 9 geschleppt. Er wohnt dort mit der Mutter des Mädchens in der ersten Etage. Das ist wohl auch schon öfter vorgekommen, dass er sie geschlagen hat."

Noch bevor Sie den Einsatz quittieren können, spricht Sie die Leitstelle erneut an: „D 12/41 wir haben einen weiteren Anrufer. Frau Schmitz aus Haus Nr. 9 hört aktuell dumpfe Geräusche und lautes Kindergeschrei aus der Wohnung Meier/Müller, vermutlich von der Tochter und dem Säugling."

Bemerkungen zur Lage:

1. **Störer/Nichtstörer:** In der bezeichneten Wohnung in der 1. Etage des Hauses Lübecker Str. 9 sind vier Personen amtlich gemeldet:
   - Jacqueline Meier, geb. 13.1.1984/Düsseldorf
   - Zoé Meier, geb. 18.12.2002/Düsseldorf

[23] Klausurersteller: Einsatzlehre-Teil: *Detlef Averdiek-Gröner*, Kriminalistik-/Kriminaltechnik-Teil. Verfasser.

- Justin Meier, geb. 5.1.2015/Düsseldorf
- Pascal Müller, geb. 14.5.1971/Köln

Wohnungsmieterin ist Frau Meier. Zum leiblichen Vater der Kinder Zoé und Justin hat Frau Meier kaum noch Kontakt. Der neue Freund, Herr Müller, wohnt erst seit Jahresbeginn in der Wohnung. Herr Müller hat den PHW „gewalttätig". Das KK 11 ermittelt aktuell gegen ihn wegen gefährlicher Körperverletzung zum Nachteil von Frau Meier.

2. **Kräfte:** Bei der Auftragsvergabe durch die Leitstelle befinden Sie sich in der Nähe des Einsatzortes und erreichen den Einsatzort unter Beachtung der Vorschriften der StVO in etwa drei Minuten.
   Der D 12/43 führt gerade eine Verkehrskontrolle durch. Falls Sie ihn bei der Leitstelle anfordern, wird er Ihnen für Ihren Einsatz unterstellt. Er erreicht den Einsatzort unter Beachtung der Vorschriften der StVO in etwa sechs Minuten.
   Sie (D 12/41) und der D 12/43 sind FustKW-Besatzungen der zuständigen Polizeiwache Lohausen der Polizeiinspektion Nord. Bei den Dienstfahrzeugen handelt es sich um blau-silberne Streifenwagen (Passat), die jeweils mit einer Beamtin und einem Beamten in Uniform besetzt sind.
   Ihr Dienstgruppenleiter und weitere Kräfte stehen derzeit wegen eines anderen Einsatzes nicht zur Verfügung.
3. **FEM/sonstige Ausrüstungsgegenstände:** Nachfolgend aufgeführte Gegenstände sind persönlich an die Beamten des PP D- Stadt ausgegeben:
   -1- Pistole mit Holster incl. 15 Schuss Munition, -1- Reservemagazin mit Tasche incl. 15 Schuss Munition, -1- Handfessel Stahl mit Tragevorrichtung, -1- RSG 3 mit Tragevorrichtung, -1- Taschenlampe mit Tragevorrichtung, -1- Paar Handschuhe, -1- Unterziehschutzweste, -1- Schutzhelm, -1- Tragevorrichtung für den Einsatzmehrzweckstock.
   Die Funkstreifenwagen sind unter anderem ausgerüstet mit -2- Handsprechfunkgeräten, Einmalhandschuhen, -2- Einsatzmehrzweckstöcken (ausziehbar) sowie einer digitalen Fotokamera.
4. **Raum:** Die Lübecker Straße liegt im Stadtteil Unterrath.

Hinweis: An dieser Stelle ist in der Originalklausur ein Kartenausschnitt der Lübecker Straße abgedruckt.

5. **Zeit:** Mittwoch, 15.12.2015, 11.30 Uhr

Aufgaben:

1. Beurteilen Sie die Lagefelder Auftrag und Gefährdung!
2. Formulieren Sie Ihren Entschluss!

(Aufgabe 1 und 2 insgesamt Gewichtung 40 %)

Lagefortschreibung: Frau Meier öffnet Ihnen wortlos die Wohnungstür und kehrt unmittelbar ins Bad zurück, wo sie sich augenscheinlich um ihre Tochter Zoé kümmert, die immer noch aus der Nase blutet.

Der Säugling liegt nackt und eingekotet auf dem Fliesenboden in der Küche, der Körper hat offensichtlich vielfältige blaue Flecken und wirkt abgemagert. Er weint lautstark und verschluckt sich fortwährend an seinem Erbrochenen.

Herr Müller sitzt im Wohnzimmer und verfolgt einen Videofilm. Bei Ihrem Eintreffen in der Diele schließt er die Tür mit dem Hinweis, er wolle nicht gestört werden.

Hinweis: An dieser Stelle ist in der Originalklausur ein Grundriss der Wohnung abgedruckt.

Aufgaben:

3. Beurteilen Sie das Lagefeld Opfer!

Hinweis: Für die Bearbeitung der Aufgabenstellung Nr. 4.1 sind alle vorstehenden Informationen, also auch die in den Nr. 1 und 3 enthaltenen, zu verwerten.

(Gewichtung 10 %)

4. Kriminalistik/Kriminaltechnik-Teil:

a) Analysieren Sie im Rahmen der kriminalistischen Fallanalyse die Ausgangssituation (Gefahrenlage [Ziff. 1.1.1], Verdachtslage im Hinblick auf eine Tat [Ziff. 1.1.2], Verdachtslage im Hinblick auf eine Person [Ziff. 1.1.3] und die Allgemeine Beurteilung [Ziff. 1.2]).
(Gewichtung 20 %)

b) Bearbeiten Sie den Personalbeweis (Ziff. 3.1 der Kriminalistischen Fallanalyse) in Bezug auf Zoé Meier.
(Gewichtung 10 %)

c) Bearbeiten Sie den Sachbeweis (Ziff. 3.2 der Kriminalistischen Fallanalyse) im vorliegenden Fall in Bezug auf Herrn Müller.
(Gewichtung 20 %)

ANMERKUNGEN DES VERFASSERS ZUR KLAUSURLÖSUNG DES KRIMINALISTIK-/KRIMINALTECHNIK-TEILS

Grundsätzlich lässt sich zur Fragestellung sagen, dass innerhalb der Klausuren im HS 1 immer wieder auf Erörterungspunkte der Kriminalistischen Fallanalyse zurückgegriffen wird. Dies führt bei einigen Studierenden zu Irritationen, da die Kriminalistische Fallanalyse Gegenstand des Modulhandbuches für das Grundstudium ist. Eine Analyse/fachliche Auseinandersetzung mit einem aktuellen kriminalistischen Fall ist jedoch nur möglich, wenn dazu auch die Kriminalistische Fallanalyse genutzt wird. Deshalb wird die Kriminalistische Fallanalyse auch in Übungsfällen während des HS 1 immer wieder eingebaut und abgefragt.

In der vorliegenden Klausur wurden insgesamt vier Unterpunkte der Kriminalistischen Fallanalyse abgefragt und mit 20 % Gewichtung versehen. Eine Unterteilung dieser Gewichtung auf die einzelnen Punkte wird nicht vorgegeben und unterliegt dadurch dem Kursdozenten, der auch die Klausur bewertet.

Bei der Beantwortung der Aufgabe 2 hatten einige Studierende Schwierigkeiten, weil sie sich vermutlich nicht genügend auf Fragen zur Fallanalyse vorbereitet hatten und dies jedoch in dieser Klausur einen Schwerpunkt darstellte.

Bei der Verdachtslage im Hinblick auf eine Tat, musste sowohl Herr Müller als auch Frau Meier kriminalistisch betrachtet werden. Eine mögliche Strafbarkeit von Frau Meier bezüglich eines Unterlassungsdeliktes musste erkannt werden. Wurde dies nicht erkannt, dann setzte sich dieser Fehler bei der Analyse der Verdachtslage im Hinblick auf eine Person fort. Eine Prüfung der Beschuldigteneigenschaft von Frau Meier erfolgte dann in der Regel nicht. Das Ergebnis dieser Prüfung ist aber auch für die Beantwortung der Aufgabe 4.3 wichtig, da es sich bei der Beschuldigten Frau Meier um die Mutter des geschädigten Mädchens handelt.

Bei der allgemeinen Beurteilung ist zu beachten, dass ein Teil der Tathandlung im öffentlichen Verkehrsraum stattgefunden hat und ein Kind und ein Säugling von den Körperverletzungshandlungen betroffen sind.

Im Rahmen der Beantwortung der Aufgabe 3 wird auch wieder auf das Schema des Personalbeweises aus der Kriminalistischen Fallanalyse zurückgegriffen. Wichtig bei der Beantwortung der Frage ist, dass hier eingeschränkt, nur der Personalbeweis in Bezug auf Zoé Meier zu bearbeiten ist. Dies bedeutet, dass alle anderen Personen nicht aufzuführen sind. Die Besonderheit im vorliegenden Sachverhalt bezieht sich auf das Alter von zwölf Jahren, was eine Prüfung der Verstandesreife erfordert. Gute Lösungen zeichnen sich an dieser Stelle dadurch aus, dass beide möglichen Varianten angesprochen werden. Dies ist einmal die Vernehmung als Zeugin, wenn das Kind die nötige Verstandesreife besitzt und einmal die Vernehmung unter Hinzuziehung eines Ergänzungspflegers, wenn sie die Verstandesreife nicht besitzt. Der Ergänzungspfleger wird deshalb eingesetzt, weil die erziehungsberechtigte Mutter im Verfahren selbst Beschuldigte ist (s. Verdachtslage im Hinblick auf eine Tat). Somit kann Zoé auch von ihrem Zeugnisverweigerungsrecht Gebrauch machen, wenn es um eine mögliche Belastung ihrer Mutter geht. Das Zeugnisverweigerungsrecht bezieht sich nicht auf Herrn Müller. Auch dies sollte sich aus der Lösung ergeben.

Bei der Aufgabe 4 sind alle Spuren in Bezug auf Herrn Müller zu bearbeiten. Hierunter fallen auch die Situationsspuren. Die Abarbeitung der einzelnen Spuren erfolgt anhand des Schemas für die Prüfung des Sachbeweises aus der Kriminalistischen Fallanalyse. Beim Beweiswert ist auf den hier wichtigen Bereich der „Berechtigten-Spuren“ intensiv einzugehen.

2. KLAUSUR: Banküberfall – Klausur des Einstellungsjahrgangs 2015[24]

LAGE

Allgemeine Lage: In den letzten Monaten wurden in D-Stadt mehrere Raubüberfälle auf Filialen der Volksbank verzeichnet.

Die Tatausführungen vollzogen sich in allen Fällen so, dass zwei Täter Angestellte vor der Öffnung der Bank mit Schusswaffen bedrohten, als sie gerade die Bank betreten wollten. Unter Vorhalt der Waffen verschafften sie sich so Zutritt und warteten im Gebäude auf die anderen Angestellten. Nach deren Eintreffen ließen sie diese dann den Tresor öffnen und verließen, nachdem sie alle anwesenden Personen gefesselt hatten, die Bank mit dem Geld aus dem Tresor.

Besondere Lage: Nach erfolgreichem Abschluss des Bachelorstudienganges versehen Sie als PK'in/PK Wachdienst in der Polizeiinspektion Süd des PP D-Stadt. Sie versehen Frühdienst und befinden sich zusammen mit Ihrer Kollegin/Ihrem Kollegen auf Funkwagenstreife im zugewiesenen Streifenbezirk. Sie sind Streifenführer/-in des D 13/42. Gegen 08:33 Uhr erhalten Sie über Funk von der Leitstelle „D-Stadt" folgenden Einsatz:

„D-Stadt unterbricht. D 13/42, versuchtes Raubdelikt auf Geldinstitut, Hasselsstr. 66. Die Melderin, Frau Lubocka, eine Angestellte der Volksbank, wurde von zwei maskierten Tätern mit einer Schusswaffe bedroht, als sie einen Nebeneingang öffnen wollte. Nach einer kurzen körperlichen Auseinandersetzung, bei der sie durch Schläge leichte Hämatome im Gesicht erlitt, konnte sie sich ins Gebäude flüchten und die Tür hinter sich zu ziehen, sodass die Täter keinen Zutritt erhielten. Da sie unverzüglich die Geschäftsräume der Bank aufsuchte, um die Polizei zu rufen, konnte sie keine Aussage darüber treffen, ob die Täter geflüchtet sind oder sich noch im Bereich aufhalten. Sie warte noch auf zwei weitere Angestellte sowie den Filialleiter. Eine Kollegin trifft eigentlich immer zeitgleich oder unmittelbar nach ihr in der Bank ein. Zur Personenbeschreibung konnte sie lediglich ausführen, dass die beiden Personen dunkel gekleidet waren. Der D 13/45 und der D 13/46 sind Ihnen unterstellt."

[24] Klausurersteller: Einsatzlehre-Teil: *Jörg Dietermann*, Kriminalistik-/Kriminaltechnik-Teil. Verfasser.

Bemerkungen zur Lage:

1. **Kräfte:**
   Sie (D 13/42) sowie der D 13/45 und der D 13/46 sind FustKW-Besatzungen der zuständigen Polizeiwache Wersten. Auch der D 13/45 und der D 13/46 befinden sich bei der Auftragsvergabe durch die Leitstelle auf Funkwagenstreife im zugewiesenen Streifenbezirk. Alle Einsatzfahrzeuge können den Einsatzort unter Beachtung der Vorschriften der StVO in ca. sieben Minuten erreichen. Bei allen Dienstfahrzeugen handelt es sich um blau-silberne Streifenwagen, die jeweils mit einer Beamtin und einem Beamten in Uniform besetzt sind.
   Ihr Dienstgruppenleiter und weitere Kräfte stehen wegen eines Großbrandes aktuell nicht zur Verfügung.
2. **Raum:** Die Filiale der Volksbank befindet sich im Erdgeschoss eines sechsgeschossigen Wohn- und Geschäftsgebäudes. Der öffentliche Zugang zur Bank liegt an der mit vollflächigen Fenstern versehenen Frontseite auf der Hasselsstraße, der Zugang für Bedienstete befindet sich in einem links neben der Bank liegenden separaten Eingang, der auch zu den Wohnungen im Haus führt.
3. **Zeit:** Freitag, 16.12.2016, 08:33 Uhr.
4. **Wetter:** trocken, Außentemperatur: 5 °C
5. **FEM/sonstige Ausrüstungsgegenstände:** Nachfolgend aufgeführte Gegenstände sind persönlich an die Beamten des PP D-Stadt ausgegeben:
   -1- Pistole mit Holster incl. 15 Schuss Munition, -1- Reservemagazin mit Tasche incl. 15 Schuss Munition, -1- Handfessel Stahl mit Tragevorrichtung, -1- RSG 3 mit Tragevorrichtung, -1- Taschenlampe mit Tragevorrichtung, -1- Paar Handschuhe, -1- Unterziehschutzweste, -1- Schutzhelm, -1- Tragevorrichtung für den Einsatzmehrzweckstock.
   Die Funkstreifenwagen sind unter anderem ausgerüstet mit -2- Handsprechfunkgeräten, Einmalhandschuhen, -2- Einsatzmehrzweckstöcken (ausziehbar), -1- Fotokamera digital, -2- Überziehschutzwesten.

Aufgaben:

1. Beurteilen Sie die Lagefelder Auftrag und Störer!

(Gewichtung 25 %)

Lagefortschreibung: Kurze Zeit später spricht die Leitstelle sie erneut an: „Hier D-Stadt an die eingesetzten Kräfte Volksbank Hasselsstraße, ein 16-jähriger Zeuge hat sich gemeldet. Er hatte sich schräg gegenüber der Volksbank an ein Fahrzeug gelehnt um mit seiner Freundin SMS zu schreiben. Plötzlich wurde er von zwei maskierten Personen mit der Schusswaffe bedroht und aufgefordert, vom Fahrzeug wegzutreten. Die Personen entfernten sich mit dann mit hoher Geschwindigkeit in Richtung Eller vom Tatort. Nach Aussage des Zeugen handelt es sich um einen schwarzen Pkw-Kombi. Vom Kennzeichen konnte er lediglich das Fragment D-SD 6 XX wiedergeben.

Sie befinden sich noch auf der Anfahrt und befahren gerade die Deutzer Straße in Richtung Hassels, als sie einen entgegenkommenden dunklen Ford Mondeo, besetzt mit zwei Personen, mit dem amtlichen Kennzeichen D-SD 683 bemerken. Sie sind dabei, den FustKW zu wenden und wollen dem Fahrzeug folgen. In diesem Moment erhöht der Fahrer, der sie augenscheinlich bemerkt hat, deutlich die Geschwindigkeit und überquert ungebremst die Kreuzung bei Rotlicht zeigender LSA. Hierbei kommt es beinahe zu einem Unfall mit einem VW Polo, der nur durch die sofortige Vollbremsung dessen Fahrzeugführers verhindert werden kann.

Unter Inanspruchnahme von Sonder- und Wegerechten nehmen Sie die Verfolgung auf und teilen dies unverzüglich der Leitstelle mit. Der DGL der Leitstelle verkündet über Funk die sofortige Einrichtung der BAO-Verfolgungsfahrt und die Führungsübernahme. Er weist sie an, das Fahrzeug weiter zu verfolgen.

Der Ford Mondeo flüchtet weiter über die Bernburger Straße nach rechts auf die Jägerstraße und folgt dann der Gruner Straße. Hierbei überholt er in waghalsiger Art und Weise mehrere Pkw. Dabei melden Sie der Leitstelle gefahrene Geschwindigkeiten von bis zu 130 km/h. Von der Grunerstraße biegt das Fahrzeug nach links ab in die Brehmstraße. Hierbei überfährt der Fahrer mit gleichbleibender hoher Geschwindigkeit einen Fußgängerüberweg, auf dem sich eine Person befindet. Diese kann nur durch eine schnelle Reaktion die Kollision vermeiden.

Aufgaben:

2. Beurteilen Sie die Lagefelder Gefahren und Gefährdung!

! **Hinweis:** Die Zusammenfassung der Lagefelder ist zulässig.

(Gewichtung 10 %)

3. Formulieren Sie die taktischen Ziele des Lagefelds Auftrag!

4. Stellen Sie kurz die Einsatzorganisation bei einer Verfolgungsfahrt gemäß LT NRW zur PDV 100, Teil K dar! Formulieren sie anschließend die Auftragslage **Ihres** Einsatzabschnitts!
(Gewichtung Aufgabe 3 und 4 15 %)

KRIMINALISTIK/KRIMINALTECHNIK-TEIL

Lagefortschreibung: Im Rahmen der Verfolgungsfahrt gelingt es Ihnen und dem D 13/45, den Pkw zu stoppen. Im Fahrzeug, auf dem Fahrer- und Beifahrersitz, sitzen zwei männliche dunkel gekleidete Personen. Beide Personen verlassen widerstandslos auf Ihre Ansprache hin den Pkw und Sie können Ihre weiteren Maßnahmen durchführen.

Lagefortschreibung: Nach erfolgter Durchsuchung der beiden Personen zur Eigensicherung werden diese getrennt dem Polizeigewahrsam zugeführt. Auf dem Weg dorthin geben beide Personen auf direkte Nachfrage ihre Personalien an. Beim Fahrer handelt es sich um den Michael Neubauer, geb. 27.3.1982 in Düsseldorf und beim Beifahrer um den Klaus Bär, geb. 17.5.1979 in Hilden. Beide Personen bewohnen gemeinsam eine Mietwohnung in einem Mehrfamilienhaus in D-Stadt, Rheinweg 17.

Im Rahmen der weiteren Maßnahmen vor Ort kann im Pkw ein Revolver der Marke Smith&Wesson .38 spezial mit herausgeschliffener Seriennummer gefunden und sichergestellt werden. Eine Überprüfung des Kfz-Kennzeichens ergibt, dass dieses seit einem Tag als gestohlen einliegt.

Der Pkw wird auf Ihre Anordnung durch ein Abschleppunternehmen direkt in die KTU-Garage des PP D-Stadt verbracht.

Aufgaben:

5. Analysieren Sie im Rahmen der kriminalistischen Fallanalyse die Verdachtslage im Hinblick auf eine Tat (Ziff. 1.1.2) und die Verdachtslage im Hinblick auf eine Person (Ziff. 1.1.3),

Hinweis: Auf die möglichen verkehrsrechtlichen Verstöße ist **nicht** einzugehen. 

(Gewichtung: 15 %)

6. Bewerten Sie die beim Transport gemachten Aussagen des Herrn Neubauer und Herrn Bär hinsichtlich ihrer rechtlichen Bedeutung und Verwertbarkeit im Verfahren.
(Gewichtung: 10 %)

7. Begründen Sie, welche Maßnahmen das zuständige Fachkommissariat bis zu einer möglichen Vorführung oder Entlassung aus dem Polizeigewahrsam durchzuführen oder zu veranlassen hat.
(Gewichtung: 25 %)

ANMERKUNGEN DES VERFASSERS ZUR KLAUSURLÖSUNG DES KRIMINALISTIK-/ KRIMINALTECHNIK-TEILS

Die gesamte Klausur zeichnet sich durch eine Lage aus, die immer wieder fortgeschrieben wird. Die einzelnen Fragen beziehen sich dabei immer auf die vorherige Lagefortschreibung. Es ist nie auf die folgende Fortschreibung einzugehen, weil diese Fakten zum aktuellen Lagezeitpunkt noch nicht bekannt sind.

Die Aufgabe 5 bezieht sich auf Punkte der kriminalistischen Fallanalyse. Die Lösung beinhaltet keine fachlichen Schwierigkeiten. Von den Studierenden wird jedoch gefordert, dass sie die verschiedenen Straftaten (versuchter Raub/ schwerer Raub, Diebstahl von Kfz, Verstoß gegen das WaffG) erkennen und die entsprechenden Paragrafen zuordnen. Das Erkennen des schweren Raubes ist für die Beantwortung der Aufgabe 7 wichtig, da dies ein wichtiges Element ist, um den Haftgrund der Fluchtgefahr zu begründen. Weiterhin ist der Serienzusammenhang zu begründen.

Die Begründung zur Verdachtslage im Hinblick auf eine Person konnte mit der Verdachtslage im Hinblick auf eine Tat zusammen bearbeitet werden, um Doppelungen bei der Begründung zu vermeiden und somit Zeit zu sparen.

Wichtig bei der Begründung der Verdachtslage im Hinblick auf eine Person ist, dass beide Personen im Auto gleich zu behandeln sind. Die Schwierigkeit liegt darin, den Bezug zum versuchten schweren Raub herzustellen. Dies ist jedoch für die Festlegung eines Verdachtsgrades wichtig. Dies ist nicht allen Studierenden gelungen. Hier sollte auch das Verhalten der Personen während der Flucht einbezogen werden. Letztendlich ist das Ergebnis, dass beide Personen als Beschuldigte einzustufen sind.

Die Aufgabe 6 hat landesweit zu sehr unterschiedlichen Ergebnissen geführt. Die Frage wurde mit 10 % gewichtet und die Studierenden sollten lediglich die kurze Gesprächssequenz im FustKW beurteilen. Wichtig bei der Beantwortung dieser Frage ist es, dass keine Inhalte „hinzugedichtet" werden. Im Sachverhalt ist abgedruckt, was die beiden Beschuldigten (der Status ergibt sich aus Aufgabe 5) auf die Frage geantwortet haben. Ausschließlich darauf bezieht sich die Frage. Die Studierenden mussten an dieser Stelle das erlernte Wissen auf diesen konkreten Sachverhalt anwenden. Dazu war es erforderlich, die Definition einer Vernehmung zu kennen und diese Definition auf den Sachverhalt zu subsumieren. Wenn die Definition nicht bekannt war und somit auch nicht niedergeschrieben wurde, dann wurde in der Regel diese Frage in der Folge falsch bzw. nicht beantwortet. Im vorliegenden Sachverhalt liegt lediglich eine Frage nach den Personalien vor und die Frage bezieht sich also nicht auf den strafrechtlich relevanten Sachverhalt. Eine Vernehmung konnte also verneint werden. Als Lösung blieb somit nur die polizeiliche Standardmaßnahme der Personalienfeststellung nach § 163 StPO übrig. Diese war rechtlich zu begründen und die Frage war korrekt beantwortet. Eine solche Lösung füllt in der Regel nur wenige Zeilen, reicht aber aus, um die vorgesehenen Punkte zu erlangen.

(In vielen Gesprächen mit Studierenden nach der Klausur wurde mir immer wieder mitgeteilt, dass die Studierenden nach dem „Haken" bei der Frage gesucht haben und glaubten, eine so kurze Antwort reiche für 10 % der Punkte nicht aus. Deshalb haben viele noch Angaben zu einem möglichen Beweisverwertungsverbot eingebracht, da diese Thematik von vielen auch so gelernt wurde.)

Die Aufgabe 7 zielt auf die Bearbeitung einer Haftsache und stellte punktemäßig den Schwerpunkt des Kriminalistik/Kriminaltechnik-Teils dar. Die Lösung orientiert sich an den kriminalistischen Inhalten des HS 1 und muss auf den konkreten Sachverhalt angewendet werden. Rechtliche oder kriminalistische Probleme liegen nicht vor. Wichtig ist, dass alle möglichen Maßnahmen rechtlich und taktisch zu beurteilen sind.

Aus dem Sachverhalt ergibt sich bereits, dass auch der Pkw durchsucht wurde. Dies ist in der Lösung zu thematisieren und zu begründen, bevor eine Sicherstellung des Pkw und das anschließende Einschleppen in die Garage der zuständigen KTU begründet werden.

Bei der Abarbeitung der einzelnen Maßnahmen kann man sich an einem Ablaufschema einer Haftsache orientieren.

3. KAPITEL
Hauptstudium 2.1

Das HS 2.1 ist mit dem Leitthema „Einsatz und Sachbearbeitung bei besonderen Kriminalitätsformen“ überschrieben.

Das Modul umfasst die Teilmodule

- HS 2.1.1 Bearbeitung besonderer Kriminalitätsformen
- HS 2.1.2 Täter, Opfer und Prognosen
- HS 2.1.3 Stadtsoziologie, Polizei und Gewalt

Insgesamt umfasst das Modul 136 LVS im Präsenzstudium, die wie folgt auf die Teilmodule verteilt sind:

- HS 2.1.1 80 LVS
- HS 2.1.2 36 LVS
- HS 2.1.3 20 LVS

Die Struktur der einzelnen Module im HS 2 ist weiterhin thematisch angeordnet und baut fachlich auf den bisherigen Modulen des Grundstudiums und des HS 1 auf. Dies führt zu dem Ergebnis, dass sich die Prüfungsleistungen auf die gesamten Inhalte des Moduls und somit auch seiner Teilmodule bezieht.

Die fachliche Ausrichtung der Teilmodule ist wie folgt geregelt:

- HS 2.1.1 Kriminalistik
- HS 2.1.2 Kriminologie
- HS 2.1.3 Soziologie

Als mögliche Prüfungsformen sind folgende Varianten im Modulhandbuch vermerkt:

- Aktenbearbeitung
- Klausur
- Fachgespräch[25]

Die Entscheidung, welche Prüfungsform in einem Einstellungsjahrgang tatsächlich gewählt wird, unterliegt der Entscheidung des Fachbereiches Polizei. Wichtig ist, dass sowohl für die Aktenbearbeitung als auch für die Klausur eine Bearbeitungszeit von 120 Minuten festgelegt wurde. Für die Einstellungsjahrgänge 2016 und 2017 wurde die Prüfungsform „Aktenbearbeitung“ durch den Fachbereich beschlossen. Für die Einstellungsjahrgänge 2018 und 2019 wurde die Prüfungsform „Fachgespräch“ festgelegt. Mit Beschluss Nr. 13.8/2021 legte der Fachbereich Polizei die Prüfungsform für die Einstellungsjahrgänge 2020 und 2021 auf die Klausur fest.[26] Ziel der Projektgruppe bei der Entwicklung des vorliegenden Studienganges war es, dass die Prüfungsformen im Hauptstudium zwei rotieren. Die dargelegten Beschlüsse lassen den Schluss zu, dass diese Rotation auch in Zukunft im Zwei-Jahresrhythmus stattfinden wird.

25 Modulhandbuch Bachelorstudiengang PVD 2016, Ab dem Einstellungsjahrgang 2020, S. 74.

26 Protokoll zur Fachbereichssitzung vom 21.5.2021, S. 10.

Bei der Prüfungsform „Aktenbearbeitung" handelt es sich um eine neue Prüfungsform, die bisher so noch nicht als Prüfung vorkam. Die Aktenbearbeitung soll auf die Praxisprüfung des Aktenvortrages im Modul 2.8 „Sachbearbeitung im Kriminalkommissariat" vorbereiten. Es handelt sich bei der Aktenbearbeitung um einen schriftlichen Leistungsnachweis, der auf einem Aktenbestandteil oder mehreren Aktenbestandteilen beruht. Diese Aktenbestandteile können vom Klausurersteller anonymisierte Originalaktenteile sein oder auch selbst kreierte Aktenteile, die sich an den Praxissachverhalten zu orientieren haben. Der Umfang eines solchen schriftlichen Leistungsnachweises wird sicher mehrere Seiten umfassen und somit eine angemessene Lesens- und Überlegungszeit einräumen.

Aufgrund der Zusammensetzung der einzelnen Fächer in diesem Modul und der Länge der schriftlichen Leistungsnachweise, der Aktenbearbeitung und der Klausur, kann davon ausgegangen werden, dass es sich bei diesen Prüfungsformen um Kombi-Nachweise handeln wird. Dies bedeutet, dass in diesen schriftlichen Nachweisen sowohl fachliche Inhalte aus dem Bereich Kriminalistik, Kriminologie und Soziologie gefordert werden. Bisher haben sich solche Kombinationen auf zwei Fächer fokussiert, da verwaltungstechnisch eine „Dreier-Kombi" nicht durchführbar ist. Die Auswahl und auch die Gewichtung der einzelnen Fächer erfolgen durch den verantwortlichen Modulkoordinator in Absprache mit den zuständigen Landesfachkoordinatoren. Der Stundenanteil in der Theorie entscheidet dabei nicht über die Gewichtung innerhalb der schriftlichen Leistungsnachweise. Da dem Prüfungsamt der Hochschule für Polizei und öffentliche Verwaltung NRW mehrere Entwürfe vorzulegen sind, ist jede Kombination der drei Fächer denkbar. Hierbei wird die Gewichtung der einzelnen Teile des Leistungsnachweises auch variieren. Für die Studierenden bedeutet dies, dass sie sich auf alle Fächer gleichermaßen vorbereiten müssen und auch keine zuverlässige Priorisierung hinsichtlich der tatsächlichen Stundenanteile im Modul treffen können.

Wichtig für die Studierenden ist, dass mit sehr großer Wahrscheinlichkeit auch diese schriftlichen Leistungsnachweise ohne Hilfsmittel geschrieben werden. Dies bedeutet, dass zur Erstellung keine Unterlagen, wie zB unkommentierte Gesetzestexte, Polizeidienstvorschriften oder Ähnliches, zugelassen sind. Die notwendigen Inhalte müssen somit von den Studierenden erlernt und in der Klausur reproduziert werden.

Auch beim Fachgespräch handelt es sich um eine Modulprüfung, die von zwei Kursdozenten, die im entsprechenden Modul eingesetzt werden, durchgeführt wird. Je Prüfling ist eine Dauer von 15–20 Minuten vorgesehen. Das Fachgespräch kann in einer Einzelprüfung oder in einer Gruppe von bis zu vier Studierenden erfolgen. Der jeweilige Anteil eines Prüflings muss dabei erkennbar und bewertbar sein.

In den folgenden Themenbereichen liegen die Schwerpunkte der Kriminalistik des HS 2.1.1:

- Fortführung Sachbearbeitung
- Besonderheiten im Ersten Angriff und der Sachbearbeitung im Bereich der Sexualdelikte

- BTM
- Phänomenologie der IuK-Kriminalität
- Vermisste
- Todesermittlungen
- Maßnahmen des Ersten Angriffs bei Branddelikten

Die Schwerpunkte sind so angelegt, dass auch spezielle kriminaltaktische Maßnahmen den einzelnen Themen zugeordnet werden, zB das Wiedererkennungsverfahren dem Bereich der „Fortführung der Sachbearbeitung" oder die Zusage der Vertraulichkeit/Geheimhaltung dem Bereich BTM.

Aufgrund der verschiedenen Prüfungsmöglichkeiten in diesem Modul sind die folgenden Fallbeispiele so angelegt, dass sie in Form eines schriftlichen Leistungsnachweises oder in Form eines Kurzsachverhaltes im Rahmen eines Fachgespräches behandelt werden können.

A. Fälle im Bereich Fortführung der Sachbearbeitung

EINFÜHRUNG

Einige Kompetenzziele im Modul HS 2.1.1 liegen darin, dass die Studierenden in der Lage sind,

- die Sachbearbeitung einer Ermittlungsakte bis zur Abgabe an die Staatsanwaltschaft auf konkrete Sachverhalte zu übertragen;
- das kriminalpolizeiliche Informationsmanagement zu erklären und daraus relevante Informationen für die Planung von Einsätzen zur Kriminalitätsbekämpfung abzuleiten;
- Wiedererkennungsverfahren auf konkrete Sachverhalte zu übertragen;
- geeignete Fahndungsarten mit konkreten Sachverhalten zu verknüpfen.

Dazu passend sind die Lehr-/Lerninhalte

- Ermittlungs- und einsatzunterstützende IT-Systeme und Vorgangsbearbeitungssysteme;
- Kriminalpolizeiliche Sammlungen und Informationssysteme;
- Grundsätze der Aktenführung;
- Polizeiliche Wiedererkennungsverfahren,

in der Modulbeschreibung des Studiengangs Polizei vermerkt.[27]

Nach den ergänzenden Hinweisen sind die Inhalte mit der Lernzielstufe „LZ 3“ hinterlegt. Lediglich der Themenbereich „Informationsmanagement“ ist in die „LZ 2“ eingestuft.

Für die Vermittlung der vorgesehenen Inhalte dieser Lehrinhalte sind 24 LVS im Präsenzstudium und 19 Stunden im Selbststudium vorgesehen.[28]

27 Modulhandbuch Bachelorstudiengang PVD 2016, Ab dem Einstellungsjahrgang 2020, S. 74 f.

28 Ergänzende Hinweise zu den Modulbeschreibungen – HSPV NRW Bachelorstudiengang BA PVD, Stand: 3/2021, S. 166.

FALL 23: Bewaffneter Raub auf Trinkhallenbesitzerin

Schwerpunkt: Wiedererkennungsverfahren

LAGE

Heute, gegen 21:15 Uhr, teilt die Einsatzleitstelle Düssel über Funk Folgendes mit:

Soeben sei ein Notruf eingegangen. Demnach habe der Zeuge Florian Scheibe mitgeteilt, dass die Trinkhalle in Düsseldorf, Löricker Straße/Ecke Anrather Weg von zwei Personen mit Waffengewalt überfallen worden sei. Vermutlich habe man der Trinkhallenbesitzerin aufgelauert und ein Täter hätte versucht, ihr eine Geldbombe zu entreißen, die diese gerade zur Bank bringen wollte. Der Zeuge wollte der Trinkhallenbesitzerin bei dem Gerangel mit einem der Täter helfen und der andere Täter habe mit einer Waffe auf den Anrufer geschossen, der aber nicht verletzt wurde. Einer der Täter, der mit einer hellen Jacke bekleidet war, hätte sich die Geldbombe geschnappt und beide Täter seien in Richtung Hansaallee davongelaufen.

Da sie in unmittelbarer Tatortnähe stehen, erhalten Sie den Auftrag, direkt zum Tatort zu fahren. Sie sind Angehöriger der Kriminalwache und mit ihrer Kollegin, KOKin Maibaum in Zivil unterwegs. Die Fahrzeuge des Wachdienstes der zuständigen PI Süd werden von der Einsatzleitstelle für die Tatortbereichsfahndung eingesetzt und parallel wird durch die Leitstelle Ring 20 ausgerufen. Ein Fahrzeug des Wachdienstes ist zum Tatort unterwegs, um sie dort zu unterstützen.

Weitere Kräfte der Kriminalwache stehen ihnen aufgrund anderer Einsätze nicht zur Verfügung.

Als sie um 21:19 Uhr als erste am Tatort eintreffen, winkt ihnen die persönlich bekannte Trinkhallenbesitzerin Nadine Naumann aufgeregt zu.

Nach ihren Angaben habe sie das Geschäft, wie immer nach Geschäftsschluss, mit einer Geldbombe verlassen. Unmittelbar vor der Trinkhalle seien plötzlich zwei teilmaskierte Personen aufgetaucht und haben die Herausgabe der Geldbombe gefordert. Einer der Täter war mit einer dunklen Pistole bewaffnet. Zufällig sei noch ein Stammkunde in der Vorhalle der Trinkhalle anwesend gewesen und habe versucht ihr zu helfen. Der Täter mit der Pistole habe auf den Kunden gezielt und geschossen, ihn aber wohl nicht getroffen. Ob es sich um eine „scharfe" Schusswaffe handelte, konnte Frau Naumann nicht sagen.

Noch während der ersten Befragung von Frau Naumann meldet sich über Funk die Streifenwagenbesatzung des „Düssel 12/21". Die Beamten teilen mit, dass sie in Tatortnähe eine männliche Person mit heller Jacke aufgegriffen hätten. Um festzustellen, ob es sich um einen der beiden flüchtigen Täter handelt, schlägt der „Düssel 12/21" vor, mit dem Verdächtigen zur Trinkhalle zu kommen, um den anwesenden Zeugen den Tatverdächtigen zu zeigen. So könne er dann auch zweifelsfrei identifiziert bzw. als Tatbeteiligter ausgeschlossen werden.

Aufgabe: Erläutern Sie die allgemeinen Grundsätze des Wiedererkennungsverfahrens und teilen mit, wie sie auf den Vorschlag des Düssel 12/21 reagieren.

(Gewichtung: 30 %)

LÖSUNGSVORSCHLAG

Zu den allgemeinen Grundsätzen des Wiedererkennungsverfahrens gehören folgende Punkte:

- Rechtsgrundlage der Gegenüberstellung ist § 58 II StPO
- Nummer 18 der RiStBV beinhaltet, dass durch eine Gegenüberstellung geklärt werden soll, ob der Beschuldigte der Täter ist. So ist dem Zeugen nicht nur der Beschuldigte, sondern zugleich auch eine Reihe anderer Personen gleichen Geschlechts, ähnlichen Alters und ähnlicher Erscheinung gegenüberzustellen. Dies muss in einer Form passieren, die nicht erkennen lässt, wer von den Gegenübergestellten der Beschuldigte ist. Entsprechendes gilt bei der Vorlage von Lichtbildern. Die Einzelheiten sind aktenkundig zu machen (Fair Trail)
- Beim Wiedererkennungsverfahren handelt es sich um einen vorweggenommenen Teil der Beweisaufnahme durch das Gericht
- Das Wiedererkennungsverfahren stellt eine gezielte, geplante und systematische forensische Methode zur Wiedererkennung des Täters oder zur Überprüfung der äußeren Erscheinung des Tatverdächtigen mit dem Ziel dar durch einen oder mehrerer Zeugen, die Identität oder Nichtidentität des Tatverdächtigen mit einer früher beobachteten Person festzustellen
- Die erste (Wahl-)Gegenüberstellung ist entscheidend. Fehler vor und bei der ersten Gegenüberstellung sind in der Regel nicht wieder auszugleichen und beeinträchtigen den Wert des Wiedererkennens als Beweismittel für das gesamte Verfahren
- Beschuldigte sind verpflichtet, eine Gegenüberstellung zu dulden
- Im Vorverfahren sind Gegenüberstellungen zulässig, wenn es zur Sachaufklärung geboten erscheint
- Die Gegenüberstellung gehört strafprozessual zur Vernehmung. Somit müssen Zeugen vor einer Gegenüberstellung über ihr Zeugnisverweigerungsrecht nach § 52 StPO, über ihr Auskunftsverweigerungsrecht nach § 55 StPO und über die Ermahnung zur Wahrheit nach § 57 StPO belehrt werden
- Gegenüberstellungsarten:
  - Offene Einzelgegenüberstellung/verdeckte Einzelgegenüberstellung;
  - Offene Wahlgegenüberstellung/verdeckte Wahlgegenüberstellung
  - Akustische Gegenüberstellung
  - Sequenzielle Gegenüberstellung/simultane Gegenüberstellung; auch als sequenzielle Wahlvideogegenüberstellung möglich
  - Leichenidentifizierung nach § 88 StPO

- Wird die sequenzielle Wahllichtbildvorlage vor der Vorlage bzw. dem Vorzeigen von acht Lichtbildern abgebrochen, weil die Zeugin/der Zeuge erklärt hat, eine Person wiedererkannt zu haben, macht dies das Ergebnis der Wahllichtbildvorlage zwar nicht wertlos, kann aber ihren Beweiswert mindern – deshalb wird die Wahllichtbildvorlage fortgesetzt und alle Personen/Lichtbilder gezeigt. Dies gilt auch für die sequentielle Wahlvideogegenüberstellung.

Bezogen auf den Sachverhalt und den Vorschlag des „Düssel 12/21":

- Die Trinkhallenbesitzerin und ihr Stammkunde sind Zeugen im anhängigen Strafverfahren
- § 163 III StPO gilt für die Befragung auch im Rahmen des Sicherungsangriffs, dh alle dort angeführten Bestimmungen sind entsprechend zu beachten
- Wichtig beim Wiedererkennungsverfahren ist hier das Trennungsgebot der Zeugen bei der Vernehmung (vorherige Belehrung beachten) mit dem vorrangigen Ziel: Erhebung des aktuellen Erscheinungsbildes der beiden Täter
- Da hier offenkundig ein Wiedererkennungsverfahren vor Ort bevorsteht, sollten sich die Beamten darüber im Klaren sein, dass eine Präsentation eines Tatverdächtigen vor Ort den Beweiswert erheblich beeinträchtigt und eine Wiederholung mit diesen Personen in Zukunft unmöglich macht; eine fehlende „Auswahl" entwertet den Wert des Wiedererkennungsverfahrens
- Besser wäre hier eine ausführliche zeugenschaftliche Vernehmung der beiden Augenzeugen, um so viele Anhaltspunkte wie möglich zu gewinnen, um den jetzigen Status eines Tatverdächtigen in den Status eines Beschuldigten zu verändern; anschließend kommen folgende Maßnahmen in Betracht:
  - Durchsuchung der Person nach § 102 StPO zur Auffindung von Beweismitteln
  - Vernehmung der Person nach entsprechender Belehrung
  - Prüfung einer vorläufigen Festnahme mit anschließender Verbringung zur Dienststelle
- Ziel sollte es sein, zu einem späteren Zeitpunkt eine sequenzielle Wahlgegenüberstellung durchzuführen
  - Alternativ wäre eine Einzelgegenüberstellung mit nur einem der Zeugen denkbar

Allerdings wäre hier auf jeden Fall darauf einzugehen, dass der Beweiswert wesentlich geringer oder gar nicht gegeben ist, als wenn es zu einem späteren Zeitpunkt im Rahmen einer sequenziellen Gegenüberstellung zu einer Identifizierung kommt. Praktische Erwägungen könnten zu der Überlegung führen, den Zeugen, der die bessere Wahrnehmung hatte, hier für eine solche Maßnahme vorzusehen. Dies würde aber gerade bei einem späteren höherwertigen Wiedererkennungsverfahren die dortige Aussagekraft fraglich machen.

Aus diesen Gründen bleibt als Ergebnis festzuhalten, dass von dem geplanten Wiedererkennungsverfahren hier bei beiden Zeugen abzusehen ist.

B. Fälle im Bereich Besonderheiten im Ersten Angriff und der Sachbearbeitung im Bereich der Sexualdelikte

EINFÜHRUNG

Ein Kompetenzziel im Modul HS 2.1.1 liegt darin, dass die Studierenden in der Lage sind,

- Einsatzbewältigung, Erster Angriff und Sachbearbeitung in Sexualdelikten zu erläutern

Dazu passend ist der Lehr-/Lerninhalt

- Kriminalistische Maßnahmen zur Aufklärung von Sexualdelikten

in der Modulbeschreibung des Studiengangs Polizei vermerkt.[29]

Nach den ergänzenden Hinweisen sind die Inhalte mit der Lernzielstufe „LZ 3 und 2" hinterlegt, wobei die Sachbearbeitung in „LZ 2" eingestuft ist.

Für die Vermittlung der vorgesehenen Inhalte dieser Lehrinhalte sind acht LVS im Präsenzstudium und sieben Stunden im Selbststudium vorgesehen.[30]

[29] Modulhandbuch Bachelorstudiengang PVD 2016, Ab dem Einstellungsjahrgang 2020, S. 74 f.

[30] Ergänzende Hinweise zu den Modulbeschreibungen – HSPV NRW Bachelorstudiengang BA PVD, Stand: 3/2021, S. 167.

FALL 24: Versuchte Vergewaltigung im Freien

Schwerpunkt: Sicherungsangriff und Personalbeweis

LAGE

Die Leitstelle erhält gegen 01.50 Uhr einen Anruf, in dem eine Frau folgenden Sachverhalt zur Kenntnis gibt:

„Ich bin total aufgeregt und aufgewühlt. Spreche ich mit der Polizei? Ich weiß nicht, was ich tun soll. Ich heiße Claudia Schulze. Ich war mit dem Fahrrad unterwegs. Das liegt jetzt auf der Straße. War auf einer Geburtstagsparty. Wollte mit dem Fahrrad nach Hause ... ich weiß nicht, was ich machen soll. Auf dem Weg nach Hause schnitt mir ein Pkw den Weg ab. Konnte gerade noch bremsen. Dann sprang ein Mann aus dem Fahrzeug und ohne Vorwarnung landete ich im Feld. Er hatte versucht, mir die Hose runter zu ziehen und mich dabei fortwährend geküsst. Aber das habe ich nicht zugelassen ... ich habe geschrien und auf ihn eingeschlagen. Es war fürchterlich ... ich hatte so eine verdammte Angst. Ich habe ihn im Gesicht gekratzt ... ich meine, er hat sogar geblutet. Dann hat er auf einmal von mir abgelassen und ist mit dem Auto weg. Es war ein dunkler Mondeo-Kombi ... da bin ich mir sicher. Der hatte so einen großen Aufkleber „Baby an Bord".

Auf weitere Fragen antwortet sie wie folgt:

„Den Mann kann ich nur schlecht beschreiben. Er roch verdammt nach Alkohol. Seine Mütze habe ich ihm bei der Rangelei vom Kopf gerissen. Die müsste noch im Feld liegen ... wo das Fahrrad sich auch noch befindet. Jetzt bin ich Zuhause in meiner Wohnung."

Bemerkungen zur Lage: Witterung: 5 °C, es droht zu regnen!

Aufgaben: Begründen Sie, welche Maßnahmen im Rahmen des Sicherungsangriffs durchzuführen oder zu veranlassen sind und gehen bei der Vernehmung von Claudia Schulze auf den Umgang mit Opfern von Sexualdelikten ein.

! **Bearbeitungshinweis:** Rettungskräfte wurden nicht entsandt.

(Gewichtung: 50 %)

LÖSUNGSVORSCHLAG

1. „Sicherungsangriff"

Hinweis: Der Sicherungsangriff wurde bereits im Grundstudium ausreichend thematisiert und die schriftliche Ausarbeitung erfolgte innerhalb der Fälle 13 und 14. Deshalb wird an dieser Stelle eine Lösung nur mit Stichworten fixiert. In einem schriftlichen Leistungsnachweis müssen diese Punkte jedoch in einem Fließtext umgesetzt werden.

Bei Vorliegen eines Sexualdeliktes gibt es in Bezug auf die Verhaltensempfehlungen einige Besonderheiten, da es hier die Ziele gibt, das Opfer zu beruhigen und eine mögliche Spurenvernichtung zu verhindern.

a) Anlaufphase Leitstelle

- Eingang der Ereignismeldung
- Aufzeichnung des Telefonates/Einsatz dokumentieren (Cebius/eCebius)
- Personalien, Erreichbarkeit und Anschrift erfragen, gegebenenfalls Rückruf vereinbaren
- Überprüfung der Personalien und der Wohnanschrift (VIVA, EMA, Cebius/eCebius)
- Nachfrage, ob Verletzungen vorliegen, die Erste Hilfe erforderlich machen
- Beruhigung der Anruferin (Opferschutz)
- Befragung des Opfers nach den „7-goldenen-W-Fragen"
  - Besonderes Augenmerk auf fahndungsrelevante Informationen
  - Aussehen/Erscheinungsbild/Besonderheiten des Täters
  - Hinweise zum vom Täter genutzten Fahrzeug (Farbe, Kennzeichen, Besonderheiten etc)
- Versuch, detaillierte Informationen zum eigentlichen Tatort zu erhalten = Lokalisierung
- Dringende Hinweise an das Opfer keine Spuren zu vernichten, konkret:
  - Nicht waschen!
  - Kleidung nicht wechseln!
  - Am besten ruhiges Warten bis zum Eintreffen der Kollegen vor Ort!
- Kräfte zum Ereignisort entsenden
  - Entsendung von zwei Streifenwagen
    - Wohnanschrift
    - Eigentlicher Tatort soweit durch Angaben des Opfers lokalisierbar – Suche nach Fahrrad an der Straße – frühzeitiges Aufsuchen angebracht, da möglicherweise durch eintretenden Regen Spuren vernichtet werden können
- Einleitung einer Tatortbereichsfahndung mit aktuellen Erkenntnissen über Täter und vor allem über das Fluchtfahrzeug
- Information der K-Wache, als zurzeit zuständige Dienststelle

b) Anlaufphase Übernahme des Einsatzes

- Übernahme des Einsatzes – Status 4
- Prüfung des Einsatzes von Sonder- und/oder Wegerechten
  - Fahrt zur Wohnanschrift und zum Tatort nur unter Inanspruchnahme von Sonderrechten, da die Gefahr besteht, möglicherweise den flüchtigen Täter aufzuschrecken/zu warnen
- Koordination der Anfahrt durch die Leitstelle
  - Annäherung möglichst aus der festgestellten Fluchtrichtung des flüchtigen Pkw
- Auf tatrelevante Umstände achten, hier zB
  - entgegenkommende Fahrzeuge
  - auf der Straße befindliche Personen
- Absprache im Team über das weitere Vorgehen
  - Beim Antreffen des Tatverdächtigen
    - flüchtender Täter aufgrund von Alkoholgenuss möglicherweise unberechenbar
    - hohe Strafandrohung bedingt, dass der Täter sich einer Festnahme entziehen will
  - am Wohnort der Geschädigten und am möglichen Tatort
    - Aufgabenverteilung insbesondere, wer kümmert sich um das Opfer und führt die erste Befragung durch

! **Hinweis:** Da es im Sachverhalt zwei Ereignisorte gibt (Wohnung des Opfers und Tatort im Freien) sollten die weiteren Maßnahmen zweigeteilt dargestellt werden, da auch unterschiedliche Funkstreifenwagenbesatzungen tätig werden.

Die gesamten Maßnahmen sind jedoch dem Sicherungsangriff zuzurechnen.

c) In der Wohnung

- Verschaffen eines ersten Überblicks, hinsichtlich mindestens folgender Umstände
  - Ist Erste Hilfe für das Opfer erforderlich
  - Gibt es anwesende Personen oder andere Kontaktpersonen, zB Nachbarin/Freundin/Partner
  - Gibt es vorhandene oder zu erwartende Spuren

d) Aufnahme des subjektiven Befundes

! **Hinweis:** An dieser Stelle muss auf die „Zusatzanforderung“ aus der Aufgabenstellung eingegangen werden. Aufgrund der Problematik wurde der Erlass „Bearbeitung von Straftaten gegen die sexuelle Selbstbestimmung RdErl. d. Innenministeriums v. 3.2.2004 - 42 - 6503“ ins Leben gerufen. In der Anlage zu dem Erlass ist ein Merkblatt „Verhaltensempfehlungen für den Umgang mit Opfern von Sexualstraftaten“ veröffentlicht worden, das Gegenstand des Moduls ist und aus dem sich unter anderem Hinweise für die Vernehmung durch Kräfte des Sicherungsangriffs ergeben. Diese müssen im Sachverhalt umgesetzt werden.

Frau Claudia Schulze

- Wichtige Aussagen des Erlasses:
  - Aufgrund der Schwere dieser Delikte und ihrer Folgen für die Opfer bedarf die Behandlung durch die Strafverfolgungsorgane besonderer Behutsamkeit = Opferschutz!
  - Bei der Vernehmung ist auf die seelische Ausnahmesituation des Opfers Rücksicht zu nehmen. Daher ist eine Vernehmungssituation zu schaffen, die frei von äußeren Störungen, Misstrauen und Vorwürfen ist. Durch verständnisvolle Haltung, Geduld, Ruhe und Pausen soll eine Atmosphäre des Vertrauens erreicht werden, die dem Opfer die Schilderung der Tat erleichtert. Eine rücksichtsvolle Behandlung erhöht die Aussagebereitschaft und trägt zur Wahrheitsfindung bei. Dem Opfer ist zu verdeutlichen, dass die Zeugenbelehrung kein Ausdruck des Misstrauens ist.
  - Opfer von Straftaten gegen die sexuelle Selbstbestimmung sollen darüber informiert werden, warum polizeiliche Maßnahmen erforderlich sind und auch den Intimbereich berührende Fragen gestellt werden müssen.
  - Auf Wunsch des Opfers ist der Anwesenheit einer Person ihres Vertrauens bei der Vernehmung grundsätzlich stattzugeben, wenn der Untersuchungszweck nicht gefährdet wird.
  - Wünsche des Opfers hinsichtlich des Geschlechts der Vernehmungsperson sind möglichst zu berücksichtigen.
  - Da mehrmalige Vernehmungen des Opfers zu einer erheblichen Belastung führen können, sind Folgevernehmungen durch eine sinnvolle Gestaltung des zeitlichen Ablaufs der Ermittlungen möglichst zu vermeiden.
  - Die Befragung durch erstbefasste, nicht spezialisierte Kräfte im Zuge der Anzeigenaufnahme hat sich auf den groben Sachverhalt, den Ort und den Zeitpunkt der Tat sowie auf Hinweise zu Tätern, Zeugen und möglichen Tatspuren zu beschränken.
- Personalienfeststellung und Erreichbarkeit
- Zeugenschaftliche Belehrung nach §§ 52, 55 und 57 StPO
  - Aussagen zu folgenden Aspekten
    - Wo hat sie den Abend verbracht?
    - Adresse?
    - Anlass/Gäste?
    - Telefonische Erreichbarkeit des Gastgebers
    - Beobachtungen nach Verlassen der Feier?
    - Genauer Weg nach Hause
    - Uhrzeit?
    - Welche Straßen befahren?
    - Besonderheiten?
    - Woran hat sie festgestellt, dass ihr ein Fahrzeug folgt?
    - Genauer Tatort
    - Beschreibung ihres Fahrrades
    - Genauer Tathergang
      Wie ausgebremst/angehalten?
    - Fahrrad angefasst/hingeworfen?
    - Kollision mit Pkw (Lackrückstände?)?

    - Detaillierte Beschreibung der Vorgehensweise
    - Wohin hat er sie geküsst?
    - Hat er sich ausgezogen?
    - Ist es gegebenenfalls zum Samenerguss gekommen?
    - Hat der Täter gesprochen?
    - Was hat er gesagt?
    - Akzent? Sprachfärbung?
    - Warum hat er von seinem Vorhaben Abstand genommen?
    - Sind andere Gegenstände zurückgeblieben?
    - Täter
    - Aussehen/Erscheinungsbild?
    - Tätowierungen?
    - Sprache (vgl. oben!)?
    - Besonderheiten?
    - Bewegung? Auffälligkeiten?
    - Kann die Zeugin den Täter wiedererkennen?
    - Fahrzeug des Täters
    - Typ
    - Farbe
    - Kennzeichen/Fragmente?
    - Lage des Aufklebers „Baby an Bord"
    - Weitere Aufkleber?
    - Beschädigungen?
  - Hat Frau Schulze bereits mit einer anderen Person über den Vorfall gesprochen?
  - Name, Telefonnummer erfragen
- Lageinformation LSt: Ergänzung/Aktualisierung der Fahndung

e) Aufnahme des objektiven Befundes

- Absperrmaßnahmen an der Wohnanschrift sind nicht erforderlich
- Sicherstellung aller Bekleidungsstücke, die das Opfer nicht mehr trägt (Faserspuren/Haare/Blut des Täters)
- Nochmals Hinweis: nicht waschen, weder Hände noch Gesicht (Blut und Epithelzellen des Täters an den Händen/Speichel durch die Küsse im Gesicht)
- Gegebenenfalls Fahrt mit Opfer zum eigentlichen Tatort, wenn dieser noch nicht lokalisiert ist!
- Transport des Opfers zur K-Wache unter Mitnahme von Wechselkleidung, damit die noch getragene Kleidung als Spurenträger in den Räumlichkeiten der K-Wache sichergestellt werden kann oder vor Ort auf die Kräfte des Auswertungsangriffs warten – nach Absprache mit der K-Wache

f) Abschlussphase

- Information an die LSt über Transport des Opfers zur K-Wache oder Verbleib in der Wohnung bis zum Eintreffen der K-Wache
- Bericht über die Vernehmung des Opfers
- Sicherstellungsprotokoll über die sichergestellten Kleidungsstücke/Asservierung

2. Tatort im Freien

a) Aufnahme des subjektiven Befundes

- „Klinkenputzen" – möglicherweise Feststellung weiterer potentieller Zeugen in Tatortnähe (Passanten/Fahrzeugführer/Bewohner)
  - Personalien/Erreichbarkeit
  - Belehrung
  - Inhalt/Fragen
  - Fahndungsergänzung LSt
- Gastgeber der Geburtstagsparty (mindestens telefonische Rücksprache)
  - Personalien/Erreichbarkeit
  - Belehrung
  - Inhalt/Fragen
  - Fahndungsergänzung LSt

b) Aufnahme des objektiven Befundes

- Absperren des gesamten Tatortes, um mögliche Schaulustige abzuhalten, auch um diese Uhrzeit
- Ausleuchten des Tatortes durch FustKW oder mit Unterstützung von angeforderter Feuerwehr/THW
- Spurensuche
  - Trampelpfad
  - Spuren:
    - Reifenspuren
    - Schuheindruckspuren
    - Mütze
    - Fahrrad
  - Spuren kennzeichnen
  - Tatort zunächst umfassend fotografisch sichern („Auge-Kamera-Hand-Prinzip") mit Übersichts- und Detailaufnahmen mit Maßstab
  - Dokumentation von Veränderungen
  - Spurenschutz aufgrund der Witterungsverhältnisse (es droht zu regnen)
    - Reifenspuren: Abdeckung mit wasserundurchlässigem Material/Gegenstand (Folie aus dem FustKW)
    - Schuhspuren: Abdeckung mit wasserundurchlässigem Material/Pylone aus dem FustKW
    - Fahrrad: Abdeckung mit wasserundurchlässigem Material
  - Mögliche Notsicherung aufgrund der Witterungsverhältnisse (es droht zu regnen)
    - Mütze: spurenschonend in den FustKW verbringen
    - Fahrrad: wenn eine Abdeckung nicht möglich ist, dann Notsicherung in einen Bus oder ein anderes Transportfahrzeug
- Absuche auf dem Annäherungs- und möglichen Fluchtweg
  - Weitere Spuren
  - Weggeworfene/verlorene Gegenstände
- Anforderung des Auswertungsangriffs über die LSt, Lagebericht

c) Übergabephase

- Vor Ort auf die Kräfte des Auswertungsangriffs warten
- Übergabe des Tatortes
  - Tatortbegehung
  - Information über vorgenommene Veränderungen
  - Maßnahmen
  - Übergabe der notgesicherten Gegenstände
  - Hilfe anbieten
- Abschlussmeldung an die LSt
- NW 1 fertigen
- Bildbericht/Bilder hochladen

C. Fall zum BTM-Delikt

EINFÜHRUNG

Zwei Kompetenzziele im Modul HS 2.1.1 liegen darin, dass die Studierenden in der Lage sind,

- Einsatzbewältigung, Erster Angriff und Sachbearbeitung in Betäubungsmitteldelikten zu erläutern
- eine strafrechtliche Bewertung der Betäubungsmittelkriminalität vorzunehmen.

Dazu passend ist der Lehr-/Lerninhalt

- Phänomenologie und strafrechtliche Bewertung der BtM-Kriminalität und kriminalistische Maßnahmen zur Aufklärung

in der Modulbeschreibung des Studiengangs Polizei vermerkt.[31]

Nach den ergänzenden Hinweisen sind die Inhalte mit der Lernzielstufe „LZ 2“ hinterlegt.

Für die Vermittlung der vorgesehenen Inhalte dieser Lehrinhalte sind zwölf LVS im Präsenzstudium und neun Stunden im Selbststudium vorgesehen.[32]

[31] Modulhandbuch Bachelorstudiengang PVD 2016, Ab dem Einstellungsjahrgang 2020, S. 74f.

[32] Ergänzende Hinweise zu den Modulbeschreibungen – HSPV NRW Bachelorstudiengang BA PVD, Stand: 3/2021, S. 167.

FALL 25: Bewaffneter Raub auf Trinkhallenbesitzerin

Schwerpunkt: Zusicherung der Vertraulichkeit/Geheimhaltung

LAGE

Heute, gegen 21:15 Uhr, teilt die Einsatzleitstelle Düssel über Funk Folgendes mit:

Soeben sei ein Notruf eingegangen. Demnach habe der Zeuge Florian Scheibe mitgeteilt, dass die Trinkhalle in Düsseldorf, Löricker Straße/Ecke Anrather Weg von zwei Personen mit Waffengewalt überfallen worden sei. Offensichtlich habe man der Trinkhallenbesitzerin aufgelauert und ein Täter hätte versucht, ihr eine Geldbombe zu entreißen, die diese gerade zur Bank bringen wollte. Der Zeuge wollte der Trinkhallenbesitzerin bei dem Gerangel mit einem der Täter helfen und der andere Täter habe mit einer Waffe auf den Anrufer geschossen, der aber nicht verletzt wurde. Einer der Täter, der mit einer hellen Jacke bekleidet war, hätte sich die Geldbombe geschnappt und beide Täter seien in Richtung Hansaallee davongelaufen.

Da sie in unmittelbarer Tatortnähe stehen, erhalten Sie den Auftrag, direkt zum Tatort zu fahren. Sie sind Angehöriger der Kriminalwache und mit ihrer Kollegin, KOKin Maibaum, in Zivil unterwegs. Die Fahrzeuge des Wachdienstes der zuständigen PI Süd werden von der Einsatzleitstelle für die Tatortbereichsfahndung eingesetzt und parallel wird durch die Leitstelle Ring 20 ausgerufen. Ein Fahrzeug des Wachdienstes ist zum Tatort unterwegs, um sie dort zu unterstützen.

Weitere Kräfte der Kriminalwache stehen ihnen aufgrund anderer Einsätze nicht zur Verfügung.

Als sie um 21:19 Uhr als erste am Tatort eintreffen, winkt ihnen die persönlich bekannte Trinkhallenbesitzerin Nadine Naumann aufgeregt zu.

Nach ihren Angaben habe sie das Geschäft, wie immer nach Geschäftsschluss, mit einer Geldbombe verlassen. Unmittelbar vor der Trinkhalle seien plötzlich zwei teilmaskierte Personen aufgetaucht und haben die Herausgabe der Geldbombe gefordert. Einer der Täter war mit einer dunklen Pistole bewaffnet. Zufällig sei noch ein Stammkunde in der Vorhalle der Trinkhalle anwesend gewesen und habe versucht ihr zu helfen. Der Täter mit der Pistole habe auf den Kunden gezielt und geschossen, ihn aber vermutlich nicht getroffen. Ob es sich um eine „scharfe" Schusswaffe handelte, konnte Frau Naumann nicht sagen.

Noch während der ersten Befragung der Naumann, meldet sich über Funk die Streifenwagenbesatzung des „Düssel 12/21". Die Beamten teilen mit, dass sie in Tatortnähe eine männliche Person mit heller Jacke aufgegriffen hätten. Im Rahmen der Durchsuchung seiner Person nach § 102 StPO wird in der Außentasche der Jacke eine Pistole gefunden, die nach frischem Pulverdampf riecht.

Daraufhin wird die Person noch vor Ort vorläufig festgenommen, da sich durch die Feststellungen der Verdacht erhärtete, dass es sich um einen der Täter des bewaffneten Raubüberfalls handelt. Um seine eigene Situation zu verbessern, bietet er Ihnen einen Deal an. Bei Zusicherung der Vertraulichkeit wäre er bereit, seinen Mittäter zu benennen und den Verbleib der Beute zu klären.

Aufgabe: Erklären Sie die rechtlichen Voraussetzungen und den Ablauf, unter denen Vertraulichkeit zugesichert werden kann und subsumieren Sie diese Voraussetzungen auf den Sachverhalt. Kann dem Tatverdächtigen Vertraulichkeit zugesichert werden?

(Gewichtung: 30 %)

LÖSUNGSVORSCHLAG

1. Voraussetzungen für eine Zusage der Vertraulichkeit:

Für Polizeibeamte gilt während des Dienstes die uneingeschränkte Strafverfolgungspflicht nach § 163 StPO. Sämtliche Erkenntnisse die verfahrensrelevant sind, müssen in der Ermittlungsakte niedergelegt und der zuständigen Staatsanwaltschaft übermittelt werden. Die Sachleitungsbefugnis liegt nach § 160 I StPO im Ermittlungsverfahren bei der Staatsanwaltschaft.

Zur Anklageeröffnung wird die Ermittlungsakte durch die Staatsanwaltschaft dem zuständigen Gericht übersandt. In dem Verfahren benannte Zeugen müssen nach dem Grundsatz der Unmittelbarkeit, der sich aus § 250 StPO ergibt, im Strafverfahren vor Gericht erscheinen und dort aussagen. Ziel ist es, dass sich die Prozessbeteiligten sowohl von der Person, als auch der Glaubwürdigkeit der Zeugen einen Eindruck verschaffen können.

Wird einem Zeugen durch die Polizei Vertraulichkeit zugesagt und diese Zusage durch die Staatsanwaltschaft bestätigt, so sind hierdurch zwar Polizei und Staatsanwaltschaft daran gebunden, nicht aber das zuständige Gericht. Das Gericht hat weiterhin einen uneingeschränkten Untersuchungsauftrag und muss versuchen, die Identität des Zeugen zu ermitteln und diesen zu laden. Erst die Sperrerklärung nach § 96 StPO (durch die oberste Dienstbehörde) führt dazu, dass der Zeuge für das Gericht als unerreichbar gilt und somit der VP-Führer als Zeuge vom Hörensagen vernommen werden kann.

Die Rechtsgrundlage für die Zusicherung der Vertraulichkeit/Geheimhaltung der Identität und somit für die Inanspruchnahme von Informanten oder den Einsatz von Vertrauenspersonen bezieht sich auf die allgemeine Aufgabenzuweisung, die sich aus den §§ 160 und 163 StPO ergibt und wird in einem gemeinsamen Runderlass aller Innenminister und Justizminister über die Inanspruchnahme von Informanten, Einsatz von V-Personen und Verdeckten Ermittlern konkretisiert. Sie ist auch inhaltsgleich in der Anlage 4 der Richtlinien für das Strafverfahren und das Bußgeldverfahren aufgeführt. Der Erlass unterscheidet unter anderem zwischen Informanten und Vertrauenspersonen. Im vorliegenden Sachverhalt stellt sich die Frage, wie der Festgenommene einzustufen wäre.

Informanten und Vertrauenspersonen werden wie folgt definiert:

- Informanten sind Personen, die im Einzelfall bereit sind, gegen Zusicherung der Vertraulichkeit der Strafverfolgungsbehörde Informationen zu geben
- V-Personen sind Personen, die, ohne einer Strafverfolgungsbehörde anzugehören, bereit sind, diese bei der Aufklärung von Straftaten auf längere Zeit vertraulich zu unterstützen, und deren Identität grundsätzlich geheim gehalten wird

Grundsätzlich kann die Vertraulichkeit/Geheimhaltung nur bei folgenden Delikten zugesagt werden:

- Schwerkriminalität
- Organisierte Kriminalität
- Illegaler Betäubungsmittelhandel

- Illegaler Waffenhandel
- Falschgeldkriminalität
- Staatsschutzdelikte

Im Bereich der mittleren Kriminalität bedarf es einer besonders sorgfältigen Prüfung des Einzelfalles. Die Zusicherung der Vertraulichkeit/Geheimhaltung wird ausnahmsweise dann in Betracht kommen, wenn durch eine Massierung gleichartiger Straftaten ein die Erfüllung öffentlicher Aufgaben oder die Allgemeinheit ernsthaft gefährdender Schaden eintreten kann.

In Verfahren der Bagatellkriminalität kommt die Zusicherung der Vertraulichkeit/Geheimhaltung nicht in Betracht.

Im Erlass ist auch eine Subsidiaritätsklausel aufgenommen, die aussagt: Informanten dürfen nur in Anspruch genommen, V-Personen nur eingesetzt werden, wenn die Aufklärung sonst aussichtslos oder wesentlich erschwert wäre.

Ziel ist die Erlangung von Beweismitteln, die unmittelbar ins Verfahren eingeführt werden können und somit den Rückgriff auf VP/Informant erübrigen.

Bei der Inanspruchnahme von Informanten muss außerdem noch hinzukommen, dass diese bei Bekanntwerden ihrer Zusammenarbeit mit den Strafverfolgungsbehörden erheblich gefährdet wären oder unzumutbare Nachteile zu erwarten hätten. Dies muss gesondert begründet werden.

Es ist auch vorgeschrieben, dass der Einsatz von Minderjährigen als Vertrauenspersonen unzulässig ist.

Eine einmal gegebene Vertraulichkeits-/Geheimhaltungszusage kann unter bestimmten Voraussetzungen auch wieder entzogen werden. Die Bindung entfällt grundsätzlich, wenn

a) die Information wissentlich oder leichtfertig falsch gegeben wird,
b) V-Personen von einer Weisung vorwerfbar abweichen oder sich sonst als unzuverlässig erweisen,
c) sich strafbare Tatbeteiligungen der Empfänger der Zusicherung herausstellen,
d) V-Personen sich bei ihrer Tätigkeit für die Strafverfolgungsbehörden strafbar machen

Über die Zusicherung der Vertraulichkeit/Geheimhaltung entscheidet im Bereich der Polizei ein besonders benannter Polizeibeamter des höheren Dienstes, in der Regel ist dies der Inspektionsleiter der Kriminalinspektion 2. Der entsprechende Antrag auf Zusicherung wird von der Dienststelle gestellt, bei der die VP-Führung angesiedelt ist. Dies geschieht auf Anregung der sachbearbeitenden Dienststelle. Die Einwilligung der Staatsanwaltschaft ist vor der Zusage herbeizuführen oder unverzüglich nachträglich einzuholen. Der zuständige Staatsanwalt wird von der Behördenleitung bestimmt. Durch die Zusage entsteht eine Bindung von Polizei und Staatsanwaltschaft an die Zusicherung der Vertraulichkeit/Geheimhaltung.

Die Zusage der Vertraulichkeit/Geheimhaltung umfasst neben den Personalien auch die Verbindung zu Strafverfolgungsbehörden sowie alle Umstände, aus denen Rückschlüsse auf die Eigenschaft als Informant/V-Person gezogen werden könnten. Dies bedeutet, dass die Ermittlungsakte so aufgebaut werden muss, dass sie keine Hinweise auf den Informanten/VP enthalten darf.

2. Subsumtion auf den Sachverhalt

Zunächst ist zu klären, welchen Status der Festgenommene hat. Da er vorläufig festgenommen wurde, handelt es sich um einen Beschuldigten.

Gegen die Zusage der Vertraulichkeit wäre er nach seiner Aussage bereit, gegen seinen Mittäter auszusagen. Somit bezieht sich diese Aussagewilligkeit lediglich auf das vorliegende Strafverfahren. Somit könnte er als Informant eingestuft werden, da der Festgenommene nur in diesem Einzelfall der Polizei helfen möchte. Eine Zusicherung der Vertraulichkeit ist bei einem Informanten jedoch nur möglich, wenn er bei der Bekanntgabe der Zusammenarbeit erheblich gefährdet wäre oder unzumutbare Nachteile zu erwarten hätte. Im vorliegenden Sachverhalt waren die beiden Täter mit einer Schusswaffe bewaffnet und haben diese auch gegen einen Zeugen eingesetzt, der dem Opfer zu Hilfe eilen wollte. Ob es im Vorfeld der Tat bereits zu konkreten Drohungen seitens des Mittäters gekommen ist, lässt sich aufgrund der wenigen Sachverhaltserkenntnisse nicht abschließend beurteilen. Eine solche erhebliche Gefährdung liegt jedoch im Bereich des Möglichen und kann an dieser Stelle nicht gänzlich ausgeräumt werden.

Im vorliegenden Fall handelt es sich um einen schweren Raub gem. §§ 249, 250 StGB, bei dem die mitgeführte Waffe auch verwendet wurde. Damit ist von einer Mindeststrafandrohung von nicht unter fünf Jahren auszugehen. Der schwere Raub fällt unter den Bereich der Schwerkriminalität, bei der es grundsätzlich möglich ist, eine derartige Zusage zu geben.

Eine Bindung entfällt grundsätzlich, wenn sich eine strafbare Tatbeteiligung des Empfängers der Vertraulichkeitszusage herausstellt. Bei dem Empfänger der Vertraulichkeitszusage würde es sich um den Festgenommenen handeln. Er ist aber Mittäter beim schweren Raub und er führt bei seiner Festnahme auch die Schusswaffe mit. Somit kann davon ausgegangen werden, dass er auch geschossen hat. Aufgrund dieser Tatbeteiligung ist eine Zusage der Vertraulichkeit nicht möglich. Deshalb wird der Ablauf nicht weiter erläutert und die Prüfung an dieser Stelle abgebrochen.

D. Fall zur Phänomenologie der IuK-Kriminalität

EINFÜHRUNG

Ein Kompetenzziel im Modul HS 2.1.1 liegt darin, dass die Studierenden in der Lage sind,

- Besonderheiten bei Anzeigenaufnahme und Erstem Angriff der IuK-Kriminalität zu identifizieren

Dazu passend ist der Lehr-/Lerninhalt

- Erscheinungsformen und polizeiliche Maßnahmen zur Verfolgung der IuK-Kriminalität

in der Modulbeschreibung des Studiengangs Polizei vermerkt.[33]

Nach den ergänzenden Hinweisen sind die Inhalte mit der Lernzielstufe „LZ 3" hinterlegt.

Für die Vermittlung der vorgesehenen Inhalte dieser Lehrinhalte sind zehn LVS im Präsenzstudium und acht Stunden im Selbststudium vorgesehen.[34]

[33] Modulhandbuch Bachelorstudiengang PVD 2016, Ab dem Einstellungsjahrgang 2020, S. 74 f.

[34] Ergänzende Hinweise zu den Modulbeschreibungen – HSPV NRW Bachelorstudiengang BA PVD, Stand: 3/2021, S. 168.

FALL 26: Beleidigung im Netz

Schwerpunkt: Anzeigenaufnahme im Bereich Cybercrime

LAGE

Am Dienstag, dem 7.7.2020, gegen 21.30 Uhr, erscheint Herr Stefan Gebauer auf der Hauptwache der PI Mitte des PP Düsseldorf und möchte folgenden Sachverhalt anzeigen.

Gestern, gegen 21.00 Uhr, habe er sich in einem Gruppenchat auf der Internetseite „www.meinvz.de" befunden. Hierbei handelt es sich um einen geschlossenen Chat, in dem sich ausschließlich Bekannte und Freunde über verschiedene Themen austauschen. Durch den Chat-Administrator wurde ein, dem Anzeigenerstatter unbekannter Teilnehmer mit dem Benutzernamen „Harald17", zum Gruppenchat zugelassen.

Dieser habe Stefan Gebauer nach kurzer Zeit persönlich angegriffen und ihn stark beleidigt. Dies sei durch Ausdrücke wie „du Arschloch" oder „blöde Sau" geschehen. Kurze Zeit danach hätte „Harald17" den Chat wieder verlassen.

Im Anschluss daran habe er auf Nachfrage von den angemeldeten Nutzern im Gruppenchat keine Informationen zu dem neuen Teilnehmer erhalten und der Gruppenadministrator sei auch nicht erreichbar gewesen.

Am heutigen Tag, sei „Harald17" erneut in dem Gruppenchat aufgefallen, dieses Mal habe er Herrn Gebauer aber nicht beleidigt. „Harald17" habe aber Beiträge im frei zugänglichen Forum hinterlassen. Hier werden die Beiträge aber erst nach einer Registrierung veröffentlicht.

Aufgabe: Erläutern Sie den Ablauf der Anzeigenerstattung und beurteilen Sie dabei den vorliegenden Sachverhalt. Welche Sofortmaßnahmen treffen oder veranlassen Sie?

(Gewichtung: 40 %)

LÖSUNGSVORSCHLAG

Hinweis: Der Ablauf einer Anzeigenerstattung wurde bereits ausführlich im Rahmen der Bearbeitung der Fälle 10 und 11 geschildert. Deshalb wird darauf verwiesen und an dieser Stelle werden nur die Informationen verarbeitet, die bei der Aufnahme von Fällen der Cyberkriminalität wichtig und notwendig sind.

Im vorliegenden Fall könnte es sich um eine Beleidigung gem. § 185 StGB handeln. Hierzu muss ein Anfangsverdacht einer Straftat nach § 152 II StPO gegeben sein, um die Strafverfolgungspflicht der Polizei einzuleiten, was dann zur Aufnahme der Strafanzeige führt. Hierbei handelt es sich um ein Antrags- und Privatklagedelikt. Es ist davon auszugehen, dass der Geschädigte hier einen Strafantrag stellt. Auch ohne die Stellung eines solchen Antrages ist die Anzeige dennoch aufzunehmen.

Herr Gebauer schildert, dass er von einem unbekannten Chat-Teilnehmer mit „du Arschloch" und „blöde Sau" betitelt wurde. Er fühlt sich dadurch beleidigt und somit ist der Anfangsverdacht gegeben.

Herr Gebauer ist an der Strafverfolgung interessiert, deshalb ist er zur Polizei gekommen, um diesen Sachverhalt anzuzeigen. Im geschilderten Fall wurde die Beleidigung in einem Chat ausgesprochen/niedergeschrieben. Somit wurde das Internet benutzt, um diese Straftat überhaupt erst stattfinden zu lassen. Es handelt sich also um einen Fall Cyberkriminalität im weiteren Sinne, bei dem das Internet als Tatmittel benutzt wurde.

Ein Ziel der Anzeigenaufnahme liegt auch darin, Beweismittel zu erlangen und zu sichern, um den Strafvorwurf auch gerichtsverwertbar nachzuweisen. Hierzu gehört eine Sicherung der Einträge im Chat und im Forum. Dies kann auch durch den Anzeigenerstatter geschehen, da er Zugang zum geschlossenen Teil des Chats hat.

Nach erfolgter Zeugenbelehrung (§§ 52, 55 und 57 StPO) ist es wichtig, die Angaben so präzise wie möglich nachzufragen und zu erörtern, das Herr Gebauer zurzeit der einzige Zeuge des Sachverhaltes ist. Die aktuellen Inhalte der Webseite sind zu sichern und Unklarheiten unverzüglich auszuräumen.

Herrn Gebauer sind folgende Fragen zu stellen:

- Der Name des betroffenen Online-Dienstes (Forum) und die genaue Internetadresse
- Den Benutzernamen des Herrn Müller, der möglichen Zeugen und des Beschuldigten „Harald17"
- Wie lauten Ihre Anmeldedaten zu dem Forum?
- Wie ist die genaue Bezeichnung der Internetseite?
- Wie ist die genaue Bezeichnung des Chatraums?
- Welche Nutzer waren zur Tatzeit im Forum angemeldet?
- Kennen Sie zu den Alias-Personalien die echten Kontaktdaten der angemeldeten Chat-Teilnehmer?
- Welche Hinweise können Sie zu dem unbekannten Nutzer geben?
- Wie sind die Kontaktdaten des Chatgruppenleiters/Administrators?
- Wie lautet der Ansprechpartner der Webseite laut Impressum?

Das Sichern der Chateinträge hat zum Zeitpunkt der Anzeigenaufnahme höchste Priorität. Es muss davon ausgegangen werden, dass strafbare Einträge gegen die Verhaltensregeln des Forums verstoßen und diese zeitnah durch den Webseitenbetreiber entfernt werden.

Entscheidend für die Sicherungsmethode ist das Betriebssystem und das verwendete Endgerät des Anzeigenerstatters.

Zur Sicherung der Daten bittet der die Anzeige aufnehmende Beamte Herrn Gebauer nach der Anzeigenaufnahme, folgende Maßnahmen durchzuführen:

- Screenshot des aktuellen Webseitenfensters mit den Chateinträgen
- Speichern der gesamten Webseite als Datei
- Sichern der exakten Adresszeile des Forums

Hierzu kann der Polizeibeamte folgende Anweisungen/Hilfestellungen geben:

- Bildschirmaufnahme

Ein einfaches Hilfsmittel ist eine Aufnahme des Bildschirmes.

Mittels der „Druck"-Taste wird der Bildschirminhalt in die Zwischenablage kopiert. Die „ALT"+"Druck"-Tastenkombination nimmt den Inhalt des aktiven Fensters auf.

Der kopierte Inhalt kann in Grafik- oder Textverarbeitungsprogramme eingefügt werden (Tastenkombination: „Strg"+„V"). Die Textseite kann dann wie gewohnt abgespeichert werden.

- Webseitenkopie erstellen

Alle Browser ermöglichen auch die Speicherung einer Webseite.

Über den Menüpunkt „Seite speichern unter …" – Webseite komplett speichern

- Kopieren des Adresszeileneintrages der betreffenden Internetseite

Den Mauszeiger über das Adresszeilenfeld mit dem Webseiteneintrag bewegen und mit der linken Maustaste in das Feld klicken

Das Feld wird nun blau markiert

Mit einem Rechtsklick in dem markierten Feld das Kontextmenü öffnen und den Punkt „Kopieren" wählen

Anschließend kann der kopierte Text in ein Textdokument eingefügt (Tastenkombination: „STRG"+„V") werden. Auch hier kann die Textdatei wie gewohnt abgespeichert werden.

Zum Abschluss der Anzeigenaufnahme ist es erforderlich, dass Herr Gebauer einen Strafantrag unterzeichnet, da es sich gem. § 94 StGB bei der Beleidigung um ein Antragsdelikt handelt.

Die von Herrn Gebauer selbst noch durchzuführenden Maßnahmen kann er später dem zuständigen Kriminalkommissariat zuleiten. Dazu erhält er die Kontaktdaten des zuständigen Kommissariats und die Vorgangsnummer, um dies abzusprechen.

Danach kann Herr Gebauer die Dienststelle verlassen.

E. Fall im Bereich Vermisste

EINFÜHRUNG

Ein Kompetenzziel im Modul HS 2.1.1 liegt darin, dass die Studierenden in der Lage sind,

- den Vermisstenstatus zu qualifizieren und notwendige Ermittlungsmaßnahmen abzuleiten

Dazu passend ist der Lehr-/Lerninhalt

- Maßnahmen in Vermisstensache

in der Modulbeschreibung des Studiengangs Polizei vermerkt.[35]

Nach den ergänzenden Hinweisen sind die Inhalte mit der Lernzielstufe „LZ 4" hinterlegt.

Für die Vermittlung der vorgesehenen Inhalte dieser Lehrinhalte sind acht LVS im Präsenzstudium und sieben im Selbststudium vorgesehen.[36]

35 Modulhandbuch Bachelorstudiengang PVD 2016, Ab dem Einstellungsjahrgang 2020, S. 74 f.

36 Ergänzende Hinweise zu den Modulbeschreibungen – HSPV NRW Bachelorstudiengang BA PVD, Stand: 3/2021, S. 168.

FALL 27: Vermisstes 11-jähriges Mädchen

Schwerpunkt: Verdachtslage im Hinblick auf eine Tat und Maßnahmen des Sicherungsangriffs

LAGE

Am heutigen Tage sind Sie als Streifenführer der Funkwagenbesatzung Düssel 11/21 gemeinsam mit POK Mauser im Spätdienst eingesetzt. Gegen 19.10 Uhr erhalten Sie von der Leitstelle folgenden Auftrag:

„Düssel 11/21 fahren Sie Ortsteil Grafenberg, Gellertstraße 10, bei Schubert, dort wird die 11-jährige Tochter vermisst."

Als Sie gegen 19.15 Uhr eintreffen, werden Sie schon von Frau Schubert erwartet, die Ihnen berichtet, dass ihre 11-jährige Tochter Luise bis jetzt noch nicht vom Schlittschuhlaufen zurück sei.

Luise besucht zweimal wöchentlich das Training ihres Schlittschuh-Vereins im Eisstadion Brehmstraße. Das Training, welches Luise bereits seit ca. einem Jahr besucht, dauert von 16.00–17.00 Uhr. Den ca. 2,5 km langen Weg legt Luise stets mit ihrem Fahrrad zurück. Hierbei benutzt sie meistens die Mathildenstraße, die an der Grenze des Zoo-Parks vorbeiführt. Sie fährt immer direkt nach Hause und trifft spätestens um 17.15 Uhr zu Hause ein. Luise ist in dieser Beziehung sehr zuverlässig und bislang noch nie später zurückgekehrt. Die Versuche, sie auf ihrem Handy zu erreichen, führten bisher nicht zu einem Erfolg. Es meldet sich immer nur die Mailbox.

Vor ca. 20 Minuten habe Frau Schubert den Trainer telefonisch erreicht, der ihr mitteilen konnte, dass Luise die Eishalle wie immer sofort verlassen hätte und mit ihrem Fahrrad weggefahren sei.

Frau Schubert macht sich nun große Sorgen um ihre Tochter und hat Angst, dass ihr etwas zugestoßen sein könnte.

Frau Schubert lebe seit der Trennung von ihrem Mann vor ca. zwei Jahren mit Luise alleine in der Wohnung und ihr wurde durch das Gericht auch das alleinige Sorgerecht zugestanden. Den Kontakt zu ihrem Vater hat Luise aber nie abgebrochen. Jedes zweite Wochenende würde er sie abholen und das Wochenende mit ihr verbringen. Ihr Mann wohnt mit seiner neuen Freundin in Ratingen und er versuche aktuell, ein gemeinsames Sorgerecht vor Gericht zu erstreiten.

Frau Schubert gibt weiter an, dass ihre Tochter die Heinrich-Heine-Gesamtschule in Düsseldorf-Grafenberg besucht, wobei ihre schulischen Leistungen zufriedenstellend sind.

Ihre Tochter habe aufgrund des Schulwechsels von der Grundschule auf die Gesamtschule nur zwei wirkliche Freundinnen mit denen sie sich gut verstehe. Sie habe die beiden schon angerufen und beide erreicht. Beide Mädchen seien zu Hause und wissen nicht, wo Luise sich aufhalten könnte.

Unstimmigkeiten zwischen Frau Schubert und ihrer Tochter seien selten, der letzte Streit würde auch schon eine Woche zurückliegen.

Aufgaben:

1. Bearbeiten Sie im Rahmen der Kriminalistischen Fallanalyse (KFA) die Verdachtslage im Hinblick auf eine Tat (Ziff. 1.1.2).
   (Gewichtung: 10 %)
2. Welche Einsatzmaßnahmen treffen und veranlassen Sie?
   (Gewichtung: 30 %)

LÖSUNGSVORSCHLAG

Aufgabe 1

Aufgrund der bisher erlangten Informationen können mehrere Handlungen passiert sein.

Luise ist 11 Jahre alt und ist somit eine Minderjährige. Die Mutter hat das alleinige Sorgerecht und die die nachfolgend durchgeführte Analyse stützt sich bisher nur auf ihre Angaben.

Folgende Überlegungen können angestellt werden:

- Luise ist auf dem Rückweg mit dem Fahrrad verunglückt
- Luise ist doch nicht so zuverlässig und unternimmt noch etwas Anderes, zB shoppen, Fahrradfahren, Eis essen ...
- Der Vater hat Luise dem Zugriff der Mutter entzogen (Verdacht der Entziehung Minderjähriger § 235 StGB)
- Luise könnte Opfer einer Straftat geworden sein

Zurzeit gibt es keine weiteren Anhaltspunkte, die für oder gegen eine der aufgeführten Alternativen sprechen.

Es bleibt aber festzuhalten, dass Frau Schubert ihre Tochter als vermisst gemeldet hat.

Eine Vermisstensache liegt immer dann vor, wenn

- eine Person ihren gewohnten Lebenskreis verlassen hat,
- ihr derzeitiger Aufenthalt unbekannt ist

und

- eine Gefahr für Leib oder Leben (zB Opfer einer Straftat, Unfall, Hilflosigkeit, Selbsttötungsabsicht)

angenommen werden kann.

Personen im Alter bis zu 18 Jahren (Minderjährige) dürfen ihren Aufenthaltsort nicht selbst bestimmen. Bei ihnen wird grundsätzlich von einer Gefahr für Leib oder Leben ausgegangen. Sie gelten für die Polizei bereits als vermisst, wenn sie ihren gewohnten Lebenskreis verlassen haben und ihr Aufenthalt nicht bekannt ist.

Luise hat ihren gewohnten Lebenskreis, die Wohnung und das Eisstadion, verlassen und die Mutter, die Freundinnen und der Trainer wissen nicht, wo sie sich aufhält. Somit ist ihr derzeitiger Aufenthaltsort nicht bekannt. Bei der Beurteilung spielt die zeitliche Komponente keine Rolle. Da Luise minderjährig ist, liegt auch eine Gefahr für Leib oder Leben vor. Somit ist Luise als vermisste Person einzustufen und es liegt eine Vermisstensache iSd PDV 389 vor.

Aufgabe 2

Das Aufsuchen der Mutter und die anschließende Befragung sind einer Anzeigenerstattung gleichzusetzen. Somit erhält die Polizei Kenntnis von der Vermisstensache und ist verpflichtet, sofort Maßnahmen zu ergreifen oder einzuleiten, um die Gefahr für Luise abzuwenden. Auch wenn der Anfangsverdacht einer Straftat nach § 152 II StPO noch nicht gegeben ist, befinden sich die beiden Beamten im Sicherungsangriff.

Folgende Maßnahmen sind zu veranlassen oder selbst durchzuführen:

- Intensive Vernehmung der Mutter
  - Aussehen von Luise – Größe, Statur, anscheinendes Alter, Haarfarbe, Länge, Brille
  - Bekleidung – Jacke, Bluse/T-Shirt/Pulli, Hose, Schuhe
  - Mitgeführte Gegenstände – Fahrrad, Hersteller, Farbe, Besonderheiten, Sporttasche/Rucksack, Inhalt, Schlittschuhe, Handy, Fahrkarte, Geldbörse
  - Verhaltensweisen der Tochter – ängstlich, offen, aufgeschlossen, Verhalten beim Ansprechen durch Fremde
  - Anlaufadressen vom Vater, Großeltern, Freundinnen, Lieblingsorte
  - Arbeitsstelle des Vaters, Arbeitsstelle der Freundin, Erreichbarkeiten
  - Aktionsradius der Tochter mit dem Fahrrad, Orientierungssinn
  - Auseinandersetzungen zwischen Mutter und Luise, schulische Probleme, Krankheiten, Medikamente
  - Wer holt Luise nach dem Antreffen ab?
- Aktuelles Lichtbild von Luise aushändigen lassen
- Durchsuchung des Zimmers von Luise zur Auffindung von Hinweisen auf den derzeitigen Aufenthaltsort, bzw. für Gründe des Verschwindens. Mit Zustimmung der Mutter: Durchsuchung der gesamten Wohnung, des Hauses und des Wohnumfeldes
- Abfahren und Absuchen der möglichen Fahrtstrecken von der Eishalle zur Wohnung
  - Befragung von Passanten, um Hinweise über den Aufenthaltsort von Luise zu erlangen
  - Absuchen des Zoo-Parks

Über die Einsatzleitstelle ist Folgendes zu veranlassen:

- Datenabfragen in Auskunftssystemen, zB VIVA, EMA, Cebius/eCebius zu Luise, Frau Schubert, dem Vater und seiner Freundin
- Gegebenenfalls aktuelle Angaben in genutzten Sozialen Netzwerken prüfen
- Einsatzdokumentation in Cebius/eCebius
- Nachfrage über eingelieferte verletzte Mädchen in den Krankenhäusern im Bereich PP Düsseldorf und im Bereich Ratingen
- Fahndung im Bereich PP Düsseldorf und der benachbarten KPB
- Fahndungsausschreibung (Personenfahndung mit Beschreibung) in VIVA zur Ingewahrsamnahme von Luise
- Ausschreibung der Fahrradrahmennummer in der Sachfahndung, die mit den Daten der Personenfahndung zu verknüpfen sind
- Öffentlichkeitsfahndung, insbesondere: ÖPNV, Taxizentralen, Lokalradio
- Aufsuchen der Wohnung von Luises Vater durch Verstärkungskräfte und Befragung des Vaters über den möglichen Verbleib seiner Tochter
- Aufsuchen und Befragen des Trainers in der Eishalle durch Verstärkungskräfte und je nach Sachverhaltsentwicklung Durchsuchung der Eishalle

- Handyortung über den zuständigen Provider veranlassen
- Information des LKA NRW über den Vermisstenfall, wenn Luise nicht im Rahmen der Suchmaßnahmen gefunden wird

F. Fälle im Bereich Todesermittlungen

EINFÜHRUNG

Einige Kompetenzziele im Modul HS 2.1.1 liegen darin, dass die Studierenden in der Lage sind,

- wesentliche Grundzüge des Todesermittlungsverfahrens zu erläutern
- sichere und unsichere Todeszeichen, Todesarten und wesentliche Todesursachen zu unterscheiden
- Maßnahmen des Sicherungsangriffs in Todesermittlungsverfahren zu entwickeln

Dazu passend ist der Lehr-/Lerninhalt

- Erster Angriff bei Todesermittlungen

in der Modulbeschreibung des Studiengangs Polizei vermerkt.[37]

Nach den ergänzenden Hinweisen sind die Inhalte mit der Lernzielstufe „LZ 2" hinterlegt, die Maßnahmen des Sicherungsangriffs sind jedoch als „LZ 4" eingestuft.

Für die Vermittlung der vorgesehenen Inhalte dieser Lehrinhalte sind 14 LVS im Präsenzstudium und zehn Stunden im Selbststudium vorgesehen.[38]

[37] Modulhandbuch Bachelorstudiengang PVD 2016, Ab dem Einstellungsjahrgang 2020, S. 74 f.

[38] Ergänzende Hinweise zu den Modulbeschreibungen – HSPV NRW Bachelorstudiengang BA PVD, Stand: 3/2021, S. 169.

FALL 28: Tod auf dem Dachboden

Schwerpunkt: Gefahrenlage und Verdachtslage der Kriminalistischen Fallanalyse und Anzeichen über natürlichen und nichtnatürlichen Tod

LAGE

Am heutigen Tage sind Sie als Streifenführer der Funkwagenbesatzung „Düssel 11/21" gemeinsam mit POK Klaus im Spätdienst eingesetzt. Gegen 19.10 Uhr erhalten Sie von der Leitstelle folgenden Auftrag:

„Düssel 11/21 fahren Sie Ortsteil Grafenberg, Gellertstraße 16, vor dem Haus erwartet sie Frau Maria Mohn, die in dem Haus wohnt. Frau Mohn habe ihre Nachbarin Frau Elfriede Schnabel erhängt auf dem Dachboden des Mehrfamilienhauses gefunden. Die Arme und Beine von Frau Schnabel seien ganz steif und sie sei auch eiskalt. Frau Mohn sei sofort in ihre Wohnung gegangen und habe über 110 die Polizei gerufen.

Frau Schnabel sei eine Freundin von ihr, die aber aufgrund des Todes ihres Mannes vor ca. drei Monaten einen depressiven Eindruck machte. Im Alter von 78 Jahren sei sie jetzt auf sich alleine gestellt, da das Ehepaar keine Kinder hatte.

Auf Nachfrage habe Frau Mohr noch angegeben, dass die Tür zum Dachboden abgeschlossen war und sie die Tür nur mit ihrem Schlüssel öffnen konnte."

Die Leitstelle teilt ihnen noch mit, dass ein Notarzt auf dem Weg zum Einsatzort sei.

Aufgaben:

1. Bearbeiten Sie im Rahmen der Kriminalistischen Fallanalyse (KFA)
   a) die Gefahrenlage (Ziff. 1.1.1)
   b) die Verdachtslage im Hinblick auf eine Tat (Ziff. 1.1.2).
   (Gewichtung: 15 %)
2. Erläutern Sie, wann ein natürlicher oder nicht natürlicher Tod vorliegt und nennen Sie die nicht natürlichen Todesarten.
   (Gewichtung: 10 %)

LÖSUNGSVORSCHLAG

Aufgabe 1

a) Gefahrenlage

Fraglich ist, ob noch eine Gefahr für Leib, Leben und Gesundheit von Frau Schnabel vorliegt. Hierzu müsste sie noch Vitalzeichen aufweisen und noch am Leben sein. Nach Auskunft der Anruferin Frau Mohr habe sie Frau Schnabel wie folgt angetroffen: „die Arme und Beine von Frau Schnabel seien ganz steif und sie sei auch eiskalt". Sollten sich diese Feststellungen durch die eingesetzte Funkstreifenwagenbesatzung bestätigen, dann spricht dies für ein Ableben von Frau Schnabel. Die Aussage über die starren Arme und Beine sprechen für eine Ausprägung der Leichenstarre, die ein sicheres Todesanzeichen darstellt. Die Leichenstarre an Arm- und Fußgelenken stellt sich in aller Regel erst drei bis sechs Stunden nach dem Tod ein. Auch bei der beschriebenen Leichenkälte handelt es sich um ein sicheres Todeszeichen, die aber von einer Auskühlung als unsicheres Todeszeichen zu unterscheiden ist. Frau Mohr schildert, dass Frau Schnabel eiskalt sei. Hier spricht alles für eine Leichenkälte als sicheres Todeszeichen. Somit liegt keine Gefahr mehr für Leib/Leben vor, da Frau Schnabel bereits tot ist.

Solange die Beamten des Sicherungsangriffs noch nicht vor Ort eingetroffen sind, besteht die Gefahr, dass Spuren durch unbeteiligte Personen vernichtet werden. Frau Mohr wartet vor dem Haus, aber da es sich um ein Mehrfamilienhaus handelt, können auch andere Personen das Haus betreten oder aus einer der anderen Wohnungen den Dachboden aufsuchen. Diese Gefahr wird nach dem Eintreffen der Polizeibeamten und den Maßnahmen des Sicherungsangriffs nicht mehr bestehen.

Weitere Gefahren ergeben sich aus dem Sachverhalt nicht.

b) Verdachtslage im Hinblick auf eine Tat

Die Einschätzung der Verdachtslage im Hinblick auf eine Tat stützt sich auf die Aussage der Anruferin Frau Mohr. Es kann davon ausgegangen werden, dass diese Angaben der Wahrheit entsprechen, da sich keine Anhaltspunkte ergeben, die gegen eine solche Annahme sprechen.

Fraglich ist, ob ein Anfangsverdacht einer Straftat nach § 152 II StPO vorliegt. Hiernach müssen zureichende tatsächliche Anhaltspunkte vorliegen, um dies anzunehmen. Im vorliegenden Sachverhalt wird Frau Schnabel aufgehängt auf dem Dachboden aufgefunden. Die Tür zum Dachboden ist abgeschlossen und die Anruferin musste diese mit ihrem Schlüssel öffnen, um den Dachboden zu betreten. Sollte ein Fremdverschulden, also ein Tötungsdelikt, vorliegen, wäre es zumindest ungewöhnlich, wenn der Täter nach der Tat den Tatort ordnungsgemäß abschließen würde. Dies wäre nur dann logisch zu begründen, wenn der Täter die Entdeckung der Leiche hinauszögern wolle. Frau Mohr gibt weiterhin an, dass Frau Schnabel depressiv war, nachdem ihr Mann vor ca. drei Monaten verstarb. Dies wurde auch dadurch bekräftigt, dass das Ehepaar kinderlos war und Frau Schnabel jetzt im Alter von 78 Jahren auf sich alleine gestellt war. Hinzu kommt, dass das Erhängen eine weit verbreitete Suizid-Methode ist. Bisher ergeben sich keinerlei Anhaltspunkte, die für das Vorliegen eines Tötungsdeliktes sprechen. Diese Annahme muss noch durch die eintreffenden Polizeibeamten im Hinblick auf die Übereinstimmung des Strangwerkzeuges mit der Strangfurche überprüft werden und auch, ob die Strangfurche lagegerecht ausgeprägt ist. Eine weitere Überprüfung erstreckt sich auf mögliche Abwehrverletzungen, die aber auch von Frau Mohr bemerkt worden wären.

So lässt sich abschließend zu diesem Zeitpunkt sagen, dass keine Anhaltspunkte für eine Straftat nach § 152 II StPO vorliegen.

Im vorliegenden Sachverhalt ist somit ein Todesermittlungsverfahren nach § 159 StPO einzuleiten, da die Todesbescheinigung auf nicht natürlichen Tod (vermutlich Suizid) ausgestellt werden wird.

Aufgabe 2

Ein natürlicher Tod liegt immer dann vor, wenn der Mensch aus innerer natürlicher Ursache verstorben ist und ohne dass in der Vorgeschichte ein rechtlich relevantes Ereignis mittelbar oder unmittelbar hinzugetreten ist. Kurz gesagt, der Tod tritt infolge einer Krankheit oder altersbedingt ein.

Ein nicht natürlicher Tod liegt immer dann vor, wenn das Ableben bei der ärztlichen Leichenschau nicht zweifelsfrei krankheits- oder altersbedingt erklärt werden kann (§ 9 V BStG NRW), also bei:

- Selbsttötung
- Tod durch Unfall
- Einwirkung Dritter (Tod durch fahrlässige oder vorsätzliche Einwirkung von außen)

! **Hinweis:** Die Frage 2.2 zielt auf die Todesarten und nicht auf die Todesursachen. Somit müssen die Studierenden an dieser Stelle auch nicht die Todesursachen, zB Tod durch Gewalteinwirkung oder Strangulation, aufzählen.

FALL 29: Tod auf dem Dachboden

Schwerpunkt: Auswertungsangriff bei Vorliegen einer Leichensache

LAGE

Am heutigen Tage sind Sie als Streifenführer der Funkwagenbesatzung „Düssel 11/21" gemeinsam mit POK Klaus im Spätdienst eingesetzt. Gegen 19.10 Uhr erhalten Sie von der Leitstelle folgenden Auftrag:

„Düssel 11/21 fahren Sie Ortsteil Grafenberg, Gellertstraße 16, vor dem Haus erwartet Sie Frau Maria Mohn, die in dem Haus wohnt. Frau Mohn habe ihre Nachbarin Frau Elfriede Schnabel erhängt auf dem Dachboden des Mehrfamilienhauses gefunden. Die Arme und Beine von Frau Schnabel seien ganz steif und sie sei auch eiskalt. Frau Mohn sei sofort in ihre Wohnung gegangen und habe über 110 die Polizei gerufen.

Frau Schnabel sei eine Freundin von ihr, die aber aufgrund des Todes ihres Mannes vor ca. drei Monaten einen depressiven Eindruck machte. Im Alter von 78 Jahren sei sie jetzt auf sich alleine gestellt, da das Ehepaar keine Kinder hatte.

Auf Nachfrage habe Frau Mohr noch angegeben, dass die Tür zum Dachboden abgeschlossen war und sie die Tür nur mit ihrem Schlüssel öffnen konnte."

Die Leitstelle teilt Ihnen noch mit, dass ein Notarzt auf dem Weg zum Einsatzort sei.

Lagefortschreibung: Vor Ort treffen Sie auf Frau Mohr und den Notarzt. Der Notarzt teilt Ihnen kurz mündlich mit, dass er die Leiche oberflächlich betrachtet und den Tod sicher festgestellt habe. Er habe die Todesbescheinigung ausgestellt, die er Ihnen aushändigt. Er habe keine Zeit mehr, da er zu einem Notfall gerufen wurde.

Sie verschaffen sich einen Überblick, sperren den Dachboden ab und fordern über die Leitstelle den Auswertungsangriff an.

Aufgabe: Begründen Sie die Maßnahmen, die im Rahmen des Auswertungsangriffs ab Eintreffen am Tatort zu treffen bzw. zu veranlassen sind.

(Gewichtung: 40 %)

LÖSUNGSVORSCHLAG

1. Übernahmephase

Im Rahmen der Übernahmephase haben sich die Beamten des Auswertungsangriffs zunächst einen Überblick zu verschaffen und dann den Tatort und die Zeugin Mohr von den Kräften des Sicherungsangriffs zu übernehmen. Die Absperrung sollte durch die anwesenden Kräfte zunächst aufrechterhalten bleiben.

2. Aufnahme des subjektiven Befundes

Bei der Aufnahme des subjektiven Befundes ist zunächst das Augenmerk auf die weitere Vernehmung der Zeugin Mohr zu richten. Es ist davon auszugehen, dass der Sicherungsangriff bereits die Personalien und die Erreichbarkeit der Zeugen festgehalten haben und sie ordnungsgemäß als Zeugin gem. §§ 52, 55 und 57 StPO belehrt hat. Es wird auch bereits eine erste Befragung stattgefunden haben. Da der Sachverhalt dazu aber nichts Näheres ausführt, muss dies an dieser Stelle ausführlich dargestellt werden. Die bisher gemachten Angaben sind zu präzisieren und zu intensivieren, dazu gehören folgende Fragen:

- Wann genau haben Sie den Dachboden betreten?
- Warum wollten Sie den Dachboden betreten?
- Wie genau war die Tür/das Schloss verschlossen?
- Was haben Sie nach dem Öffnen genau auf dem Dachboden gemacht?
- Haben Sie Frau Schnabel angefasst? Wo?
- Haben Sie irgendwelche Veränderungen vorgenommen?
- Womit hat sich Frau Schnabel aufgehängt?
- Kennen Sie diese Tatmittel?
- Woran haben Sie erkannt, dass Frau Schnabel tot ist?
- Wann hatten Sie Frau Schnabel das letzte Mal lebend gesehen?
- Wie lange waren Sie auf dem Dachboden?
- Haben Sie weitere Personen im Haus oder auf dem Dachboden zu dieser Zeit wahrgenommen?
- Wann ist der Ehemann genau verstorben?
- Woraus schließen Sie, dass Frau Schnabel depressiv war?
- Was hat sie Ihnen erzählt?
- Hat sie einen Selbstmord angekündigt?
- Gibt es noch Angehörige? Adresse/Erreichbarkeit?
- Wer hat sich nach dem Tod ihres Mannes um Frau Schnabel gekümmert? zB: Pfarrer)
- Wissen Sie von Krankheiten der Frau Schnabel?
- ...

In Absprache mit den Kräften des Sicherungsangriffs sollte die Suche nach weiteren möglichen Zeugen vorangetrieben werden. Dazu gehören die übrigen Anwohner des Mehrfamilienhauses und auch ermittelte Bezugspersonen. Sollten dabei Zeugen gefunden werden, die mögliche Angaben zum Tatgeschehen machen können, so sind auch von diesen Personen die Personalien festzustellen und deren Erreichbarkeit. Anschließend sind sie wie Frau Mohr vor einer Vernehmung zu belehren. Die Fragen gleichen den Fragen, die Frau Mohr gestellt wurden. Zielrichtung sind Informationen zur möglichen Todesursache, zur Eingrenzung des Todeszeitpunktes und zur Frage, ob es Hinweise auf einen Suizid gegeben hat.

Durch Beamte des Auswertungsangriffs ist auch Rücksprache mit dem Notarzt zu halten, der den Tod bescheinigt hat. Dies kann auch telefonisch geschehen. Auch vom Notarzt werden die Personalien und die Erreichbarkeit sichergestellt und auch er wird zeugenschaftlich wie Frau Mohr belehrt. Ein berufliches Zeugnisverweigerungsrecht hat der Notarzt nicht, da er nicht der behandelnde Arzt ist. Die Fragen zielen auf folgende Bereiche:

- Todeszeitpunkt
- Todesursache
- Sonstige äußere Verletzungen
- Vorgenommene Veränderungen an der Leiche
- Aussagen der Frau Mohr gegenüber dem Notarzt

Die gewonnenen Erkenntnisse sind der Leitstelle im Rahmen von Lageinformationen mitzuteilen.

3. Aufnahme des objektiven Befundes:

Im Rahmen des objektiven Befundes wird eine systematische Spurensuche zunächst auf dem Dachboden stattfinden. Der gesamte Ereignisort und die Leiche werden fotografisch durch Übersichts- und Detailaufnahmen nach Kennzeichnung und Vermessung gesichert, wobei bei den Detailaufnahmen zusätzlich ein Maßstab anzulegen ist.

Bei der Spurensuche und -sicherung ist nach dem Grundsatz „Auge - Kamera - Hand" und „Sicherstellung von Spuren im Original", wenn dies möglich und verhältnismäßig ist, vorzugehen.

Die einzelnen Bereiche des Ereignisortes können in einzelne Bereiche eingeteilt werden, um die systematische Spurenarbeit zu erleichtern.

Der Spurenkomplex „Leiche" befasst sich mit der Leichenschau. Hierbei ist die Leiche in allen Details zu beschreiben. Bei der Besichtigung der Leiche ist auf regelgerechten Sitz ihrer Bekleidung, auf mögliche Beschädigungen der Bekleidung und auf Abwehrverletzungen zu achten.

Die Leiche ist spurenschonend „abzuhängen". Wichtig hierbei ist, dass das Strangulationswerkzeug nicht aufgeknotet wird, da der Knoten erhalten bleiben muss. Beim Strangulationswerkzeug handelt es sich gegebenenfalls um das Tatmittel, dessen Erhalt für die weiteren Ermittlungen wichtig ist. Wenn eine Sicherstellung ohne Teilzerstörung nicht möglich ist, so kann das Strangulationswerkzeug an einer abseits gelegenen außerhalb des Knotenbereichs vorsichtig durchtrennt werden. Diese Veränderung ist zwingend zu kennzeichnen.

Anschließend muss die Leiche durchsucht werden, wozu die Leiche auch zu entkleiden ist. Zunächst ist die getragene Bekleidung als Spurenträger getrennt in Papiertüten zu sichern. Vorher erfolgt eine Durchsuchung der getragenen Opferbekleidung und Sicherstellung aller darin befindlicher Gegenstände.

Anschließend wird versucht, anhand von vorgefundenen Lichtbildausweisen eine vorläufige Identifizierung der Leiche durchzuführen. Nach Entkleiden der Leiche erfolgt eine Inaugenscheinnahme der möglichen Verletzungen der Leiche und der Suche nach Leichenflecken und sonstigen Todeserscheinungen.

Es erfolgt eine Messung der Rektaltemperatur (Eingrenzung der Todeszeit) und Messungen der Temperatur auf dem Dachboden. Diese Messungen sind im Abstand von 15 Minuten mehrfach durchzuführen.

Die Leichenbesichtigung hat am ganzen Körper zu erfolgen und bezieht auch die Strangfurche mit ein. Mögliche Faserspuren oder sonstige Spuren des Strangulationswerkzeuges an den Händen der Toten sind in Papiertüten zu sichern. Sollten bei genauem Augenschein keine Spuren zu erkennen sein, so sind die Hände mit Papiertüten zu überstülpen, um sie später genau untersuchen zu können.

Nach der Leichenschau wird die Leiche beschlagnahmt und durch ein über die Leitstelle angefordertes Bestattungsunternehmen der Rechtsmedizin zur späteren Obduktion und Durchführung weiterer Maßnahmen der Spurensicherung überführt.

Im Nachgang zur Beschlagnahme der Leiche ist die Wohnung der Toten nach § 103 StPO nach Spuren oder Hinweisen auf den Suizid zu durchsuchen. Die Durchsuchung dient der Auffindung eines Abschiedsbriefes, des Familienstammbuches und sonstiger Hinweise auf einen Suizid. Aufgefundene Gegenstände werden sichergestellt und asserviert. Sollten bei der Durchsuchung größere Bargeldbeträge oder Schmuck gefunden werden, so müssen diese Gegenstände im Rahmen der Sicherung des Nachlasses sichergestellt werden. Anschließend ist die Wohnung so zu sichern, dass keine unbefugten Personen diese betreten können.

4. Nachlaufphase

Die Nachlaufphase beginnt mit der Entlassung der Unterstützungskräfte und einer Lageabschlussmeldung an die Leitstelle. Auf der Dienststelle sind die schriftlichen Arbeiten zu fertigen. Hierzu zählen die Erstellung des Todesermittlungsberichts, des Spurensicherungsberichts und einer Lichtbildmappe, die Asservierung der sichergestellten Gegenstände und das Absetzen einer WE-Meldung. Weiterhin ist eine Sterbefallanzeige zu fertigen.

Außerdem erfolgt eine Angehörigenbenachrichtigung, falls diese zu ermitteln sind.

Der Sachverhalt ist dem Kapitalstaatsanwalt der zuständigen Staatsanwaltschaft vorzutragen, um eine Obduktion nach § 87 StPO anzuregen. Inwieweit eine solche Anregung erfolgt bzw. die Staatsanwaltschaft der Anregung nachkommt, hängt von den genauen Feststellungen am Leichenfundort ab.

G. Fall im Bereich Maßnahmen des Ersten Angriffs bei Branddelikten

EINFÜHRUNG

Zu diesem Bereich ist kein separates Kompetenzziel vermerkt.

Dazu passend ist der Lehr-/Lerninhalt

- Erster Angriff bei Branddelikten

in der Modulbeschreibung des Studiengangs Polizei vermerkt.[39]

Nach den ergänzenden Hinweisen sind die Inhalte mit der Lernzielstufe „LZ 2" hinterlegt.

Für die Vermittlung der vorgesehenen Inhalte dieser Lehrinhalte sind vier LVS im Präsenzstudium und drei Stunden im Selbststudium vorgesehen.[40]

[39] Modulhandbuch Bachelorstudiengang PVD 2016, Ab dem Einstellungsjahrgang 2020, S. 74 f.

[40] Ergänzende Hinweise zu den Modulbeschreibungen – HSPV NRW Bachelorstudiengang BA PVD, Stand: 3/2021, S. 169.

FALL 30: Wohnungsbrand

Schwerpunkt: Verdachtslage im Hinblick auf eine Tat, Verdachtslage im Hinblick auf eine Person und Personalbeweis

LAGE

Am heutigen Tage sind Sie gemeinsam mit KOK Werner im Spätdienst der K-Wache eingesetzt. Auf dem Rückweg von einem Wohnungseinbruchsdiebstahl erhalten Sie von der Leitstelle gegen 21.05 Uhr, folgenden Auftrag:

„Fahren Sie zur Friedrichstraße 7 in Grafenberg, dort brennt gerade eine Wohnung in einem 9-Familien-Haus. Am Brandort ist bereits der „Düssel 12/21" und „Düssel 12/23" zur Absperrung und Evakuierung der Hausbewohner eingesetzt. Die Berufsfeuerwehr Düsseldorf ist mit einem Zug vor Ort."

Folgende Feststellungen können Sie vor Ort treffen:

Es handelt sich um ein viergeschossiges Mehrfamilienhaus mit einem ausgebauten Dachgeschoss, in dem insgesamt neun Wohnungen vorhanden sind. Die Dachgeschosswohnung wird nach dem Umzug des letzten Mieters gerade renoviert und steht leer. Auf jeder Etage befinden sich zwei Wohnungen, die jeweils ca. 65qm groß sind. Das Haus kann nur durch die Hauseingangstür betreten werden, eine Hintertür ist nicht vorhanden.

Gebrannt hat eine Wohnung im vierten Obergeschoss. Es handelt sich bei der Sicht auf das Haus um die Wohnung links.

Alle Bewohner des Hauses wurden evakuiert oder haben die Wohnungen selbstständig verlassen und halten sich bei ihrem Eintreffen vor der Absperrung auf. In der Erdgeschosswohnung rechts wohnt auch der Hauseigentümer Herr Franz Knuffmann.

Der Einsatzleiter der Feuerwehr kann Ihnen Folgendes mitteilen:

Bei der in Brand geratenen Wohnung handelt es sich um die linke Wohnung im vierten Obergeschoss. Bei Eintreffen der Feuerwehr war die Hauseingangstür geöffnet und Teile des Hausflures waren leicht verqualmt. Die Türe zur betreffenden Wohnung musste von der Feuerwehr aufgebrochen werden, da sie bei Eintreffen verschlossen war. Vermutlich ist der Brand im Schlafzimmer, im Bereich des Schrankes ausgebrochen. Unter dem Bett habe die Feuerwehr einen 5-Liter-Benzinkanister gefunden, der noch zu einem Drittel mit einer Flüssigkeit, vermutlich Benzin, gefüllt war. Der Verschluss war jedoch aufgeschraubt und nicht verschlossen. Der Korpus des Schrankes sei fast vollständig verbrannt, die Kleidungsstücke in seinem Inneren haben aber nur teilweise Feuer gefangen.

Es habe sich dadurch ein Schwelbrand entwickelt und das Feuer habe sich nicht weiter ausgebreitet. Die Decke über dem Schrank sei stark verrußt und der Putz sei an mehreren Stellen abgeplatzt. Die gesamte Wohnung sei auch stark verrußt und somit unbewohnbar. Der Brand sei mittlerweile gelöscht.

Bei einer persönlichen Inaugenscheinnahme des Brandortes gemeinsam mit dem Einsatzleiter der Feuerwehr wird von Ihnen festgestellt, dass auf dem Boden vor dem Schlafzimmerschrank deutliche Abbrandspuren im Teppichboden feststellbar sind. Der handelsübliche Benzinkanister wurde von der Feuerwehr in die Badewanne des Badezimmers gestellt, wo er von Ihnen auch noch festgestellt wird.

Nach zeugenschaftlicher Belehrung konnte Ihnen Herr Knuffmann zum Brandgeschehen Folgendes sagen:

In der betroffenen Wohnung habe es bereits vor ca. zwei Monaten einen Schwelbrand gegeben, den der alleinige Mieter, Herr Ludger Baumeister, mit einem Feuerlöscher, den er sich bei seinem Nachbarn ausgeliehen hatte, selbst gelöscht habe. Herr Baumeister habe damals angegeben, dass er mit einer Zigarette eingeschlafen sei und diese dann den Schwelbrand von zwei Kissen auf der Wohnzimmercouch verursacht hätte. Nach diesem Vorfall habe er Herrn Baumeister darauf hingewiesen, dass so etwas nicht mehr geschehen dürfe, da er sonst fristlos gekündigt werde. Herr Baumeister sei starker Raucher und würde auch gerne Alkohol trinken. Dies begann als er seine Arbeitsstelle vor ca. einem halben Jahr verloren hätte. Er sei heute durch Herrn Baumeister auf den Brand aufmerksam gemacht worden, der offensichtlich an allen Türen geklopft habe und die Bewohner vor dem Brand gewarnt hätte.

Vor der Absperrung zeigt ihnen Herr Knuffmann Herrn Baumeister und sie gehen auf diesen zu. Als er sie erkennt, will er in entgegengesetzter Richtung weggehen. Ihnen gelingt es, Herrn Baumeister zu stellen, wobei sie feststellen, dass einige seiner langen Haare angesengt sind und seine Jacke stark nach Benzin riecht.

Aufgaben:

1. Bearbeiten Sie im Rahmen der Kriminalistischen Fallanalyse (KFA)
   a) die Verdachtslage im Hinblick auf eine Tat (Ziff. 1.1.2)
   b) die Verdachtslage im Hinblick auf eine Person (Ziff. 1.1.3).
   (Gewichtung: 15 %)

2. Bearbeiten Sie im Rahmen der Kriminalistischen Fallanalyse (KFA) den Personalbeweis (Ziff. 3.1) und gehen dabei ausschließlich auf Herrn Baumeister ein.
   (Gewichtung: 25 %)

LÖSUNGSVORSCHLAG

Aufgabe 1

a) Verdachtslage im Hinblick auf eine Tat

Im vorliegenden Sachverhalt sind zwei Ereignisse zu begutachten.

Nach Angaben des Zeugen Herrn Knuffmann sei es bereits vor ca. zwei Monaten zu einem Schwelbrand in der Wohnung des Herrn Baumeister gekommen. Nach seinen Angaben wurde der Schwelbrand von zwei Kissen durch eine Zigarette verursacht, die Herr Baumeister fallen ließ, als er einschlief. Hierbei könnte es sich um eine Sachbeschädigung gem. § 303 StGB oder um eine fahrlässige Brandstiftung gem. § 306d StPO handeln.

Vermutlich wurden bei diesem Brand lediglich zwei Kissen des Herrn Baumeister beschädigt und es kam nicht zu einer Beschädigung oder Zerstörung fremden Eigentums. Die Entstehung lässt sich durch das Einschlafen mit einer Zigarette in der Hand durchaus erklären. Die Inbrandsetzung geschah, soweit diese Angaben zutreffen, somit nicht vorsätzlich und gezielt. Somit liegt kein Anfangsverdacht einer Straftat nach § 152 II StPO vor.

Alternativ könnte an dieser Stelle auch geprüft werden, ob es sich nicht um eine vorsätzliche Brandstiftung handelte, bei der der Täter von der Straftat „zurücktrat".

Bei dem aktuellen Brand könnte eine Straftat nach §§ 306 und 306a StPO vorliegen. Um den Tatbestand der Brandstiftung gem. § 306 StGB zu erfüllen, muss der Täter fremde Gebäude in Brand setzen. Gemäß § 306a StGB liegt eine schwere Brandstiftung vor, wenn es sich um eine Räumlichkeit handelt, die Menschen als Wohnung dienen. Bei dem Brandobjekt handelt es sich um eine Wohnung in einem Mehrfamilienhaus. Die Wohnungen in dem Haus wurden von Herrn Baumeister und den anderen Mietern dauerhaft genutzt. Somit sind diese Tatbestandsmerkmale erfüllt. Ein weiteres Tatbestandsmerkmal liegt darin, dass der Täter die Wohnung „in Brand setzt". Im vorliegenden Fall ist die Brandursache noch nicht zweifelsfrei geklärt oder festgestellt. Die Gesamtumstände des Brandes und die Auffindesituation eines noch teilweise gefüllten Benzinkanisters, der zudem noch geöffnet war, sprechen dafür, dass diese brennbare Flüssigkeit als Brandbeschleuniger benutzt worden sein könnte und der Brand somit gezielt gelegt wurde. Der Mieter, Herr Baumeister, wird hinter der Absperrung, also in Nähe des Brandobjektes angetroffen und weist angesengte Haare auf. Ferner riecht seine Jacke stark nach Benzin. Zum Zeitpunkt des Brandes hielt er sich in dem betreffenden Haus auf, da er die anderen Mieter warnte. Bei Eintreffen der Feuerwehr war seine Wohnungstür ordnungsgemäß verschlossen und somit nur von Personen zu betreten, die auch über einen Wohnungsschlüssel verfügen.

Es liegt die Vermutung nahe, dass er sich die Haare bei der Brandlegung selbst angesengt hat, da er möglicherweise die Brandentwicklung unter Einsatz von Kraftstoff unterschätzte. Den Benzinkanister hat er dann vermutlich fallengelassen und unter das Bett geworfen, wobei er sich selbst etwas Flüssigkeit über seine Jacke schüttete. Auch diese Annahmen sind noch nicht bewiesen, aber begründen den Verdacht, dass der Brand gezielt gelegt wurde. Somit liegen genügend zureichende tatsächliche Anhaltspunkte vor, um eine vorsätzliche Straftat nach § 306a StGB zu begründen. Somit liegt der Anfangsverdacht nach § 152 II StPO vor.

b) Verdachtslage im Hinblick auf eine Person:

Die bisher dargestellten Erkenntnisse aus der Verdachtslage im Hinblick auf eine Tat beziehen sich auch auf die Verdachtsalge im Hinblick auf eine Person. Zusammenfassend lassen sich folgende Punkte aufzählen, die Herrn Baumeister strafrechtlich belasten:

- Vor ca. zwei Monaten hat er bereits einen Brand fahrlässig verursacht
- Der Vermieter hat ihm mit einer Kündigung gedroht, was als mögliches Motiv herangezogen werden könnte
- Herr Baumeister ist starker Raucher, arbeitslos und trinkt öfters Alkohol
- Seine Wohnung war ordnungsgemäß verschlossen
- Unter dem Bett wird ein Benzinkanister gefunden, der noch zu einem Drittel gefüllt ist
- Der Benzinkanister ist nicht verschlossen
- Herr Baumeister weist beim Antreffen angesengte Haare auf
- Seine Jacke riecht stark nach Benzin

Ein entlastender Hinweis könnte darin liegen, dass er die anderen Hausbewohner gewarnt und somit Personenschäden verhindert hat. Dies lässt sich aber auch dadurch begründen, dass er nur seine Wohnung vernichten/beschädigen oder das gesamte Haus abbrennen wollte, aber keine Personen schädigen wollte. Dies ändert aber an einer möglichen Täterschaft nichts.

Die aufgeführten Gründe begründen den dringenden Tatverdacht, dass Herr Baumeister mittels Benzin als Brandbeschleuniger versucht hat, seinen Schlafzimmerschrank anzuzünden, damit durch das Feuer seine Wohnung oder das gesamte Haus zerstört wird. Er ist somit Beschuldigter in dem vorliegenden Strafverfahren, da gegen ihn mit dem Ziel der Anklageerhebung ermittelt wird.

Aufgabe 2: Personalbeweis Herr Baumeister

Die Personalien und die Erreichbarkeiten von Herrn Baumeister werden gem. § 163b I StPO festgestellt. Hierzu reicht in aller Regel die Vorlage eines Bundespersonalausweises aus. Sollte eine eindeutige Identitätsfeststellung nicht möglich sein, kann auch eine erkennungsdienstliche Behandlung zur Feststellung der Identität nach § 163b I StPO durchgeführt werden. Im vorliegenden Sachverhalt kann davon ausgegangen werden, dass Herr Baumeister entsprechende Ausweispapiere in seiner Wohnung aufbewahrt. Diese dürften nach der Beschreibung der Beschädigungen auch noch unversehrt auffindbar sein.

Vor der Vernehmung muss Herr Baumeister ordnungsgemäß belehrt werden. Die Belehrung richtet sich nach dem Status der Person. Wie bei der Verdachtslage im Hinblick auf eine Person bereits ausführlich begründet, handelt es sich bei Herrn Baumeister um einen Beschuldigten.

! **Hinweis:** An dieser Stelle ist der Status ausführlich zu begründen. Dies kann hier nur unterbleiben, da dies in der vorangegangenen Frage ausführlich geschehen ist. Sollte eine solche Fragestellung nicht vorangestellt werden, so sind die gesamten Argumente, den Status abzuwägen und zu begründen, im Rahmen des Personalbeweises darzulegen.

Die Belehrung eines Beschuldigten ergibt sich aus § 136 StPO iVm § 163a StPO. Diese Paragraphen beinhalten Folgendes:

- Mitteilung vor Beginn der Vernehmung, welche Tat ihm zur Last gelegt wird
- Umfassendes Aussageverweigerungsrecht
- Jederzeitige Hinzuziehung eines Rechtsanwaltes
- Stellung von Beweisanträgen zu seiner Entlastung

Dies bedeutet, dass dem Beschuldigten mitgeteilt werden muss, dass er beschuldigt wird, eine schwere Brandstiftung am heutigen Tag in Düsseldorf, Friedrichstraße 7, begangen zu haben.

Herr Baumeister braucht gegenüber der Polizei nicht aussagen, er hat ein umfassendes Aussageverweigerungsrecht. Außerdem kann er zu jeder Zeit, also auch bereits vor Beginn der Vernehmung, einen Rechtsbeistand hinzuziehen. Des Weiteren kann er Beweisanträge zu seiner Entlastung vorbringen, denen durch die Polizei nachgehen muss.

Sollte er von seinem umfassenden Aussageverweigerungsrecht keinen Gebrauch machen, kann er zusammenhängend in Form eines freien Berichts seine Sicht des Falles schildern.

Anschließend sind folgende Vertiefungs- oder Verständnisfragen zu stellen:

- Wie und wobei haben Sie sich die Haare angesengt?
- Warum riecht Ihre Jacke nach Benzin?
- Wie haben Sie den Brand bemerkt?
- Was haben Sie nach Brandentdeckung getan?
- Wer hat die Polizei/Feuerwehr angerufen?
- Haben Sie den Brand gelegt?
- Warum haben Sie den Brand gelegt?
- Wo haben Sie den Kanister und das Benzin gekauft? (gegebenenfalls offener: Wie kommt der Kanister und das Benzin in ihre Wohnung?)
- Wann haben Sie dies getan?
- Haben Sie versucht, den Brand zu löschen?
- Wer hat einen Schlüssel zu Ihrer Wohnung?
- Wie haben Sie Ihre Wohnungstür nach der Brandentdeckung verschlossen?
- Seit wann sind Sie arbeitslos?
- Wieviel Alkohol trinken Sie?
- Wann, wieviel und was haben Sie heute getrunken?
- Haben Sie einen Konflikt mit Ihrem Vermieter? Worum geht es dabei?
- Haben Sie Probleme mit anderen Mietern?
- Wie entstand der Brand vor zwei Monaten?
- Wie und wer hat den Brand damals gelöscht?
- ...

Die Glaubwürdigkeit der Aussagen des Beschuldigten müssen immer hinterfragt werden, da es möglich ist, dass er versucht seinen Tatbeitrag herunter zu spielen. Deshalb ist es notwendig, dass die Aussage auf Plausibilität geprüft wird und sie mit Aussagen weiterer Zeugen und mit den festgestellten Spuren abgeglichen wird.

Nach Angaben des Zeugen Knuffmann trinkt Herr Baumeister öfters Alkohol. Zu den Mengen und den Arten des Alkohols gibt es keine weiteren Erkenntnisse. Dies lässt jedoch den Schluss zu, dass Herr Baumeister auch beim Antreffen durch die Polizeibeamten vor Ort alkoholisiert ist. Wichtig vor einer Vernehmung ist daher festzustellen, dass er die Belehrung auch versteht und ihr folgen kann.

Dieses Verstehen der Belehrung und der weiteren Vernehmung lässt sich nicht an einem festgestellten Alkoholwert festmachen. Es kommt auf die Wahrnehmung des Herrn Baumeister an. Sollte er die Belehrung nicht verstehen und somit auch der Vernehmung nicht folgen können, so darf er nicht zum Sachverhalt vernommen werden, da sonst die gemachten Angaben einem Beweisverwertungsverbot unterliegen könnten.

In diesem Fall erfolgt die Vernehmung erst, wenn die genannten Voraussetzungen erfüllt sind. Dann sind auch alle gemachten Angaben verwertbar. Die diesbezüglichen Feststellungen sind zu dokumentieren.

H. Klausur in Form einer Aktenbearbeitung im HS 2.1

!

Hinweis:

Aufgrund der Erkenntnisse zur Aktenbearbeitung und den Inhalten im HS 2.1, handelt es sich bei der nachfolgend abgedruckten Aktenbearbeitung um eine mögliche Form, wie sie zukünftig von den Studierenden abgefragt werden wird. Ich orientiere mich an dem Inhalt einer tatsächlich erstatteten Anzeige, die jedoch hier nicht auf dem offiziellen Anzeigenformular aus IGVP/ViVA, sondern im Fließtext abgedruckt wird. Die Personalien und Örtlichkeiten sind keine „Echtdaten“ sondern vielmehr erfunden. Dieser Aktenbestandteil und auch die Aufgaben beziehen sich nur auf den Kriminalistik-Teil.

Die nachfolgende Aktenbearbeitung besteht aus einer Strafanzeige und einem Aktenvermerk. Die Aufgaben sind auf einem separaten Blatt aufgeführt.

KLAUSUR: Durchsuchung bei einem Tatverdächtigen

Strafanzeige mit Tatverdächtigem Aktenzeichen: 000-000-01

Allgemeine Angaben:

- Aufnahmezeit: 7.6.2016, 20.01 Uhr
- Aufnehmender Beamter: POK Keller, PP Düsseldorf
- Straftat: Illegale Abgabe/Besitz in nicht geringer Menge von sonstigen Betäubungsmitteln (§ 29a (1) 2 BtMG
- Tatzeit: 7.6.2016, 19.30 Uhr
- Tatort: Düsseldorf, Robert-Lehr-Ufer, AG Düsseldorf
- Tatörtlichkeit: Spielplatz

Tatverdächtiger:

- Franz Laus
- Männlich
- Geburtsdatum: 21.6.2000 in Düsseldorf/Deutschland
- Ledig
- Schüler
- Staatsangehörigkeit: deutsch
- Anschrift: Düsseldorf, Klausenstraße 7b
- Telefonische Erreichbarkeit: 0170-00001111(mobil)
- Elternteil: Marianne Laus, Düsseldorf, Hauptstraße 8

Anzeigenerstatter ist gleichzeitig Zeuge:

- Steffen Wedel
- Männlich
- Geburtsdatum: 9.12.1993 in Essen/Deutschland
- Ledig
- Staatsangehörigkeit: deutsch
- Wohnort: Düsseldorf, Luisenstraße 89
- Telefonische Erreichbarkeit: 0172-11223344 (mobil)

Zeuge ist gleichzeitig Mitteiler:

- Kim Klein
- Weiblich
- Geburtsdatum: 17.8.1999 in Essen/Deutschland
- Ledig
- Staatsangehörigkeit: deutsch
- Wohnort: Düsseldorf, Petersberg 69
- Telefonische Erreichbarkeit: 0172-55667788 (mobil)

SACHVERHALT

Am Dienstag, dem 7.6.2016, um 20.00 Uhr, erscheint der umseitig genannte Anzeigenerstatter, Herr Wedel, in Begleitung seiner Freundin/Zeugin, Frau Klein, auf der hiesigen Polizeidienststelle und bringt nach erfolgter Belehrung folgende Sachverhaltsschilderung zur Anzeige:

Gemäß § 55 StPO können Sie als Zeuge Auskunft auf solche Fragen verweigern, durch deren Beantwortung Sie sich selbst oder einen in § 51 I StPO bezeichneten Angehörigen (Ehegatte/Kind) der Gefahr aussetzen würden, wegen einer Straftat oder Ordnungswidrigkeit verfolgt zu werden. Weiterhin wurden Sie auf die Vorschrift des § 145 StGB (Vortäuschen einer Straftat) und des § 164 StGB (Falsche Verdächtigung) hingewiesen.

Ich habe die Belehrung verstanden.

Unterschriften von Kim Klein und Steffen Wedel

„Am Dienstag, den 7.6.2016, befanden wir uns gegen 19.30 Uhr, in Düsseldorf auf der Straße Robert-Lehr-Ufer in Höhe des dortigen Kinderspielplatzes.

Dort konnten wir beobachten, wie der von uns beschuldigte Franz Laus mehrere „Tütchen" mit einer inhaltlich grünen Substanz an eine männliche Person verkaufte. Augenscheinlich war diese Person nicht älter als Herr Laus. Herr Laus ist uns persönlich bekannt.

Ich Kim Klein, pflegte vor ca. zwei Jahren eine Beziehung mit dem Franz Laus. Zu diesem Zeitpunkt konsumierte der Franz bereits Drogen und besorgte es auch für seine Freunde. Aus diesem Grund trennte ich mich auch von ihm. Im Moment habe ich keine persönlichen Probleme mit ihm. In einem persönlichen Gespräch vor ein paar Wochen, gab er mir gegenüber an, auf der Klausenstraße 7b, mit einem Freund zusammen zu wohnen. Der Freund soll Tim heißen. Mehr weiß ich leider nicht von dieser Person, ich verfüge allerdings über seine Mobilnummer. Diese lautet: 0173-99887766.

Wir möchten eigentlich anonym behandelt werden in diesem Verfahren. Wir stellen ausdrücklich Strafantrag gegen Herrn Laus."

Selbst gelesen, genehmigt und unterschrieben

Klein, Kim Wedel, Steffen

Düsseldorf, 7.6.2016

– Unterschrift –

Keller, POK

Kreispolizeibehörde Düsseldorf
Kriminalkommissariat 36
Haroldstraße 5
40213 Düsseldorf

Aktenzeichen: 000-000-01
Sachbearbeiter: Weber, KK
Telefon: 0211-870-0

Aktenvermerk

1. Eine Überprüfung des Beschuldigten Laus in den polizeilichen Auskunftssystemen ergab, dass dieser bereits kriminalpolizeilich in den Deliktsbereichen
   - Wohnungseinbruchdiebstahl (2 Fälle)
   - Hausfriedensbruch
   - Verstoß gegen das BtMG (Cannabis)

   auffällig wurde.
2. Eine Einwohnermeldeamtsüberprüfung ergab, dass der Beschuldigte
   Fritz-Lange-Straße 81,
   40000 Düsseldorf
   gemeldet ist.
3. Eine gem. § 112 TKG getätigte Anfrage bezüglich der angegebenen Mobilrufnummer
   0173-99887766
   ergab keinen Anschlussinhaber.
4. Der Personalbogen wurde gefertigt und befindet sich nachgeheftet.
5. Ein Durchsuchungsbeschluss für die Wohnung des Beschuldigten wurde angeregt.

Düsseldorf, 13.6.2017

- Unterschrift -

Weber, KK

Aufgaben:

1. Wie begründen Sie den Antrag auf einen Durchsuchungsbeschluss, welche Angaben müssen enthalten sein? Gehen Sie auch auf die Rechtsgrundlage ein.
(Gewichtung: 25 %)

2. Wie bereiten Sie sich auf die Durchsuchung vor und wie führen Sie diese durch?
(Gewichtung: 30 %)
(Anmerkung: Gehen Sie bei der Durchführung der Durchsuchung von einer Anwesenheit des Herrn Laus aus und davon, dass er die Wohnung freiwillig öffnet.)

3. Welche Angaben müssen im Durchsuchungsbericht enthalten sein? Begründen Sie Ihre Ausführungen.
(Gewichtung: 15 %)

LÖSUNGSVORSCHLAG

Aufgabe 1

> **Hinweis:** Nachfolgend wird der Antrag des Sachbearbeiters abgedruckt, der alle wesentlichen Elemente einer Antwort enthält.

Das vorliegende Ermittlungsverfahren wegen des Verdachts auf den Handel mit Betäubungsmitteln gem. §§ 29, 29a BtMG richtet sich gegen Franz Laus.

Diese Annahme beruht auf der Anzeigenerstattung am 7.6.2016, gegen 20.00 Uhr, durch die beiden Zeugen Herrn Wedel und Frau Klein (hier können auch die genauen Personalien eingefügt werden). Beide erschienen auf der Polizeiwache Düsseldorf und gaben nach erfolgter Zeugenbelehrung folgenden Sachverhalt zu Protokoll.

Die Zeugin Klein unterhielt vor ca. zwei Jahren eine Beziehung zum Beschuldigten Laus. Sie beendete die Beziehung, da Herr Laus in dieser Zeit Betäubungsmittel konsumierte und diese auch für seine Freunde besorgte.

Am 7.6.2016, gegen 19.30 Uhr, konnten die beiden Zeugen beobachten, wie Herr Laus auf dem Kinderspielplatz am Robert-Lehr-Ufer mehrere Tütchen mit einer grünlichen Substanz an eine männliche Person verkaufte, die augenscheinlich nicht älter als der Beschuldigte selbst war. Aufgrund der Vorkenntnisse, dass der Beschuldigte Drogen konsumiert, ist es wahrscheinlich, dass es sich bei der grünlichen Substanz um Cannabis handelte. Das Treffen auf Spielplätzen oder Parkanlagen zwecks Austauschs Geld/Betäubungsmittel entspricht kriminalistischer Erfahrung.

Aufgrund der vorliegenden Ermittlungsergebnisse kann hier eine Straftat nach dem BtMG nicht ausgeschlossen werden. Der Verdacht begründet sich durch nachstehende Verdachtsmomente:

- Herr Laus ist den beiden Zeugen persönlich bekannt.
- Während der Beziehungszeit zwischen Herrn Laus und Frau Klein konsumierte er Drogen und besorgte auch welche für seine Freunde.
- Die beiden Zeugen haben den Verkauf von vermutlich mehreren Verkaufseinheiten Marihuana zwischen Herrn Laus und einer unbekannten Person beobachtet.
- Der Beschuldigte ist bereits wegen Verstoßes gegen das BtMG mit Cannabis auffällig geworden.

Es besteht der begründete Verdacht, dass der Herr Laus mit Betäubungsmitteln handelt und somit eine Straftat nach dem BtMG vorliegt.

Der Beschuldigte Herr Laus verfügt über kriminalpolizeiliche Erkenntnisse in den Deliktsbereichen

- Wohnungseinbruchdiebstahl
- Hausfriedensbruch
- Verstoß gegen das BtMG mit Cannabis

Aufgrund der vorliegenden Ermittlungsergebnisse wird angeregt, beim zuständigen Amtsgericht gem. §§ 102, 105 StPO wegen des Verdachts Handel mit Betäubungsmittel betrieben zu haben, gegen

Franz Laus
* 21.6.2000 in Düsseldorf/Deutschland
Klausenstraße 7b
40000 Düsseldorf

bezüglich seiner Wohn-, Geschäfts- und Nebenräume, einschließlich Keller, sowie seiner Person und der ihm gehörenden Sachen einen Durchsuchungsbeschluss zu beantragen.

Es ist zu erwarten, dass die Durchsuchung zur Auffindung von Beweismitteln, insbesondere von

- Betäubungsmitteln
- Utensilien zur Herstellung, Verpackung und Wägung von Betäubungsmitteln
- Dealgeld
- Unterlagen über Absatzwege
- genutzte Kommunikationsmittel

führen wird, die für das Ermittlungsverfahren von Bedeutung sind und daher der Beschlagnahme unterliegen, soweit sie nicht freiwillig herausgegeben werden.

Aufgabe 2

a) Planung der Durchsuchung

Zur Vorbereitung auf eine Durchsuchung sind folgende Arbeitsschritte zu beachten:

- Adressat der Durchsuchung aufklären
  - Bei wem wird durchsucht, steht die Identität fest?
  - Welchen Status hat die Person?
  - Erkenntnisse über den Adressaten, zB ViVA, EMA, Cebius/eCebius
- Durchsuchungsobjekt aufklären
  - Was wird durchsucht?
    - Wohnung
    - Keller
    - Zugängliche Räume
    - Möglicher Pkw!
  - Voraufklärung erforderlich?
  - Zugang zum Objekt, Fluchtmöglichkeiten, Nebenräume, Etage, weitere Bewohner ...
- Durchsuchungsziel bestimmen
  - Beweismittel
  - Spuren
  - Unterlagen
- Durchsuchungszeitpunkt festlegen
  - Wann? (Beachte Nachtzeitschranke aus § 104 StPO)
  - Taktisch günstigen Zeitpunkt wählen

- Durchsuchungszweck abwägen
  - Sicherstellung von Beweismitteln
  - Festnahme?

Zu den taktischen Grundlagen gehört neben der Beachtung der Eigensicherung auch die logistische Vorbereitung der Maßnahme. Eine Durchsuchung wird durch mindestens zwei Beamte durchgeführt, besser wären im vorliegenden Fall jedoch vier Beamte, da bei Antreffen des Beschuldigten zwei Beamte abzustellen sind, die sich unter Beachtung der Eigensicherung um diesen „kümmern".

Sollten die Aufklärungsergebnisse ergeben haben, dass mit dem Antreffen einer weiblichen Person zu rechnen ist, so ist auch eine Polizeibeamtin einzuplanen.

Weiterhin gehört dazu, dass folgende Gegenstände mitgeführt werden:

- Durchsuchungsbeschluss
- Durchsuchungs- und Sicherstellungsprotokoll
- Fototechnische Ausrüstung
- Verpackungsmaterialien, Etiketten, Siegelfolie, Schreibmaterialien
- Taschenlampe, Scheinwerfer
- Anlassbezogene Unterstützungskräfte, zB Rauschgiftspürhund, Kräfte für eine äußere Absperrung

Gemäß § 105 II StPO ist die Hinzuziehung von Durchsuchungszeugen vorzuplanen. Hierbei soll es sich um einen Gemeindebeamten oder um zwei Gemeindemitglieder handeln, die aber keine Polizeibeamten oder Ermittlungsbeamten der Staatsanwaltschaft sein dürfen.

b) Durchführung der Durchsuchung

In der Regel wird der Zugang freiwillig gestattet und die Durchsuchung findet mit Einverständnis des Betroffenen statt. In diesen Fällen läuft eine Durchsuchung in groben Zügen wie folgt ab:

- Überblick verschaffen
- Persönliche Vorstellung der Polizeibeamten
- Bekanntgabe des Durchsuchungszwecks an den Betroffenen vor Beginn der Durchsuchung
- Aushändigung des richterlichen Durchsuchungsbeschlusses
- Vorstellung der Durchsuchungszeugen und Erläuterung ihrer Aufgaben
- Überprüfung aller anwesenden Personen und wenn möglich sind diese unter Aufsicht in einen Raum zu bitten
- Belehrung des Betroffenen und Befragung/Information zum Durchsuchungsgrund und zu den gesuchten Gegenständen
- Durchsuchung der Person des Verdächtigen/Beschuldigten
- Durchführung der Durchsuchung nach vorher festgelegter Systematik
- Ausfüllen des Durchsuchungs- und Sicherstellungsprotokolls mit Unterschriften der durchsuchenden Beamten, der Zeugen und des Betroffenen
- Aushändigung einer Kopie des Durchsuchungs- und Sicherstellungsprotokolls an den Betroffenen
- Verabschiedung

Aufgabe 3

a) Angaben im Durchsuchungsbericht

Bei der Abfassung eines Durchsuchungsberichtes ist auf folgende Punkte einzugehen:

- Durchsuchungsbeschluss
  - Ausstellende Behörde
  - Aktenzeichen
- Durchsuchungsort
  - Anschrift
  - Art des Objektes
  - Etage
  - Sonstige Räume
- Angetroffene Personen
  - Personalien
  - Status
  - Belehrung
- Aushändigung des Durchsuchungsbeschlusses
- Zeugen
  - Personalien
- Beschreibung des Durchsuchungsobjektes
  - Größe
  - Zimmeraufteilung
  - Möblierung
- Gefundene/sichergestellte Gegenstände
  - Genaue Bezeichnung
  - Auffindeort
  - Zustand
  - Verbleib/Asservierung
- Aussagen des Beschuldigten
  - Belehrung (wenn nicht bereits erfolgt)
  - Angaben zu den Asservaten
  - Sonstige Angaben
- Durchsuchungs- und Sicherstellungsprotokoll
  - Fertigung
  - Aushändigung
- Weitere Maßnahmen

Hinweis: Nachfolgend wird der Durchsuchungsbericht des Sachbearbeiters abgedruckt, der alle wesentlichen Elemente einer Antwort enthält und als „Anschauungsbeispiel“ genutzt werden kann. Außerdem kann der Bericht auch zur Vorbereitung auf die anschließende Praxisprüfung „Aktenvortrag“ im HS 2.8 dienen, da dort auch das Anfertigen von Schriftstücken gefordert wird.

b) Durchsuchungsbericht

01

Aufgrund eines bestehenden Durchsuchungsbeschlusses des AG Düsseldorf, AZ.: - einfügen -, ausgestellt durch Herrn Richter XX, wurde die Wohnung des Beschuldigten Laus durch KHK Ludwig und Unterzeichner aufgesucht.

02

Beim Wohnobjekt handelt es sich um ein 2-geschossiges Mehrfamilienhaus mit ausgebautem Dachgeschoss in Einfamilienhausbauweise. Auf der Klingelleiste befinden sich vier Klingeln und an der Eingangstür vier Briefkästen. Der Name des Beschuldigten Herrn Laus steht ebenfalls an einer Klingel und einem Briefkasten.

03

Auf Klingeln bei „Buse" wird uns vom Zeugen Herrn „Buse" geöffnet. Er teilt uns mit, dass der Beschuldigte die Dachgeschosswohnung bewohnt. Über das Treppenhaus gelangt man ins Dachgeschoss. Hier befindet sich linksseitig eine Tür, welche jedoch kein Namensschild aufweist.

Auf Klingeln und Klopfen wird uns vom Beschuldigten geöffnet. Dem Beschuldigten wird der bestehende Durchsuchungsbeschluss erklärt und die Wohnung, gegen 08.15 Uhr, betreten. Der Beschuldigte erklärt uns, dass es sich bei seiner Wohnung um betreutes Wohnen handelt. Ein Betreuer sei zurzeit nicht anwesend. Weitere Personen seien nicht in der Wohnung. Als Zeuge wird Herr Buse mit Einverständnis des Beschuldigten als unabhängiger Zeuge hinzugezogen.

04

Die Wohnung besteht aus einem langgezogenen Flurbereich. Linksseitig des Flures befinden sich das Badezimmer und die Küche. Geradeaus befindet sich eine abgeschlossene Tür zu einem Besprechungszimmer der Betreuer. Rechtsseitig des Flures befindet sich das Zimmer des Beschuldigten.

Das Badezimmer und die Küche sind unauffällig.

Das Zimmer des Beschuldigten ist zweckmäßig eingerichtet. Im Uhrzeigersinn befinden sich ein Kleiderschrank, eine Kommode, ein Schreibtisch, ein Fernsehschrank, ein kleiner Couchtisch und ein Einzelbett.

Das Zimmer ist als nicht aufgeräumt, aber ordentlich zu bezeichnen.

Auf dem Schreibtisch kann ein Gefäß aufgefunden werden, in welchem ein Druckverschlusstütchen mit Restanhaftungen von Marihuana, ein Crusher mit Restanhaftungen von Marihuana und ein Stück Aluminiumfolie mit zwei Cannabissamen aufgefunden werden. Auf dem Couchtisch liegt das Mobiltelefon des Beschuldigten.

Weitere für das Verfahren wichtige Gegenstände können nicht aufgefunden werden.

05

Die aufgefundenen Gegenstände werden sichergestellt. Der Beschuldigte ist mit der Auswertung seines Mobiltelefons einverstanden. Der Entsperrcode lautet: 1100.

06

Der Beschuldigte teilte uns mit, dass ein Betreuer, Herr ??, Tel.: ... , im Laufe des Vormitttags zu ihm kommen würde.

07

Der Betreuer wurde im Anschluss an die Durchsuchung von der Dienststelle aus über die Durchsuchungsmaßnahme in Kenntnis gesetzt. Es wurde ein Vernehmungstermin für den morgigen Tag, 12.00 Uhr, vereinbart. Die Vorladung wurde deshalb nicht schriftlich verschickt.

Düsseldorf, den ...

– Unterschrift –